금요일엔
돌아오렴

240일간의 세월호 유가족 육성기록

금요일엔 돌아오렴

416 세월호 참사 작가기록단 씀

창비

세상이 절망적일수록
우리는 늘 새롭게 시작할 것이다

우리는 뿌리가 같은 영혼의 나무다

벌써 8개월이라는 많은 시간이 흘렀다. 그래도 그날의 기억들이 지워지지 않는다. 4월 16일 그날, 내가 처음으로 본 부모들은 가슴을 움켜쥔 채 뛰어가는 모습이었다. 단원고 근처인 안산문화예술의전당에서 진도로 향하는 버스를 타러 가는 학부모들이었다. 그때만 해도 이렇게 우리 마을과 학부모들의 삶이 송두리째 흔들릴 줄 몰랐다. 시간이 지나고 살아서 돌아오는 아이들이 하나도 없다는 사실이 확인될수록 동네는 점점 더 조용해졌다. 무서운 침묵이 흘렀다. 창문으로 밖을 내다보면 얼음막이 하나씩 내리면서 소리가 점점 사라지는 느낌이었다. 나중에야 이 침묵도 기록되어야 한다는 생각이 들었다. 아이들이 나오기 시작하자 동네에는 한달이 넘도록 장례식이 이어졌다. 온 마을이 상가(喪家)였다. 안산은 250여명의 아이들이 순식간에 사라진 슬픈 도시가 되었다. 가슴에 통증이 계속 몰려왔다. 그 순간 인간에게만 영혼이 있는 것이 아니라 사회에도 영혼이 있는 게 아닐까 하는 생각이 들었다. 희생자들과 우리 하나하나는 뿌리가 같은 영혼의 나무처럼 서로 연결되어 있었다. '아, 한 사회에서 함께 산다는 건 이렇게 서로 깊게 연결되는 것이구나.' 아이들의 영혼과 다른 희생자 분들의 영혼을 위해 우리 작가들이 할 수 있는 유일한 일은 기록하는 것뿐이었다.

그래도 부모들은 다시 길을 걷는다

많은 이들의 틈에 끼여 우리 작가들도 한동안 부모들의 극심한 고통을 숨죽여 지켜보았다. 아무것도 할 수가 없었다. 분향소와 단원고, 장례식장을 오가며, 가끔 진도도 다녀오면서 말없이 부모들 곁에 있다가 돌아오곤 했다. 고통의 한가운데 있을 때는 단순 기록조차 할 수 없었다. 부모들과 조금씩 이야기를 나누기 시작한 건 참사 후 한 달 반이 지나서였다. 부모들은 핸드폰에 있는 아이들 사진과 동영상을 보여주고는 자식들이 얼마나 소중한 존재였는지를 말했다. 그러곤 숨도 잘 쉬어지지 않는 울음을 울었다. 사진 속 아이들을 보면서 작가들은 서서히 큰 사건과 마주하는 법을 배웠다. 세월호 참사는 워낙 큰 사건이었기 때문에 작가 한둘이서 할 수 있는 작업이 아니었다. 영상팀과 사진팀, 구술과 기록관리를 위한 학자팀들이 함께 모였다. 그분들과 함께 시민기록위원회를 만들었고 그 안에 작가기록단을 꾸렸다. 우리는 부모들이 자식을 잃은 후 그 순간순간을 어떻게 견뎌왔는지, 그 떨리는 숨소리까지 기록하려 노력했다. 몸부림치면서 겪은 대한민국은 어떤 나라인지.

이 기록은 240여일간 유가족들이 겪은 내밀한 이야기들이다. 기록 작업은 부모들의 고통을 온몸으로 받아들이고 직시하는 과정이었다. 결코 쉽지 않은 일이었지만 거기에는 세상이 반드시 바라봐야 할 삶의 진실이 있었다.

우리가 포기한 어떤 지점들을 부모들은 그대로 뛰어넘었다. 부모들은 예단하지도 속단하지도 않으면서 유연하게 세상과 마주하고 있었다. 자식을 위해서라면 기꺼이 무릎도 꿇었다. 고통 앞에 솔직했고 자신들의 바람 앞에 명확했다. 그리고 지혜롭고 현명했다. 부모들의 이 지혜로움과 현명함은 자식을 위해 당신들의 온 마음을 낸 결과라는 걸 느낄 수 있었기에, 슬프면서도 존경스러웠다.

한 고통이 떠나기도 전에 또다른 고통들이 닥쳐와 부모들의 상처를 후벼파기도 했다. 아팠다. 아파서 또 울었다. 시민들의 마음이 어떻게 이렇게 순식간에 절대적인 호의에서 절대적인 반감으로 바뀌는지, 그분들은 어리둥절해했다. 세상이 참으로 교활했다. 언론이, 정치인이, 일부의 사람들이 순식간에 선장보다 해경보다 더 나쁜 사람들이 되어갔다. 가족들을 조롱하고, 보상금으로 공격했다. 그리하여 사람들 사이에 마음의 벽을 만들고 서로의 관계를 파괴하고 있었다. 이 비정상적인 현상은 한국사회를 뒤흔들었고, 사회의 가장 밑바닥에 숨겨진 본성을 있는 그대로 드러냈다. 그래도 부모들은 천천히 또 길을 갔다. 자식들이 있기 때문에. 세상이 아무리 기이하고, 많은 고통을 준다 해도, 그들은 전에 없던 길들을 만들어가고 있었다. 자신들을 내동댕이친 것도 사람이지만 자신들을 다시 일으키는 것도 사람인 것을 알기에 그들은 원망하지 않았다.

부모들은 많은 변화를 겪었다. 더이상 전과 같은 생활로 돌아갈 수 없었다. 먹고사는 문제 때문에 외면했던, 사회적으로 고통받는 사람들이 실은 자신의 모습이었다는 진실을 통렬히 깨닫는 시간이었다. 부모들이 평범한 자신의 삶에 대해 '성찰'하기 시작한 것이다. 이 사회의 문제를 외면할 때 결국 화살이 돌아오는 곳은 자기 자신이었다. 정의롭지 못한 사회에 침묵하는 건 다른 누구도 아닌 스스로에게 벌을 내리는 것이었다. 자식에 대한 애틋한 사랑으로 터득한 이 성찰 이후 부모들은 우리의 가장 밑바닥인 '영혼의 중심'이 되었다.

이 기록은 우리 모두의 이야기다

우리는 안산의 곳곳, 분향소, 팽목항, 광화문, 국회, 청운동에서 가족들을 만났다. 그들의 모습은 참으로 다양했다. 304명이면 304개의 고통이 존재했다. 우리 사회가 이들을 비롯한 많은 이들에게 무엇을 빼앗아갔는지 분명히 알아야 한다. 이 열세명의 인터뷰는 그동안 평범한 유가족들이 얼마나 잘 견디고 싸워왔는지에 대한 삶의 기록이다. 각 개인의 내밀한 이야기이지만 우리 모두의 이야기이기도 하다. 충격으로 몸과 정신에 새겨진 깊은 상처들, 자식을 잃은 슬픔을 넘은 지독한 그리움, 배신과 분노, 절망, 모욕, 다른 한편 도움을 준 사람들에 대한 감사 그리고 깊은 깨달음… 유가족들이 대부분 겪은 감정이다. 따라서 무엇보다 이 책이 유가족 모두의 것이 되기를 바란다. 유가족들의 손에 들려 많이 읽히기를 바란다. 서로를 향해 한걸음 더 내딛고 마음의 끈을 단단히 잇는 데에 작은 힘이나마 보탤 수 있기를 바라는 마음이다.

또한 이번 인터뷰는 유가족들뿐 아니라 이 사회의 평범한 이들을 위한 작업이다. 우리 사회에서 사람들이 이토록 쉽게 또다른 '유가족'이 될 수밖에 없는지에 대한 기록이기도 하다. 유가족들의 삶을 깊게 나누는 시간이 되기를 바라는 마음을 담았다. 아이들은 가고 없지만 유가족들의 몸부림이 헛된 기다림만은 아니었음을 약속하는 시간이었으면 한다.

이 책의 인터뷰는 하나의 기준으로 고른 것이 아니라 복잡다단한 마음들과 과정에서 우연히 만들어진 결과물이다. 매번 상황이 급변했고 작가들은 안정적인 인터뷰를 하기 힘들었다. 한창 싸울 때는 싸우느라 여념이 없어 인터뷰를 거절하는 분들이 많았고, 열심히 싸우지 못했으므로 자신은 인터뷰할 자격이 없다고 거절하는 분들도 있었다. 어떤 분은 자신은 많이 알려졌으니 드러나지 않은 분을 대신 인터뷰해달라고 하는 경우도 있었다. 이런저런 우여곡절과 설득과 용기가 쌓여 지금의 열세명을 인터뷰할 수 있게 되었다. 기록을 원하는 부모들이 많음에도 지면의 한계상 그 기대에 맞춰드리지 못해 안타까울 뿐이다. 이 부족한 부분은 후속작업을 통해 채워 나갈 것이다.

우리 작가기록단은 본래 학생 유가족뿐만이 아니라 일반인 유가족과 실종자 가족 분들도 인터뷰하고자 했다. 하여 그분들과 연락을 시도했으나 성사되지는 못했다. 할 이야기가 없어서가 아니라 그분들이 처한 상황이 인터뷰하기 어려운 지점들이 있었다. 그분들의 이야기 또한 이후의 작업으로 채워야 할 것이다.

부모들이 많이 아픈데 기록하는 우리가 아프지 않았다면 거짓말일 것이다. 인터뷰 내내 울다가 한 글자도 제대로 기록하지 못하고 돌아온 적이 많았다. 아픔을 견디는 부모들이 있었기에 우리도 견딜 수 있었다. 이 세상 포기하지 않고 살아도 좋다는 긍정적인 에너지를 얻었다. 부모들은 고통을 온몸으로 통과해오면서 우리 사회에 필요한 긍정적인 가치들을 많이 얻었다. 모두 그분들의 인터뷰 안에 촘촘히 박혀 있다. 우리에게 남은 건 그 진실들을 정면으로 바라보고 기억하는 일일 것이다. 평범한 사람들의 이야기인 이 인터뷰 기록이 마찬가지로 평범한 이웃들에게 많이 읽히기를 바란다.

2015년 1월

작가기록단을 대표하여

김순천

차
례

진도체육관

관매도

병풍도

2014. 4.16 진도앞바다.

- 최호철.

1:

살아갈
날들을 위한
기록

나,
백살까지
살려구요

: 건우 어머니는 10여 년 전부터 공황장애를 겪고 있어 집 밖에 잘 나오지 못한다. 특히 사람 많은 곳에 나오면 증세가 도진다. 집 근처만 다닐 뿐이고, 건우 아버지 차로 나올 때나 조금 멀리 나간다. 노선자 씨를 처음 만난 것은 프란치스코 교황 방한 직전인 8월 6일 광화문광장에서였다. 천주교 신자인 그가, 혹시라도 세월호 특별법에 대한 해결의 단초가 생길까 하는 기대 속에 용기에 용기를 내어 나선 첫걸음이었다. 막상 용기를 냈지만 아니나 다를까 그날도 차를 타자마자 공황증세가 밀려왔다. 처음엔 주체할 바를 몰라 내릴까도 싶었지만, 두려움과 불안증세가 몰려올 때면 내딛는 한걸음마다 건우를 생각해보라 하신 친한 수녀님의 말씀대로 차창 밖의 구름 하나하나에 건우 얼굴을 떠올렸다. 구름 위로 떠오른 건우와 "내 아들, 엄마 갈 수 있게 힘 줘"라고 대화하며 광화문까지 온 걸음이었다.

그날 유가족들이 머무는 천막에서 여러 분들과 인사를 나누고 이야기하던 중이었다. 한 어머니가 어떤 아이의 이야기가 담긴 패널을 들고 와 "건우 엄마, 이거

봤어?"라고 말을 꺼내자, 갑자기 가장자리에 조용히 앉아 있던 노선자 씨가 폭풍 같은 울음을 쏟아냈다. '왜 우시냐' 물을 것도 없이 천막에 같이 있던 모두가 그의 마음이 되어 펑펑 울었다. 울어도 울어도 시원해지지 않는 건우 어머니의 울음은 기운이 꺾이고 지쳐서야 조금씩 잦아들었다. 그러곤 "내 아들이 엄마가 못 오는 동안 이곳에 나와 이렇게 싸우고 있었네… 엄마가 미안해서 어떡해… 아들이 진실을 위해 싸우는데… 엄마는 못 왔네. 내 아들 미안해… 미안해…" 계속 잦아드는 목소리로 되풀이했다.

생전 처음 만난 그날, 건우 어머니는 옆자리에서 같이 울던 내게 핸드폰 속 아들 사진을 보여주며 건우 이야기를 마치 실타래 풀 듯 술술 풀어놓았다. 아들 이야기를 하는 새에 어머니 얼굴에는 웃음꽃이 핀다. 한껏 얼굴이 밝아졌다가 한없이 어두워지기를 반복하며 끝도 없이, 아들 이야기를 펼쳐놓았다. 마치 마르지 않는 샘처럼.

여기 적은 것은 그 끝을 가늠할 수 없는 이야기의 일각에 불과할 뿐이다. 그 이야기와 마음을 어찌 종이 몇 장의 기록에 담아낼 수 있을까. 그래도 활자의 한계를 넘어 적어보고자 애쓰는 것은 어머님 혼자 건우를 기억하지 않도록 하기 위해서다. 우리 모두가 같이 기억하기 위해서.

아무래도 오늘은 울어야겠어

엄마 마음이 답답해

미워

사람들이 미워

우리 아들이 보고싶을 때마다

가슴을 쓸어내리고

한숨을 쉬어보고

나 잘하고 있는거야

달래도 보고

눈앞에 아른거리는 우리 아들

모습에 애써 울지 않으려고

밀어내고 있는 나를 알아채는

순간 왈칵 쏟아지는 눈물이 있다

뚝뚝 말없이 떨어지는

내 눈물소리가 들린다

아들~~ 잘 있니?

엄마는 너가 보는 대로야

울다웃다 똥꼬에 털날 판이야

엄마도 참 웃기다 싶어

웃다가 울다가 먹다가…

너도 지금 큭큭대고 있지

엄마도 엄마가 이상하다~

생각하면서도 계속 반복하니

정상인가? 하고 지내
그냥저냥 지내고 보는?
이 그림들*처럼 우리 건우가 맞나?
생각이 들 때는 제발 우리 아들
몰라보게 미치지는 말아야지
하고 산다 엄마 꼭 붙잡아줘~
언제 어디서든 시간이 아무리 많이 흘러도 우리 건우 내 아들
1초도 망설임 없이 알아볼 수 있게 알았지?
사랑한다 온 마음 다해 사랑해**

정말 온 맘을 다해 사랑했어요

건우 아빠는 며칠 전에도 퇴근 후 술 한잔 하며 마시다 울다를 되풀이했어요. 저 사진 앞에 술상을 놓고 건우와 대화를 나누며 술을 마셨지요(건우네 집은 들어가자마자 거실 벽에 건우 사진들과 성모상과 초가 놓여 있다. 어머니 아버지는 오갈 때 늘 이 사진을 보며 건우에게 이야기를 꺼내곤 한다). 건우가 간 후에도 술 마실 때마다 건우 아빠는 닭날개 하나 맥주 한잔 이렇게 건우 사진 앞에 꼭 놔요. 그러면 제가 마음이 안 좋아요. "그러지 말지" 하면 "아니야, 건우도 줘야지" 그래요. 며칠 전에도 생각 나서 같이 마신다며 상을 사진 앞에

- •박재동 화백과 이동수 화백이 건우를 그린 그림들.
- ••어머니는 건우가 그리울 때마다 카카오스토리에 일기를 써내려간다. 그 일기 가운데
  한편을 원문 그대로 실었다.

들고 가더니 역시나 울고… 결국 (거실 반대편을 가리키며) 이리로 옮겨서 마셨어요.

우리 건우는 키가 작아 나이보다 어려 보이지만 저희는 어린 아이처럼 대하지 않고 뭐든지 같이 이야기하고 나누며 그렇게 살았어요. 아빠 꿈이 건우 크면 술 한잔 하며 이런저런 이야기하고 그러는 거였어요. 그래서 작년 추석부터는 건우 아빠가 이제 술도 배울 나이라며 건우에게 술을 가르쳤지요. 어차피 배울 거면 아빠한테 배우라고. 그러면서 맥주 한잔을 줬어요. 그리고 앞으론 명절, 휴가, 생일 때는 술 한잔씩 해도 된다고 했지요. 아빠가 건우에게 술을 가르치던 날 건우가 참 좋아했어요. 아빠가 자기를 어른 대접한다고. 자기는 우리집 같은 집은 없는 것 같다고. 공부하라고도 안 하고 나를 인정해주고 존중해준다고. 친구들한테도 자랑을 했나봐요. 우리 아빠는 나를 인정해준다고.

저희는 정말 온 맘을 다해 사랑했어요. 아빠도 나도. 건우가 원하는 것은 거의 다 들어주며 아이를 억압하지 않고 키웠지요. 누나(송이)가 사춘기를 심하게 앓아서 제가 그걸로 너무 힘들어하다 지금의 공황장애가 왔기 때문에 그 이후로 아들에게는 통제하거나 뭘 강요하지 않았어요. 그냥 아이가 즐겁게 잘 자라면 된다고 생각했어요. 큰아이 사춘기 때 너무 힘들었던 경험이 있는지라 억지로 부모가 몰아야 큰다고 생각 안 했어요. 그래서 건우는 자기 하고 싶은 걸 솔직히 말하고, 생생히 살아서 스트레스 없이 늘 맑고… 저 미소 보세요. 얼마나 해맑은지.

우리 식구가 다 그래. '나한테 어떻게 이런 일이…' 우리 건우에게 어떻게 이런 일이 일어날 수 있어요. 교통사고라거나 병이라면 운명이라고 하겠는데, 이건 사고라지만 국가가 죽인 거죠. 그리고 어떻게 한 학교 아이들이 그렇게 많이, 한날 한시에 죽는 운명이 있을 수 있겠어요. 말이 안 되죠. 이번 사고에 김건우만도 세명이에요. 세명의 김건우가 같은 운명이라구요? 그걸 받아들이라구요? 말도 안 되지요. (단원고 김건우 셋은 모두 돌아오지 못했다.)

건우 아빠는 애주가예요. 요즘은 술을 안 마시면 잠이 안 온다며 매일 마셔요. 전엔 제가 일주일에 이틀은 못 마시게 했는데 이젠 하고 싶은 대로 하라고 그냥 둬요. 저는 울어서라도 풀지만 건우 아빠는 어떻게 푸나 싶어서. 그래서 친구들 만나서 마시고 오라고 해도 안 가요. 자기 마음 아픈데 좋은 척하기도 그렇고, 계속 얼굴 구기고 있기도 그렇다구요. 그래서 거의 집에서만 마셔요. 저는 술을 못 하는데 이야기라도 받아주며 같이 있어요. 전에도 자주 나가는 편은 아닌데 이 사건 이후로는 나 혼자 두고 나가기 불안해서도 거의 안 나가요. 그동안 친구 거의 세번 만났나. 그것도 한 친구만, 다른 친구들은 거의 안 만나요. 술 먹고 막 그럴 기분도 아니라고. 오로지 나만 옆에 있으면 된다고. 오로지 나만 지키면 된다고. "(대책위) 나가서 다른 아버님들과 어울려봐" 그러면 "나가면 뭘해. 나는 말주변도 없고 자기만 있으면 돼" 그러고 안 나가요. "가서 좀 만나. 그걸 내가 원해" 그러면 "그거는 말고" 그래요. 그래도 제가 가족들 투표 이런 거 갈 수 없으니까 거기 갔다오라면 그건 해요. 그러곤 제 곁만 지켜요.

딸(송이)은 이 사건 이후 아이를(건우의 누나에게는 네살짜리 아들 라익이가 있다) 떼어놓지 못하고 위험한 곳에 절대 보내지 않아요. "엄마도 아무데도 못 가고 있는데 너도 그러면 어떡하냐"라고 제가 딸에게 마음 단단히 먹으라고, 이런 일이 흔하지 않다고 말하면

제1부 살아갈 날들을 위한 기록

송이는 "어쩌다가 일어나는 일이 왜 내 동생한테 일어났어. 많으니까 일어난 거 아니야. 우리가 모르는 일이 많은 거야, 엄마"라며 불안해해요. 라익이 다니는 유치원에서 일주일에 한번씩 봉고차 타고 체험학습장에 가는데 그걸 아예 못 보내더라구요. 그 정도로 애가 두려움이 심해요. '애가 이렇게 작은데 나 없이 버스 타고 가다가 다치기라도 하면 어떡하냐'라구요. 그러니까 걱정인 거예요. "그래도 애가 재밌어 할 텐데… 보내지?"라고 하면 자기가 다른 데 데려가 재밌게 놀게 한다며 아무데도 안 보내요. 또래하고도 놀고 그래야 하는데. 아이가 이제 네살이거든요, 이해는 가는데 이게 계속 가면 라익이가 새로운 경험을 할 수도 없을 테고, 걱정이에요. 일단은 저도 보내지 말라고는 하는데…

아, 우리 아들 잘했어

건우와 마지막 통화도 못했어요. 아마 배터리도 없었을 거예요. 건우 갈 때 여분의 배터리 가져가라고 했는데 안 챙겼더라구요. 그나마도 제가 창밖으로 충전기만 던져줬어요. 저는 아들과 연락이 안 되면 불안증세가 심해져서… "너랑 연락 안 되면 엄마 힘든 거 알지, 꼭 충전해" 하면서 던져줬지요. 그런데 아이들이 너무 많으니 충전을 못하지 않았을까 싶어요. 그날 새벽 7시엔가 친구랑 카톡은 했대요. 이제 일어나 씻으러 간다고. 그게 마지막이었어요. 저하곤 그 전날 저녁 10시쯤에 통화했어요. 자기가 림보게임에서 일등 먹어서 제주도 왕복 티켓 탔다고 엄마 제주도여행 보내준다고 하더라구요. 엄마 한번도 못 가봤으니 가보라고. 그런데 제가 "엄마는 배를 무서워하잖아. 그래서 못 갔잖아. 엄마 무서워서 못 타" 그렇게 말했어요. 아이가 좋아서 아주 들떠 전화했는데 그렇게 말한 것이 못내 걸려요. 나중에 살아온 애한테 들었는데 건우가 효도한다며 너무 좋아했다고. 그런데 그걸 내가 못 간다고 했으니…

건우는 나올 때 입고 있던 옷 외에는 어떤 물건도 찾지 못했어요. 핸드폰도 못 찾아서 나중에 동영상도 다른 친구들 거 복원된 것에서 볼 수 있었지요. 다들 동영상들을 찾아서 보더라구요. 그런데 저는 무섭고 그래서 한동안 못 봤어요. 우리 아들이 너무 무섭다고 하지 않았을까 싶어서 더욱 볼 수 없었어요. 건우가 겁이 많았거든요. 무서운 영화 보고 오면 집에서 화장실도 못 갔어요. 가려면 불을 다 켜요. "너 또 왜 화장실도 못 가고 그래?" 하면 "엄마, 나 무서운 영화 봤잖아" 그래요. 그 생각을 하면 애가 얼마나 무서웠을까 싶어서.

그런데 한번은 예상치도 못하고 영상을 하나 보게 됐어요. 1초 정도 건우 모습이 나와서 "앗, 건우다" 하는데 지나가더라구요. 그때 가슴이 덜컹하고 또 안정이 안 돼서 안 봐야겠다 했는데 뉴스에 계속 나오더라구요. 그래서 같은 반 (박)수현이가 찍은 영상을 받아서 봤지요. 우리 아들이 약간 겁먹은 얼굴로 있더라구요. 그때 심하게 울었더니 아빠는 보지 말라구 하구요. "자기가 힘들면 내가 힘들어. 제발 보지 마. 당신마저 없으면 나는 어떻게 살아." 그래서 한동안 안 보다가 또 동영상이 올라왔는데 거기엔 건우 목소리까지 나오는 거예요. 다른 엄마들은 다 찾아서 보려고 하는데 나는 안 보려 하니까, 이건 아닌 것 같아서 인터넷을 뒤져서 찾아봤어요.

그 마지막 동영상에서 구명조끼 입는 장면이 나오더라구요. 그런데 우리 아들이 거기서 친구들에게 구명조끼를 챙겨주고 있더라구요. 하나 날라다주고 손 털고, 또 하나 날라다주고 손 털고, 앞에 있는 여학생이 구명조끼가 작아 안 맞으니까 다른 것 가져다 비닐 뜯어서 주고 그래요. 그 모습을 보니까 우리 아들이 이렇게 하고 있었구나, 친구들을 도와주고 있었구나 싶었어요. 또 배가 기울어 떨어지려는 아이가 있었는데 얘가 그 친구를 끌어올리려 했는지 끙끙거리는 소리만 들려요. 그런데 우리 애가 체격이 작아서 못하니까 옆에 친구랑 같이 둘이서 끌어올리는 모습도 있고… 아, 우리 아들이 이런 모습으로 있었구나, 겁에만 질리지 않고 이렇게 행동을 했구나 하는 생각이 들고… 영상을 보기 전에는 겁먹은 건우 모습만 떠올렸는데 의연히 있는 모습을 보니 그나마 낫더라구요. 아, 우리 아들 잘했어.

먼저 나온 아이가 하나 있었어요. 그 엄마가 전화가 왔어요. 동영상 봤냐고. 다른 동영상에서 그 엄마 아들을 걱정하며 "준혁이 구명조끼 어떡해" 하는 목소리가 건우 목소리 같다고 연락이 왔어요. 나는 봤는데도 건우 모습 보느라 목소리를 놓쳤는데 (안)준혁이 엄마는 자기 아들 이름이 나오니까 귀에 꽂혔나봐요. 그러면서 준혁이 걱정을 해줬다고 들어보라고. 준혁이는 먼저 앞으로 나가 있었는데 구명조끼가 부족해서 입지 못했나봐요. 그걸 건우가 걱정하는 장면이었어요. 아이들이 이렇게 무섭고 힘든 상황에서도 서로 챙겼구나 싶었어요. 우리 아들도 자기만 생각하지 않고 이미 밖으로 나가서 안 보이는 아이까지 챙기고 있었구나 싶어서 "우리 아들 너무 장해"라고 이야기해줬어요. 피하고 안 보려던 영상이 오히려 내게 겁에 질려 있는 아들 모습을 잊게 해주었어요. 우리 아들이 겁에만 질려 있지 않았다는 거, 물속에 잠기는 순간에는 어떤 모습이었을지 모르겠지

만 그래도 마지막 순간에 아이들이 저렇게 했구나 그것만 생각하려
해요. 아빠는 그래도 못 보더라구요. 제가 보고 말해줬어요.

다른 애들은 문자도 전화도 했는데 어떻게 우리 아들은 전화도 문
자도 안 했을까 되게 의문을 많이 가졌었어요. 그 순간에 우리 아들
은 그렇게 하고 있었던 거예요. "그래, 엄마한테 사랑한다는 말 안 해
도 네가 그렇게 행동하고 있어서 엄마는 참 좋아. 엄마도 서운함을
잊을게. 잘 지내. 자랑스러워, 내 아들" 하고 건우한테 말해줬어요. 어
려울 때 남 도와주라는 엄마 말대로 행동했구나, 내 아들.

지금도 사무치게 마음 아픈 게, 생존자 아이들이 전하는 말이 아이
들이 서로 밀치지도 않고 구해줄 줄 알고 줄 서 있었다고 그래요.
그 말 들으니까 애들은 다 자신들이 구해질 줄 알았는데, 게다가 그
애들이 얼마나 성숙한 모습으로 기다리고 있었는데, 어떻게 나오라
는 정보도 안 주고… 아이들이 어려서, 말 잘 들어서 그랬다는 거 들
으면 억울하고 분하고…

뉴스가 진실인 줄 알았는데 그게 아니더라구요

그날 9시 5분쯤 TV를 켰다가 사고 소식을 알았어요. 침몰 소식을
듣고 학교로 가는데 성당 자매들이 소식을 듣고 전화해준 거예요. 그
때까지는 무사히 돌아오게 기도해달라고 하고 갔어요. 그런데 그때
오보가 뜬 거예요. 전원구조 됐다고. 나는 그때 바로 그랬어요. 아니
라고. 저거 기자가 잘못 듣고 쓴 거라고. 저는 자꾸 아니라고 했어요.
그런데 사람들이 모두 전원구조라고 그러는 거예요. 그 상황에서 아

제1부 살아갈 날들을 위한 기록

닌 걸 뻔히 알겠는데 사람들은 다들 아이들 태우러 간다고 가버리는 거예요. 그 상황을 아직도 이해할 수가 없어요. 건우 아빠도 애 태우러 가야 한다 하고 나는 계속 아니라 하고. 건우 아빠가 왜 당신은 아니라고 하냐고 하대요. 그래서 제가 그랬죠. 우리나라 통신발달이 얼마나 잘 되었는데 이렇게 전화를 걸어도 연락이 안 되느냐구요. 그랬더니 섬으로 다 분산시켜서 연락이 안 될 거라고 그러는데, 저는 그렇다면 배에 탄 아저씨는 왜 통신이 안 되냐고, 믿을 수 없다고 했지요. 설령 나한테 연락이 안 왔어도 다른 누군가는 받았어야 했는데 그렇지 않았어요. 그래서 나만 아니라고 계속 말하고… 누구도 구조되었다고 생각할 수 없었어요. 건우 아빠가 나중에도 나에게 물어요. 그때 왜 안 믿었냐고. 나는 믿을 수 있는 상황이 아니었다고. 나는 분명히 기자가 교장이 말하는 것을 받아서 쓰는 것을 봤기 때문에 믿을 수 없었어요. 그 사람(교장)도 현장에 없었는데 뭘 알았겠어요. 그런데 기자는 그걸 그대로 쓰고.

그날 그렇게 안 믿은 사람은 저밖에 없었어요. 어떤 기자가 물어보더라구요. 구조됐다는데 어쩌구 하면서요. 그래서 제가 그랬지요. 그런 기사 좀 내보내지 말라고, 그런 기사 내보내면 구조 안 할 거 아니냐고. 그 애들 구해야 하는데 이미 다 끝난 걸로 처리되면 안 구한다고, 119도 가다가 멈출 거라고. 그렇게 얘기하는데도 내 말은 무시하고 딴 사람하고만 얘기를 하더라구요. '내 말은 다 안 통하고 안 믿어주는구나.' 사람들이 다 싫었어요. 그때 아직 구조 안 됐다고 누구 하나만 말했어도 좀더 구하지 않았을까요. 저는 정말 그전까지 기자들이 현장에서 발로 뛰고 그걸 보도하는 걸로 알았어요. 그런데 그때 처음 알았어요. 다 거짓말이에요. 인터뷰도 자기 마음에 드는 사람

말만 담는 것 같아요. 뉴스가 진실인줄 알았는데 그게 아니더라구요.

이 나라가 얼마나 무능한지, 이게 현실인 거죠

팽목항에서의 3일은 거의 죽어 있었어요. 정신을 거의 못 차리고. 건우 아빠한테만 "건우 데려다줘" 그러고. 3일 동안은 속았다는 생각에 억울하고, '저런 세상이었구나, 우리나라가 이렇게 무능한 나라였구나' 이걸 알게 되는 시간이었지요. 나는 사고 나면 다 구해주는 건 줄 알았지요. 처음엔 오보를 사람들이 어떻게 믿을 수 있나 했는데 생각해보면 나도 우리나라가 이렇게 무능한지 몰랐을 때라면 믿었겠더라구요. 날도 환하지 바다가 멀리 태평양 한가운데도 아니고, 배도 천천히 침몰하지, 구조된 분들이 아이들은 구명조끼를 입었다고 그러지. 그러니 나오면 몇몇은 떠내려가 못 구한다 해도 설마 그 많은 아이들을 못 구할 거라고는 생각 못했겠지 싶어요.

그런데 이번에 여실히 알았지요. 이 나라가 얼마나 무능한지. 아니 무책임한지. 못 구한 게 아니구 안 구했다는 것이 정말 믿기지가 않는데 이게 현실인 거죠. 이런 세상에서 살아왔다는 것을 내가 너무 몰랐다는 것이… 어떻게든 구해줄 줄 알았어. 수백명이 구하고 있다고 하니까 우리 아들 구하는 순서만 기다렸어. 그런데 첫날밤에 누구한테 카톡이 왔다고 했잖아요. 그래서 나는 그 다음 날까지는 우리 애가 살아 있을 거라 생각했어요. 그 희망이 너무 좋은 거예요. 그때 누구 하나 카톡 오면 "와 살아 있어" 이러면서 서로 환호성을 지르기도 하고 그랬거든요.

　　　　　　　　　제1부 살아갈 날들을 위한 기록

대통령 온 날인가 우리 아들 친구가 문자를 보내온 거예요. 그 친구가 건우한테 전화를 했었대요. 그런데 전화 받는 딸깍 하는 소리가 났다면서 "어머니, 건우 살아 있을 거예요, 힘내세요" 하는 거예요. "내가 전화를 해도 안 받는데 무슨 소리냐" 하고 말했더니 신호가 갔는데 받는 소리가 들리고 끊겼다면서 아마 배터리가 없어서 그럴 거라고. 나중에 알고 보니 걔도 유언비어 퍼뜨렸다고 경찰서에 불려갔다고 하더라구요. 그런 거 잡는 데는 총알같이 빠른 경찰이 아이들 구조하는 데는 그렇게 아무 것도 안 할 수가 있어요?

아들, 돌아와주어 고마워

172번인가 174번인가로 건우가 나왔어요. 이것도 기억이 없네. 얼마나 정신이 없던지. (4월) 24일에 나왔어요. 확인은 25일에 됐어요. 우리 아들은 나를 너무 생각했던 것 같아요. 그날 나온 것도, 그날 밤 11시가 다 넘어서 나왔거든요. 그런데 애가 나왔다는데 보철을 했다는 거예요. 키랑 몸무게랑 건우와 거의 같은데 건우는 보철을 안 했거든요. 그래서 아빠랑 나랑 긴가민가해서 아닌가보다 그러면서 내내 앉아 있다가 새벽 3시 넘어서 겨우 한두시간 잤어요. 그날 시간이 늦고 정보도 틀려서 저희가 확인을 안 했지, 만일 확인했다면 저는 잠을 못 잤을 거예요. 그랬다면 다음 날도 버틸 수 없었을 거고, 제가 아들과 함께 올 기운 따위는 나지 않았을 거예요. 그날 제가 비록 짧게나마 잘 수 있도록 건우가 엄마를 보살핀 거지요.

다음 날 아침 아무래도 이상해서 다시 확인을 했어요. 팽목항에서는 보철이 되어 있다고 했는데 체육관에서는 안 되었다는 거예요. 번호는 똑같은데. 이상하다고… 그전에도 비슷한 아이가 나와서 가서 확인했는데, 그때 보러 가는 동안 너무나 가슴이 뛰어 죽을 것 같았거든요. 그런데 다시 또 그걸 하려니 너무 가슴이 콩닥거리고 너무 싫고 무서운 거예요. 청심환 먹고 어렵게 가서 확인했는데 아니면 마음만 더 다칠 테니까 '우리 애 같긴 한데…' 애 아빠랑 '우리 그냥 좀더 확실해지면 그때 확인하자' 그랬어요. 그날 너무 힘들어서 오후 3시쯤인가 링거를 맞으며 깜빡 잠이 들었어요. 우리 아들이 또 꿈에 나타나선 자기 목욕 싹 하고 옷 다 새로 입었다고 하는데 교복이에요. 교복을 입었는데 양말이 없대요. 양말이 없다는데 말은 안 해요. 그냥 양말이 없다는 신호만 주는 거예요. 제가 링거를 맞는데 너무 더워서 건우 아빠한테 양말을 벗겨달라고 했어요. 양말을 벗었는데 꿈속에서 애가 양말을 못 신고, 가야 할 때가 되었는데 양말이 없다고 엄마 양말 빤 거 없냐고 하는 뉘앙스의 신호를 주는 거예요. 그런데 내가 양말을 안 빤 거예요. 그래서 '아, 엄마도 양말 안 신었네. 우리 쌤쌤이네' 이렇게 농담을 하는데 그 순간 아들이 딱 사라져버린 거예요. 잠이 확 깨는데 그때 아빠가 옆에 있더라구요. 그래서 제가 "건우 꿈꿨어. 우리 건우가 뭔가 다 준비되었다고 하는 것 같아. 목욕 다 하고 정갈하게 다 준비했는데 양말이 없다고 하네" 그랬더니 아빠가 힘없이 "그러냐" 하더라구요.

꿈을 꾸고 나니 이상한 거예요. 뭔가 신호 같고. 근데 그때 열흘 동안 목욕을 못했잖아요. 그럴 정신도 없었구요. 그런데 그날은 제가 씻어야겠더라구요. 거기(체육관)서는 도저히 씻을 수가 없고 해서 제가 아빠한테 말했지요. 읍내 나가서 모텔이라도 가자. 목욕 좀 해

　　　　　　　　제1부 살아갈 날들을 위한 기록

야겠다고. 그러고는 모텔 잡아서 목욕을 재빨리 하고 나왔는데 양말이 없었어요. 가져갔어야 했는데 정신없이 그냥 간 거지요. 체육관에서 양말이고 속옷이고 다 나눠주는데 아들이 없는데 그딴 게 무슨 소용인가 싶고… 그래서 아무것도 안 받아서 갔더니 목욕하고 나오려니 양말이 없는 거예요. 왜 자꾸 꿈대로 되지? 이러고선 6시쯤 다시 체육관으로 돌아왔어요. 7시가 다 돼서 밥을 먹어야 애가 나와도 데려갈 힘이 있지 하는 마음에 건우 아빠랑 건우 외삼촌이랑 셋이서 터벅터벅 밥을 먹으러 가는데 전화가 오는 거예요. 김건우 엄마냐고. 근데 그때 덜컹하고 가슴이 확 내려앉더라구요.

'아 큰일 났네.' 확인하러 갔어요. 2학년 4반 김건우냐고. 어제 수습했는데 부모가 안 나타나니까 유전자 검사를 했더라구요. 그 사람이 전화해서 팽목항으로 짐 챙겨오라고 하더라구요. 다른 실종자 가족들한테 우리 아들 나와서 간다고 하는데… 미안한 거예요. 우리 아들이 이렇게 나와준 것에 대해서 감사하기도 하고. 그러다 내가 미쳤나 싶은 생각이 들어요. 아들이 이렇게 나온 것이 감사할 일인가요. 실은 거기(팽목항)서 우리가 마지막이 될까봐 너무 힘들었어요. 나만 남으면 어떡하지. 우리 아들만 못 찾으면 어떡하지… 죽었어도 좋으니 못 찾는 거보다는 찾아서 몸뚱이라도 찾아 만났으면 좋겠다 이 생각밖에 없었어요. 포기하고 나니까, 나온 것이 그렇게 고맙고 감사하더라구요. 그래서 짐 챙기면서 그랬어요. "하느님 고맙고 감사합니다. 돌아와줘서, 아들, 고마워." 옆에서 다들 부러워하더라구요. 이게 부러워할 일인지. 그런데 그게 부러워요, 거기에선. 그리고 서로 축하를 해요. 이게 말이 돼요? 그런데 그래요. 그러니 내가 미치겠는 거예요. 내가 왜 이게 감사해요? 도대체 왜? 그런데 감사하다고 하고, 아

미쳤구나. 뭐가 감사해. 애가 죽어서 나오는데 뭐가 감사할 일이야. 이게 미친 세상이지.

팽목항에 갔더니 사진을 보여주더라구요. 사진을 보여주는데 잠자는 모습 같아요. 눈을 감고 있는 모습 자체가 너무 싫은 거예요. 아들 얼굴만 찍어서 보여주는데 그걸 보는 순간이 내 생애에서 가장 괴로운 순간이었어요. 내가 살아온 50년이란 세월 중에서 가장 괴로운…

이제 건우를 직접 확인하러 가자는데 내가 몸이 약하니까 건우 아빠는 건우 외삼촌이랑 가서 먼저 보고 와서 말해준다고, 있으라고 하더라구요. 그래서 아빠랑 남동생만 먼저 가서 봤어요. 보고 나와서 아빠는 내게 말도 못하고, 남동생이 와서 사정사정 하는 거예요. "누나 정말 미안한데, 보면 안 되겠어. 누나가 건우 보면 쓰러질 것 같아. 그런데 건우 데려가려면 누나가 쓰러지면 안 되잖아. 그러니까 누나, 건우 안 봤으면 좋겠다." 동생이 통사정하길래 왜 그러냐고 그렇게 건우 모습이 이상하냐고 물으니까 동생이 그러더라구요. "누나, 실은 건우 머리카락을 만지니까 살갗이 다 떨어져나와. 안 되겠어. 누나 보면 안 되겠어. 건우 얼굴이 망가진 걸 누나가 보면 평생 살아가면서 못 견딜 거니까 보지 마." 저도 자신이 없었어요. 그리고 염할 때 또 못 보겠더라구요. 죽을힘을 다해 문을 열고 들어가고도 싶은데 발길이 안 떨어졌어요. 그래서 주저앉아 울다가 쓰러졌지요. 나 대신 이모(수녀인 건우 이모)가 들어가서 건우를 보고 나와서는, 누워 있는 내 손을 잡으며 '이건 건우 만진 손이야' 하고, 이마에 입을 맞추며 '이건 건우 이마에 입 맞춘 입이야' 하면서 제게 건우의 온기를 전해주더라고요.

제1부 살아갈 날들을 위한 기록

결국 못 봤어요. 그런데 그게 또 한이 맺혀요. 한데 본 사람들은 또 그게 자꾸 떠올라 힘들다고 하더라구요. 나는 건우 아빠 야근할 때 혼자 있어야 하는데 도저히 살아갈 자신이 없더라구요. 저는 건우가 살아 있는 모습만 기억하고 싶었어요. '웃는 모습으로 그냥 기억하고 싶다. 그래야 내가 살 수 있고 그래야 내 아들이 죽었다 생각이 안 들고 내 마음속에서 같이 살아가지.'

예감도 통하고 정서도 통하던 아들과 엄마

어릴 때 아버님이 무서운 분이어서 저는 무섬증을 많이 타는 편이었어요. 그리고 예민한 편이어서 스트레스가 심하면 몸이 힘들었지요. 공황장애가 생긴 건 딸아이가 중학교 막 들어가면서부터였어요. 아이에게 사춘기가 와서 말썽을 많이 일으켰어요. 아이가 커가는 중이니 그때 잘못되면 안 되잖아요. 그래서 간섭하기 시작했죠. 나도, 아빠도. 간섭이 심하니 애는 자꾸 집을 뛰쳐나가려 하고 그러면 나는 더 옥죄려 하고 아빠도 그렇게 하고. 애는 자기가 이제 다 큰 것 같으니까 '왜 그러냐' 난리고, 그러다 가출했어요. 그때 스트레스를 심하게 오랫동안 받고 나니 심장이 막 터질 것 같고 숨이 차며 죽을 것 같았어요. 그러곤 쓰러졌죠.

그때부터 공황장애가 왔어요. 그뒤부터는 숨이 차다거나 두근거리는 증세만 와도 너무 겁이 나요. 또 쓰러질까봐. 건우가 초등학교 1, 2학년 때였는데 건우를 두고 죽으면 어쩌나 싶으니까 더 스트레스가 심한 거예요. 그러다보니 발작이 더 심해졌어요. 무서움이 더 심한

스트레스로… 병원 가서 별 검사 다 해봤어요. 그래도 병명이 안 나오다 나중에 공황장애라고 그러더라구요.

항우울제로 치료해야 한다는데 저는 그 약도 안 들어요. 그 약을 먹으면 더 몸이 가라앉고 밥도 못 먹어요. 그래서 치료는 못하고 그냥 신경안정제만 먹어요. 그런 상태에서 이 일이 터진 후론 엘리베이터도 버스도 못 타요. 아주 잠깐씩만 탈 수 있고. 그래서 광화문 가는 날도 거의 죽을 것 같은데 정말 건우 얼굴 하나 떠올리며 갈 수 있었어요. 처음 진도 갈 때도 버스로는 못 가고 아빠 차로 갔어요. 아들 보러 빨리 가야 하는데 중간 중간 쉬지 않곤 갈 수가 없으니까. 그것마저도 한참 망설였어요. 그런데 그래도 가지더라구요. 자식 일이라. 진짜 내가 거기에 가는 것이 신기했어요. 저는 정말 팽목항에서 내내 '쓰러지지 말자' 오직 그 생각만 했어요. 우리 아들 앞에서 쓰러지지 말아야지. 그래서 쓰러질 상황을 안 만들려고 제가 많이 피했던 것 같아요. 건우 확인하는 것도 안 하고, 염하는 것도 못 보고. 쓰러지기 싫었어요. 쓰러지는 그 순간 아들을 기억할 수 없잖아요. 그게 너무 싫었어요.

건우는 공부를 잘하거나 그런 건 아닌데 정말 좋은 아들이었어요. 건우는 자기가 통화가 안 되면 엄마가 숨 넘어가는 걸 아는데 그런 애가 이렇게 통화가 안 되는 게 말이 안 돼. 그래서 나는 모두 구조되었다는 말을 믿을 수 없었어요. 그럼 전화 안 할 우리 아들이 아니거든요. 핸드폰 약이 없다고 해도 옆사람 거라도 빌려서, 구조되었다면 그 배 선장님 거라도 빌려서 할 아이였어요. 나도 건우를 알고 건우도 엄마를 알아요. 어쩔 수 없는 상황이 아니라면 건우가 어떻게든 연락했을 거예요. 10시만 넘어가면 엄마에게 전화하는 아이예요. 그

제1부 살아갈 날들을 위한 기록

런데 이런 뉴스가 나와서 엄마가 걱정할 것을 아는데 아이가 안 할 리가 없어요. 건우는 엄마가 불안증 때문에 힘들어하는 걸 알아요.

건우가 어렸을 때 친구 집 가서 연락이 안 된 적이 있어요. 그날 숨이 거의 넘어가는 줄 알았어요. 그래서 말했지요. "엄마는 세상이 다 무너져도 살 수 있는데, 너 없으면 살 수 없어. 엄마 숨 넘어갈 거야. 엄마가 불안증이 있어서 그래. 그러니 아들, 네가 도움을 줘야 해." 그전엔 건우도 불만을 토로했어요. 다른 애들 엄마는 전화를 안 하는데 엄마는 왜 그렇게 하느냐고. 그래서 제 불안증을 말해줬지요. 처음엔 잘 이해를 못하더라구요. 그래서 사실대로 말해줬어요. "엄마는 사실 공황장애가 있어. 내가 아끼는 사람이 없어지면 숨이 넘어가는 증세가 와" 했더니 그 다음부터는 건우가 더 먼저 엄마를 걱정해서 챙겨줬어요.

10시만 넘으면 전화가 와요. 제가 전화할까봐 먼저 전화해서 "엄마 나 가고 있어, 지금 편의점 앞이야". 조금 있다 또 "엄마, 나 이제 놀이터 앞이야" "엄마 나 집 앞이야" 이렇게 실시간으로 제게 전화를 해요. 제가 걱정할까봐 그런대요. 어떤 땐 또 전화해서 뭐라 뭐라 이야기를 많이 해요. 그러면 내가 "너 어디야" 하면 "응, 지금 집에 가고 있어" 그래요. "그럼, 집에 와서 하지 뭐 하러 전화해" 하면 "엄마 걱정하잖아" 그러면 벌써 현관에서 버튼 소리가 '띠띠띠' 나는 거예요. 그랬던 애였기 때문에 아이 연락이 안 올 때 불길한 예감이 들었던 거예요. 건우랑 저랑은 뭔가 예감도 통하고 정서도 통하고.

방에서 자면 아들 방이 바로 보여요. 제가 누워서 보면 아들 누운 것이 바로 보여요. 그러면 제가 "아들, 어서 자" 하면 "응, 자고 있어" 능청스럽게 대답해요. "너 핸드폰 켜놓은 거 다 보여" 그러고. 문도 안 닫고 잤어요. 그렇게 따로 잔 것도 딱 한달이에요. 그전까지는 늘 저 작은 방에서 셋이 함께 잤어요. 딸이 시집가기 전에는 딸이 안방을 쓰고 저희가 이 작은방을 썼어요. 누나 시집가고는 건우가 이어서 안방을 썼는데 그 방에선 안 자고 늘 이 작은방에 와서 저희랑 같이 잤어요. 처음 이 집 샀을 때 돈이 부족해 리모델링도 못했어요. 그러다 작년에 집을 새로 고치고 이제 좀 여유있게 살아보려 했는데⋯ 그러고 난 후 작은방을 달라고 해서 지금 저 방이 건우 방이 된 거죠. (그 방은 당장에라도 학교 다녀온 건우를 맞이할 것 같은 상태다.)

자기 방이 생기면 침대를 사달라고 했는데 막상 작은방을 내주니 거기서도 안 자고 맨날 안방에 와서 잤어요. 저희도 쫓을 생각도 안 하고 좋아했구요. 아빠도 아이가 거실에서 잠들면 중학생 때까지도 애를 안아다 누이는데 저 방이 아니라 저희 방에 누이는 거예요. 그러면 제가 웃으며 그랬죠. "아니, 자기는 왜 자는 아이를 이 방으로 데려와. 저 방에 재워야지" 그러면 아빠는 "어차피 깨면 또 이 방으로 올 거 아니야. 자다 깨서 오면 애가 피곤해, 안 돼" 그랬어요, 항상 붙어서. 어쩌다 자기 방에서 자도 잠 깨어 오면 아이가 안 그래도 작은데 잠 못 자면 더 안 자랄까 봐 아예 같이 잤던 거지요. 고1 때까지만 그렇게 잔다고 하더니, 집 고치고 나서는 또 침대만 사주면 제 방에서 자겠다더니, 침대를 사주어도 두어달 더 자기 방에 안 가더라구요. 고2 올라가며 3월엔 웬일인지 자기 방에 가서 자더라구요. 그렇게 떨어져 잔 게 고작 한달이에요. 아들이 저를 생각해서 그런 것 같아요. 만일 계속 붙어 잤으면 그 허전함이 더했을 텐데 한달간 따로 자는 연습을 시키고 간 거예요.

우리 가족은 건우만 잃은 게 아니에요

우리 아들은 늘 "헤~" 이렇게 웃었어. 무슨 말만 해도 웃고 너무 잘 웃어서 별명이 '헤보'였어요. 친구들은 하도 건우가 빼빼하니까 '모기'라고 불렀어요. 아이가 작아서 친구들이 놀리고 괴롭힐 줄 알았는데 친구가 많았어요. 저 사진 보세요. 친구들이 저렇게 많더라구요. 그중 건우가 제일 작아요. 그래도 친구들이 건우를 참 많이 좋아했어요. 건우도 그렇구요. 친구들을 자주 집으로 데려와요. 엄마가 혼자서 잘 못 있으니 저희 집으로 더 데려와요. 건우는 재미난 일을 만드는 걸 좋아했어요. 공부는 못해도 아이가 재미나게 보내는 게 좋았어요. 작년 여름엔 시골 사는 친구 할머니댁에 가서 일도 하고 놀다 왔는데 그것도 건우가 만들었던 일이에요. 그리고 올해도 여름에 또 다른 곳에 놀러간다고 했는데… 그래도 재미나게 추억 많이 쌓은 게 지금 생각하면 너무 다행이다 싶어요.

건우는 요리사를 한다고 했어요. 제가 "너는 요리에 소질도 없는데 왜 하려고 해. 힘들어. 하지 마" 그러면 "엄마 아플 때 죽이라도 끓이면 좋잖아. 아빠는 못하는데 나라도 하면 안 좋아?" 언젠가 제가 아플 때 건우 아빠가 죽을 사갖고 왔어요. 죽집 죽도 아니고 구멍가게에서 파는 공산품 죽. 진짜 맛이 없어요. 또 죽이 싫어 미역국을 먹는다 하면 즉석미역국 이런 걸 사다줘요. 그러니까 건우가 그걸 보고는 "나는 커서 마누라가 아프면 죽도 해주고 미역국도 해주고, 엄마가 아파도 해줄 거야" 하면서 요리사가 꿈이라고 했어요. 얘는 사실 꿈이 '좋은 아빠, 좋은 남편' 되는 거였어요. 그래서 요리사는 덩달아

꾼 꿈이지요. 아빠처럼 아내 사랑, 자식 사랑 하고 살고 싶다고. 제가
"너는 아빠만큼만 살면 성공한 거야"라고 하면 "그런데 나는 아빠보
단 쪼금 더 잘살 거야. 돈도 좀 더 벌고. 차도 좋은 거 사고, 그래서 엄
마 아빠랑 같이 휴가도 가고 그럴 거야" 그랬어요. 우리가 늘 그렇게
가족끼리 놀러 다니니까 건우는 그게 좋았나봐요. 야외에 가서 고기
도 구워먹고… 제가 멀리도 못 가고 혼자도 잘 못 가니까 가족들이랑
자주 이렇게 놀았거든요. 건우는 도란도란 가족들이 모여 놀고 먹고
비비며 사는 것을 너무 좋아했어요. 우리 건우는 어른들 얘기도 다
귀기울여 듣고 흘려버리지 않았어요. 신기했어요. 건우 아빠도 저도
건우가 우리 이야기를 흘려듣지 않는 게 너무 신기하다 여겼어요.

　너무 많은 이야기를 다 나눴어요. 우리는 못하는 이야기가 없었어
요. 저는 건우한테 "너도 좀 여자친구도 사귀고 그래봐" 그러기도 하
고, 건우는 또 "엄마 난 크면 담배 피울거야" 그래서 "피워봤어?" 그
러면 "응, 그런데 별로야. 그래도 크면 피울 거야" 그러고. 아들과 이
런 이야기까지 한다고 하면 모두 참 신기하다고 해요.

　우리 가족은 건우만 잃은 게 아니에요. 건우가 꾸릴 미래의 가족
모두를 잃은 거잖아요. 우리 딸이 늘 그랬어요. "엄마, 나는 건우를 다
른 여자한테 못 줄 것 같아." 그러면 제가 "네 아들도 아닌데 왜 너가
난리야" 하고. 건우를 두고 우리는 결혼시킬 이야기, 별별, 정말 별 그
런 거까지 꿈꾸며 살았는데… 그런 거 저런 거 다 생각하다보면 이런
많은 게 하고 싶었는데 그 배 안에서 어떻게 있었을까 싶어서 막 가
슴이 차올라와요.

　　　　　　　　　　　　　　　제1부 살아갈 날들을 위한 기록

'정의를 위해 물러서지 말라'라는 답을 얻었어요

세월호 사건이 일어나고 나서 한달이 지나도 천주교에서는 아무말이 없었어요. 안 나서더라구요. 목소리가 없었어요. 그게 너무 섭섭한 거예요. 너무 섭섭해갖고, 난 그래도 신앙 안에서 살려는데 숫자가 적어서 그런가 어떻게 아무런 말이 없을까 생각했어요. 저는 그때 집에서 하느님하고 싸움을 하고 있었죠. 아무도 안 나서고, 물론 뒤에서 도와주는 분들은 있었지만 천주교 차원에선 목소리가 나오지 않으니 너무 섭섭하더라구요. 그래서 하루는 신부님께 "하느님 세계의 정의에 대해 강하게 믿고 살아왔는데 나는 정말 너무 실망스럽고 힘들다. 끝까지 나서줄 것이 천주교인 줄 알았는데 왜 이러냐"라고 물었어요. "정의구현사제단에서도 많이 나와서 행동할 수 있을 텐데 왜 이렇게 조용하냐. 나는 내가 못 싸우니까 좀 힘있고 그런 분들이 싸워줬으면 좋겠는데… 아무것도 안 되니 내가 계속 하느님 믿고 살 건지 모르겠다"라고 했더니 신부님이 그러시더라구요. 우리도 지금 준비하고 있다. 그런데 유가족들이 요청하지 않아서 나서기가 그렇다고 하시대요. 그런데 이걸 유가족이 요청해야 하는 건가요? 어떻게 유가족이 지금 정신없는 상태에서 해달라 말라 하겠냐구요. 물론 유가족들이 단식을 시작하면서 대책위에서 함께해달라고 요청을 하긴 했다는데… 이제 조금 천주교에서도 나와서 하니까 조금 위로가 되더라구요.

교황님이 대전에서 세월호 유가족을 만나기로 한 날 저도 그곳에 갔어요. 사람 많은 데 가면 힘든데도 죽을힘을 내서 갔는데, 원래 30명이 만나는 걸로 이야기되었다가 그날 갑작스럽게 10명으로 한정

되면서 못 뵙게 될 판이었어요. 미사 하는 거밖엔 여기 온 보람이 없구나 하고 체념했어요. 트랙 가장자리에 우리(유가족)를 앉혀놨더라구요. 처음에 나는 '아니, 잘 보이는 가운데에 앉혀야지, 왜 이렇게 가장자리에 우리 자리를 해놨지' 했는데 그게 다 이유가 있었더라구요. 교황님이 트랙을 도는데 그곳이(우리 자리가) 지나는 길이더라구요. 그런데 우리가 가까이 얼굴이라도 본다고 펜스 앞으로 오니까 경호원들이 나오지 말라고 하더라구요. 위험하다고. 그래도 앞에서 교황님을 꼭 뵙고 싶은 마음에 다른 자매님이랑 앞으로 나갔어요. 마구 막아대는데 그냥 막 펜스 앞으로 쫓아갔지요. 이 마음이 아프니까 내 마음을 치유시켜달라고, 내가 살 수 있게 해달라고. 살아갈 수 있는 힘을 달라고.

그 마음으로 손을 뻗었더니 다행히 차에서 내려서 오시더라구요. 잠깐 스치는 듯한 순간이었지만 손도 잡아주시고. 아무 말도 못하시고 그렇게 짧게 스쳤지요. 그래도 내려오신 것이 고마웠어요. 세상에 종교라는 것은 국경이 없는 것이, 이방인인 교황님도 와서 인자한 할아버지 미소를 띠고 우리를 걱정해주고 진실을 밝히라고 말해주시니 그때 그 마음에 너무 기대고 싶더라구요. 그냥 이 분에게 다 맡기고 죽어도 좋겠다 싶더라구요.

미사 중에 그런 말을 하셨어요. "정의를 위해 물러서지 말라." 저는 맨날 그러거든요. '아, 이거 싸워야 돼, 말아야 돼.' 하느님은 늘 용서하라고 하시거든요. 무조건 용서하라구, 사랑하라구. 그런데 그게 너무 안 되는 거예요. 나는 평생 사랑하면서 그렇게 살았는데, 진짜 못된 짓 한 사람도 다 용서하고 그렇게 살았는데 이것만큼은 절대로 못하겠어요. 그래서 용서 못하겠다고, 이것만큼은 절대 용서가 안 된다

제1부 살아갈 날들을 위한 기록

고, 어떻게 이걸 용서하냐고, 이걸 내가 어떻게 하고 살아야 하냐고 계속 마음속에서 그랬는데, 그 얘기를 듣는 순간에 그분이 저한테 딱 답을 주시는 것 같더라구요. 정의를 위해 물러서지 말라고! 저는 그 말 한마디만 마음에 꽂혔어요. '아, 그래. 미워해도 되는구나. 진짜로는 못해도 마음속으로는 그 사람들 죽이든, 미워하든 내가 그렇게 살아도 되는구나.'

저는 사람들하고 생각이 좀 달라요. 어차피 진상규명이 안 되고, 그러면 엄마들이라도 부조리하지 않은 세상을 만들어갈 자식을 키웠으면 좋겠어요. 사회가 안전불감증에 빠져 있고 부조리하고 내 이익만 챙기는 세상인데 이런 세상에서 아이들을 내 이익만 챙기지 않는 아이로 키웠으면 좋겠어요. 어차피 이 사회는 문제가 크잖아요. 너무 나만 생각하는 사람들이 가득해서 이게 쉽진 않을 거라 생각해요. 죽어도 끝까지 하다가 그게 안 되더라도 엄마들이 그 정신을 포기하지 말고 내 자식들을 잘 키우는 것으로 이어갔으면 해요. 이렇게 이기적인 세상에 그렇지 않은 아이로 자식을 키우는 것이 이 투쟁의 연속이라고 봐요. 라익이가 살 세상은 이런 세상이 아니었으면 좋겠어요. 길게 천천히, 그러나 결코 포기하지 않고 그렇게 살아가야 하지 않을까. 나는 밖에 잘 나갈 수 없어서 진상규명 싸움에 동참은 못하고 있지만, 혼자 생각하다보면 '그래, 앞으로 이 사회의 정신세계가 바뀌게 우리 엄마들이 먼저 바뀌고 아이들을 그렇게 키우는 것이 이어져야 해'라는 생각이 들어요.

엄마들이 먼저 깨어 있어야지. 내 자식 내가 그렇게 키워야지. '내 자식만 잘살면 돼'라는 마음으로 아이들 키워서는 진상규명이 되고 안 되고를 떠나 이 사회는 바뀌지 않는다고 봐요. 지금부터 그렇게 키우면 오래 걸리겠지만, 어쩌면 내가 죽기 전에 그런 모습을 못 보게 돼도 그렇게 바뀌었으면 좋겠어요.

오래 오래 살려구요

여기 혼자 있을 때면 저는 우리 아들이 어디 다른 곳에 살고 있다, 이렇게 생각해요. 그래야 살지. 안 그러고 아빠 야근 들어가고 혼자 있으면 한숨도 못 자요. 너무 공허해서. 그동안 3개월은 건우 아빠가 야근을 안 들어갔는데 계속 혼자만 안 들어가기도 그렇고. 회사가 일이 바빠요. 그 와중에도 특근, 야근이 있는데 애 아빠가 아주 힘들어하는 거예요. 제가 그래도 힘내서 나가라고 했어요. 먹고도 살아야하지만 아빠도 뭔가를 해야 사니까. 그 대신 특근, 야근은 하지 말라고 해요. 특근은 하지 않고 주말엔 같이 건우에게 가요. 아빠가 있어야 제가 어디라도 갈 수 있으니까요. 이젠 우리 둘이 서로 챙기면서 살아야 하잖아요.

건우 보러 토요일, 일요일엔 꼭 가고 주중에도 아빠 야근 아니면 가고 그래요. 그래서 건우를 가까운 하늘공원에 있게 했어요. 납골당이 바깥에 있어 마뜩잖지만 멀리 건우를 보낼 수가 없어요. 보고 싶을 때 자주 보러 가야 하는데 멀면 내가 자주 못 가니까. 친구들이랑 다같이 있으니 그것도 건우가 외롭지 않고 좋을 것 같구요.

계속 앞에 사진을 놔두고 있으니까 건우가 있는 것 같아요. 나갔다 들어와도 건우 사진 보면 건우가 있는 것 같고, 어쩌다 깜깜할 때 들어오면 우리 건우 무서움 많이 타는데 불도 안 켜놓고 나갔네 하는

마음에 막 미안해요. 그래서 "건우야, 우리 건우 불도 안 켜고 있었네" 그러면서 아빠도 저도 불부터 켜요.

가장 오래 남는 게 냄새라는데, 잘 없어지지도 않는다는데, 냄새가 안 나요. 이불에서도 냄새가 안 나요. 너무 너무 힘들면 길바닥에 건우 이름을 새기며 걸어보라던 수녀님 말씀을 생각해 어떤 때는 건우가 신던 신을 신고 걸어봐요. 도장 찍는다 생각하고. 매일 분향소에 걸어서 가요. 갈 때마다 눈물이 나서. 그래도 걸어보자 하며 나가봐요. 그런데 나가면 역시 우리 아들이 걸었던 길이다 생각하면 눈물이 막 나오죠. 바람이 불어도 우리 아들이 맞던 바람 같고. 여기 와동에서 태어나 유치원부터 고등학교까지 다녔으니 모든 곳에 건우의 흔적이 남아 있어요.

주변에서 이사 갔다고 하는 소식 들으면 어떻게 가지 싶어요. 어떻게 가지, 아이와 시간을 보낸 곳을 두고. 어떤 분들은 그게 힘들어 떠나신다고 하는데 저는 우리 건우 생각하는 것이 제일 좋아요. 그래서 아빠랑 딸이랑 건우 얘기하는 것이 좋고. 건우 얘기를 안 하면 건우가 없는 것 같아서 싫어요. 저는 이렇게 앞으로 계속 건우 이야기 하면서 건우를 느끼며 함께 있는 듯이 살아가려구요.

저는 앞으로도 오래 살려구요. 오래 오래 살아서 우리 아들 기억해 줘야죠. 시간이 지나면 우리 아들 잊는 사람들도 많아질 거고 벌써 잊은 사람도 있을 텐데 나는 오래 버텨야 되겠는데… 이런 생각이 들었어요. 그래서 어느 날은 그랬어요. "건우 아빠, 나는 아흔살 백살까지 살 거야. 내가 건우를 혼자서라도 끝까지 기억해줘야 할 것 같아"라고 했더니 "아흔살? 너무 많지 않아"라고 해요. 그래도 나는 그때까지 살 거라고 했어요. "그런데 기억이 온전해야 하는데. 치매 걸리면 안 되는데… 하지만 나는 치매 걸려도 다른 사람은 다 기억 못해도 우리 건우는 생각할거야" 그랬더니 건우 아빠도 "그래, 그렇게 살아"라고 하대요. 그런데 이렇게 생각하다가도 어느 순간에는 또 다 살기 싫고 죽고 싶고 그래요. 너무 화가 치밀어오르는데 화를 가라앉힐 수도 없어요. 이게 반복돼요. 이 나라한테 화가 나… '아, 이 ○○ 같은 세상!' 혼자 막 이래요. 그러면 또 건우 아빠가 다시 이래요. "아무리 발버둥쳐도 건우는 안 돌아와. 그러니 하루 일찍 건우한테 간다는 마음으로 너무 오래 살려 버티지 말어. 그래도 사는 동안 우리 잘 버티고 살자. 누구도 어떻게 해줄 수 없으니 둘이서 잘 버티자" 그래요.

너무 화가 나서… 화가 안 풀려 심장이 부들부들 떨리는 날은 아빠가 건우한테 가자고 저를 데리고 나가요. 그러면 건우한테 가서 그래요. "건우야, 우리 용서하지 말자. 이 개새끼들! 우리 절대 용서하지 말자. 너랑 나랑 절대 용서하지 말자!" 이렇게 욕을 하고 와요.

'이 ○○ 같은 세상. 빨리 네게 가고 싶은데 그래도 5개월이나 살았어. 많이 살았어. 엄마… 그렇지?' 욕했다, 화를 다스렸다, 오래 살겠다 다짐했다가 다시 빨리 아들에게 가고 싶다가… 이렇게 매일, 이게 일상이 되었어요.

건우가 가고 제가 너무 고통스러워하니까 어느 날은 건우 아빠가 이렇게 물어요. "내가 자기를 안 만나고 그랬으면 건우가 안 태어났을 텐데, 다시 그 시간으로 돌아가면 나 안 만나고 싶지 않아? 그러면 이 고통의 시간을 안 당해도 되잖아." 그래서 제가 말했어요. "나는 또 이 고통을 당한다고 해도 건우를 만나고 싶어. 다시 택한대도 나는 건우 엄마를 택할 거야"라고. 그 17년 동안이 내 인생에서 가장 행복했던 시간이었기 때문에 다시 또 기회가 생기면 건우를 또 만나 그 시간을 다시 건너고 싶다고. 내 인생에서 건우와 보낸 17년은 너무도 행복했던 시간이었다고.

_작가기록단 **정주연(루트)**

제1부 살아갈 날들을 위한 기록

죽은 뒤 지킨 딸의 약속,
아빠와 함께한
하늘여행

2학년 1반 유미지 학생의 아버지 유해종 씨 이야기

: 미지 아버지가 후회하는 일은 두가지다. 결혼하고 18년이 다 되도록 가족여행 한번 못 간 일, 미지의 마지막 모습을 직접 보지 못한 일. 둘 다 이제는 회복 불가능하다. 미지 아버지 유해종 씨를 처음 만난 건 세월호 버스를 타고 조치원으로 서명 받으러 갔을 때였다. 조치원역 앞에서 서명을 받는데 인근 가겟집 주인이 불러 갔더니 대뜸 "1년에 사고로 천명, 이천명이 죽는데 삼백명 죽은 걸 가지고 왜 이렇게 난리냐? 당신들 때문에 가게 안 되는 거 안 보이냐? 나라를 거덜낼 거냐?"라고 했다. 길거리 서명을 숱하게 받아봤지만 이처럼 원색적인 비난은 처음이었다. 뚫린 입이라고 함부로 얘기하는 거 아니라고 소리 지르고 나니 내 눈에도 눈물이 그렁그렁했다. 그때 "너무 상처받지 말아요, 다니다보면 이런 사람도 있고 저런 사람도 있더라구요" 하며 어깨를 토닥이셨던 분, 미지 아버지와의 첫 만남은 그렇게 시작됐다.

　세번에 걸쳐 인터뷰를 했으나 아버지는 좀처럼 속내를 보이지 않았다. 처음에는 여느 아버지처럼 바쁜 밥벌이에 가족끼리 살가운 시간을 갖지 못했기 때문인 줄 알았다. 두번째, 세번째 만나면서 그는 딸의 기억을 서서히 떠올리기 시작했다. 그러다가 딸 미지가 너무나도 일찍 지켜버린 약속 '하늘여행'을 말하며 처음으로 감정을 드러냈다. 세번의 인터뷰, 10시간 만에 본 미지 아버지의 눈물 앞에서 이야기를 더는 끌어낼 수 없었다. 하루에도 수십번씩 감정을 우겨넣고 살아가야 하는 사람들, 그 감정을 어떤 활자로도 새길 수 없을 것 같았다. 누군가의 언어와 감정을 책으로 만들겠다고 달려들었던 건 호기 같았다. 그러나 "딸은 그렇게 됐어도 딸이 한 일은 알려야 되지 않겠냐"던 아버지의 말씀을 저버리지 못하고 조심스럽게 이야기를 펼치게 되었다.

제1부 살아갈 날들을 위한 기록

미지는 아빠와 엄마의 좋은 점만 물려받은 예쁜 딸이었다. 남들에게 자주 내색하지 못했지만 그의 마음속에서 딸은 언제나 든든한 힘이었다.

"진짜 내 딸이어서 그러는 게 아니라 내 안에서 가장 좋은 거, 엄마한테서 가장 좋은 거, 그걸 잘 모아갖고 태어난 것 같아요. '야, 내 자식이지만 애가 참 괜찮다', 이런 생각을 혼자서 많이 했거든. 미지한테 표현은 안 했지만. 미지는 친구들 사이에서도 인기가 좋았어요. 미지 생일이었던 3월 16일부터 수학여행 가기 전날까지 꼬박 한달 동안 매일 선물을 가득 안고 들어왔어요. 그날그날 받은 선물을 엄마한테 보여주고 자랑했어요. 생일엔 이만한 박스를 하나 받아왔는데 케이크더라고. 다 톡에 올려야 한다며, 선물 쫘악 깔아놓고는 인증샷을 찍었어요.

미지에게 우리 집은 풍족하진 않아도 행복한 곳이었을 거예요. 중학교를 대안학교로 다녔는데 외국여행 갈 일이 많았어요. 일본도 가고 중국도 가고 파리도 가고. 고등학교 가더니 계획을 세우더라고. 2학년 때는 어디 가고 3학년 때는 어디 가고 대학교 가선 어디 가고 계획을 쭉 세워놨는데, 이번 여름 방학에는 필리핀으로 봉사활동 간다고 했어요. 티켓팅까지 다 했거든. 자랑도 많이 했어. '엄마 아빠, 나 여름에 필리핀 간다. 준비 다 해놨다' 이러면서. 미지는 마지막은 행복했던 것 같아요. 학교생활도 즐거워했고 집에 와서도 항상 웃으면서 살았어요. 찡그린 거 못 봤어요. 근데 정작 한번도 저는 미지와 함께 손잡고 여행을 해본 적이 없어요. 가족과 함께 여행을 못해봤어요. 이제껏 가족여행 한번 못해본 게 너무 후회돼요. 가족이니까 여행은 마음만 먹으면 언제고 할 수 있는 일이라 생각했죠. 갓난애였을 때 말고 딸하고 찍은 사진이 핸드폰에 찍힌 이 사진 한장뿐이더라구요."

미지 아버지는 친구 결혼식에서 아내를 만났다. 여하한 사정으로 동거를 시작하고 1년 뒤 결혼했다. 안산 살던 처형의 권유로 경기도 광주에서 17년 전 안산으로 이사했다.

"딸 귀한 집안에서 처음으로 딸을 봐서 미지가 사랑을 듬뿍 받았어요. 그래서 그런지 뭘 나누길 좋아했어요. 조카가 옛날에 선교사 같은 거 하면서 외국에 나가서 봉사활동이랑 여러가지 활동을 했는데 미지가 영향을 많이 받은 것 같아요. 의사 되어서 가난한 나라 사람들 선교하겠다며 봉사활동도 교회도 열심히 다녔어요. 평소에도 할아버지 할머니 계신 데 다니고, 애기들 있는 데 봉사활동 다니고 그랬나봐요. 미지 장례식장에 봉사단체 사람들이 애부터 어른까지 많이 찾아왔어. 우린 그래서 알았지, 그전에는 미지가 그렇게까지 봉사활동 다녔는지 몰랐어.

미지가 태어나고 1년 뒤 동생이 태어났어요. 지금 아들은 아무렇지도 않은 척하지만 방에 들어가면 한동안 나오지 않아요. 멍하니 앉아 있는 날이 많고, 말수도 부쩍 줄었어요. 나는 사표를 냈어요. 회사에서 양해해주겠다고 했지만 번번이 폐 끼치는 것도 더이상 안 되겠다 싶었어요."

진도 내려가면 옷 사주고 데려오려 했어요

세월호 유가족들은 '16'이란 숫자만 봐도 가슴이 벌떡거린다. 얘기

를 꺼내는 것 자체가 몸서리쳐지는 고통이겠지만 어떻게든 기억을 남기기 위해, 억울한 죽음을 밝히기 위해 미지 아버지는 무겁게 입을 열었다.

"아내가 아침 9시 50분쯤에 전화했어요. 수학여행 간 배가 사고가 났다는 거예요. '뭔 말이야? 그 큰 배가 어떻게 뒤집어져? 잘 내려가고 있는데 그 큰 배가 왜?' 조금 있더니 속보가 막 뜨더라구요. 그래서 10시가 다 됐나, 미지한테 전화하니까 안 받는 거야. 그때부터 '야 이거 뭔 일이 났나보다', 일하던 거 팽개치고 바로 집으로 와서 TV를 틀어보니까 단원고 학생 전원 구조됐다고 하더라구요. 아, 전원 구조라니 다행이다 생각하고, 이제 애가 물에 빠져 놀랐을 테니 진도 내려가면 옷이라도 사주고 데려오자 싶어 학교로 갔죠.

학교 갔더니 거기도 우왕좌왕 난리였어요. 전부 다 생존했다고 하니까 다들 애 데리고 올 생각이었죠. 가족이 몇백명이 되니 버스가 금방금방 찰 수밖에. 버스들이 금세 차고 줄이 쫙 서 있어. 첫차 타려고 했는데 사람이 하도 많아 못 타고 내가 네번째 버스로 갔을 거야. 버스 탔을 때만 해도 언론에서는 전원 구조됐다고 했어요. 그런데 충청도쯤 지났나, 중간에 한 부부가 내리는 거예요. 단원고 학생 첫 시신이 나왔는데 그 부모라는 거예요, 다들 안 됐다고 했어요. 그런데 진도에 내려가보니 다 그 꼴이었고, 미지도 살아 있기는커녕 한달만에야 시신을 건진 거예요. 도착해서 보니 현황판에 생존자 명단이 적혀 있었어요. 자기 자식이 있나 없나 서로 보려고 수백명이 달려드니 못 보잖아요. 누군가 찬찬히 보자고 해서 그제서야 질서가 잡혀 저도 명단을 볼 수 있게 됐어요.

2학년 1반 생존자 명단이 있긴 있는데 눈이 확 뒤집어져 그때는 잘

제1부 살아갈 날들을 위한 기록

안 보이더라구요. 손가락으로 하나하나 짚어가며 봤어요, 이렇게. 근데 없더라고. 그때부터는 제 정신이 아니었지. 애 못 찾은 부모들은 이성을 잃었어. 저만치 살아남은 애들이 체육관 뒤쪽에서 담요를 덮어쓰고 있더라고. 걔네들은 부모들이 다 데리고 나가고, 없는 사람들은 체육관을 빙빙 돌며 막 찾아 돌아다니는 거지. 상황실 가서 '어떻게 된 거냐' 물어도 거기서는 누가 말 한마디 안 해줘요. 가족들이 기물을 들고 가서 '너희들 다 때려죽인다, 빨리 우리 아이들 건져라, 왜 너네들 여기서 안 건지고 있냐'며 난리를 피웠죠.

그다음엔 팽목항으로 또 쫓아갔고. 팽목항까지 37킬로미터 정도 되는데, 한 30분 정도 걸려요. 왜 그렇게 멀게 느껴지던지, 가는 내내 부들부들 떨었어. 거기 갔는데도 그때는 부스라곤 텐트 하나랑 상황판 밖에 없었어. 해경에서 몇명 나와 있었거든. 우리가 그 앞에 대고 '너희들 빨리 가서 구하지 않고 뭐하냐'라고 하면 구한다고 맨날 그렇게 얘기만 했어요. 거짓으로. 우리도 처음에는 다 믿었지. 방송에 잠수부가 몇백명, 뭐 배가 몇대, 헬리콥터가 몇대다 해서 믿었다고. 근데 그렇게 믿을 일이 아니었어. 성과가 아무것도 없는 게 뭔가 이상해서 부모들이 배를 타고 들어가겠다고 했지. 근데 현장 갔다 온 부모들이 하는 말이 '아무것도 없다, 배 하나밖에 없다' 그러더라고. 뭐 이러니까 열 받는 거지. '너네들 다 구했다고 해놓고 다 어디 있냐? 잠수부 어디 있냐' 소리 지르면 그저 '하고 있습니다', 그렇게만 얘기하는 거야."

16일 태어나고, 16일 죽고, 16일 다시 만나고

미지 엄마, 아빠에게 16일은 삶과 죽음이 한묶음으로 날아든 날이다. 미지의 생일은 3월 16일, 사고가 난 날은 4월 16일, 물에서 올라온 날이 5월 16일이다. 미지가 세상을 처음 본 날, 미지가 떠난 날, 미지의 마지막 모습을 본 날이 16일로 일치했다.

"그렇게 정신없이 하루가 지나고 팽목항 물을 만져봤는데 물이 너무 차가운 거예요. 4월 바다가 그렇게 차가운지 몰랐어요. 저체온증으로 죽었을 거 같더라구요. 실제 물에서 건져온 애들이 다들 팔을 요렇게 오그리고 있었어요. 얼마나 추웠을까. 근데 사람들이 그러는 거야. 바다에서 죽으면 고통도 없다고. 바닷물은 민물처럼 많이 못 마신대요. 그 순간엔 그거라도 위로가 되더라고. 그때 우리 교회 목사님이 사고 현장에 내려오셨는데 나를 슬쩍 부르더라고. 뭐 에어포켓 이런 거 있다지만 하룻밤 지나면 저체온증으로 살기 힘들 거라고. 먼저 나온 학생들 보니까 손톱이 까맣게 죽었다고 그러시는 거야."

시신을 찾아 한명 두명 빠져나가면서 빈자리가 늘어날 때 느꼈던 공포는 지금 생각해도 끔찍하다.

"5월 15일, 사고 난 지 한달이 다 되어가는데 아직 못 올라온 사람들이 스물두명이었어요. 제 정신이 아니었어요. 혹시나 마지막까지 남는 사람이 자기일까봐 다들 공포에 떨었어요. 미지는 5월 16일, 한 달 만에 나왔어요. 미지가 하도 안 나오니까 아무개 엄마하고 나하고 군청에 들어갔어요. 날마다 9시에 군청에서 회의를 했거든요, 대책회의를. 그 자리에 들어가서 해수부장관 붙잡고 욕도 해가며 엄청나게 싸웠죠. '왜 거기는 안 들어가느냐' 그러면 해수부장관이 해경 국

제1부 살아갈 날들을 위한 기록

장 보고 '분명히 들어가서 오늘은 작업해라' 명령을 딱 내리거든. 그래서 우리는 당연히 그렇게 하는 줄 알았지. 근데 바지선을 타고 가서 보면 아무것도 안 하고 있는 거야. 그러면 찾아가서 또 싸우고 멱살 잡고 때려죽인다고 난동을 부렸지. 왜 작업을 안 하냐고 하면 거긴 무너질까봐 위험해서 들어갈 수 없다고 해. 무너진다고 안 들어가면 나머지 애들 어떻게 찾을 거냐고 항의하면 그제서야 통로를 다시 개설하는 식이었어. 그렇게 며칠을 항의하고 찾아가니까 객실 창문을 절단했던 거고 그렇게 해서 들어가는 도중에 미지가 올라왔거든. 전전날인가 바람이 좀 많이 불었어. 바람 때문에 파도가 치면 물결이 왔다갔다 하면서 쌓여 있던 것들이 움직이잖아. 그전까지 눌려 있던 애들이 그때 올라올 수 있다는 거지. 우리 딸 있던 데도 원래 수십번을 찾았어. 얘도 아마 어딘가에 눌려 있다가 물결에 쓸리면서 올라온 거 같아. SP1(객실 이름)에 있던 게 아니고 SP2에 눌려 있다가 올라온 것 같아요.

체육관에서 한사람 한사람 줄어가는데 그 마음은 말로 표현할 수가 없어. 초조하고… 내 딸이 유실됐나, 인원이 줄어드니까 머릿속이 온통 다 그런 생각밖에 안 나. 막상 내 딸이 나왔는데 나머지 유가족들을 못 보겠더라고. 여기 누구 엄마, 여긴 누구네, 여긴 선생 그다음에 나, 이렇게 넷이 다 같이 모여 있었어. 그중 나만 나왔어. 생각해봐. 다 안 나온 중에 나만 나왔다니까. 그날 미지 데리고 오는데 그간 동고동락했던 사람들 얼굴을 볼 수가 없더라고. 미안하고 죄스럽고. 지금도 다 안 나왔어. 그 사람들이 어깨 툭툭 치면서 축하한다고 그래. 근데 거기서 축하한다는 인사를 받을 수 있냐고, 그 상황에서."

아빠와 딸은 사고 한달 만에 다시 만났다. 수학여행 간다고 나갔던 자식이 바다에서 떠올라 아빠를 기다렸다. 시신을 찾은 것만으로도 감사했다. 살아남은 자는 가족의 이름으로 죽은 자를 확인해야 했다.

"키가 160, 161센티미터 이렇게 두명이 나왔더라고. 내 딸이 그 정도거든요. 가서 컴퓨터 사진을 봤는데 잘 모르겠잖아. 미지 엄마가 둘째 아이 학교 보내려고 안산으로 간 다음에 바로 미지가 나왔어. 전화로 미지 엄마한테 속옷서부터 팬티까지 얘기했지. '겉옷은 무슨 색인데 이게 맞냐' 그랬더니 '맞다'. '속옷은 땡땡이 입었는데 이거 맞냐', '맞다'. '팬티는 줄무늬에 뭐가 있는데 맞냐', '맞다'. 거기까지 확인했으니까 70퍼센트는 맞는 거잖아, 엄마가 확인했으니까. 근데 우리 미지는 오른쪽 무릎에 큰 점이 하나 있어. 근데 시신 중에서 옷을 안 걸친 데가 많이 상했더라구. 발목부터 여기(무릎 밑)까지는 다 상할 거 아냐. 그 사람한테 "내 딸은 오른쪽 다리 무릎에 점이 하나 있다. 2센티미터 되는 점이다. 한번 확인 좀 해달라"라고 했는데, 갔다 오더니 맞대. 우리 딸인 거야. 아, 그다음에는 어떻게 됐는지 나도 몰라. 생각이 도대체 안 나.

아무리 부모가 확인했어도 정확치 않으면 안 되니까 DNA 검사를 받아야 한대. 그전에 시신이 몇번 많이 왔다갔다 했었거든. 그런 걸 방지하기 위해서 부모가 DNA 검사한 뒤에 시신을 내줬거든. 근데 미지가 관 속에 있는데 새마포라고 하나 하얀 옷을 덮었더라고. 거기서 일 하시는 분이 '아버님, 제가 이런 말씀 드리면 죄송하지만 생전에 좋은 모습만 기억하면 좋겠습니다' 이러는 거야. 내가 왜 그러냐고 했더니 따님이 많이 그러하니까 그냥 보지 말고, 좋은 모습만 기억하는 게 좋을 것 같다고 해. '만일 이거 보면 평생 기억에 남고 후회할 거 같으니까 안 보시는 게 좋을 거 같습니다' 그러더라고. 그래,

제1부 살아갈 날들을 위한 기록

생각해보니까 우리 딸 어차피 이미 이 세상 사람이 아니니까 좋은 모습만 기억하자고 마음먹고 안 봤어. 머리카락이 길게 늘어진 것만 봤지. 그때는 나도 왜 그랬는지 몰라. 왜 좋은 모습만 기억하려고 했나 모르겠는데 장례를 치르고 나니까 그게 또 후회가 되더라고. 혹여 나쁜 모습이더라도 내 딸 마지막 모습인데 그걸 왜 안 봤을까. 아무리 망가졌어도 볼 걸, 후회가 되더라고. 나만 그런 게 아니라 그런 사람들이 많아. 근데 본 사람은 보지 말라고 하더라고. 이거는 봐도 후회, 안 봐도 후회, 너무 가슴이 아픈 거야. 본 사람은 자꾸 꿈에 보이는 게 싫어 차라리 괜히 봤다는 사람도 있고, 안 본 사람들은 내 아이의 마지막인데 그것도 안 봤다고. 참 이러지도 못하고 저러지도 못하고… 아, 진짜 이런 사고 다시는 나선 안 돼."

미지가 그렇게 가고 나니 잘 모르겠어. 훌륭한 게 뭔지

미지 엄마가 사건 터지고 땅을 치며 후회하는 일이 있다. 바로 미지가 반장 나간다는 걸 막지 못한 일이다.

"우린 미지가 어떻게 죽었는지 몰랐어요. 근데 친구 한명이 유난히 많이 울더라고. 그리고 미지 책상에 '미지야 너무 보고 싶다. 너한테 너무 많이 미안해' 이렇게 적어놨어. 우리는 그 아이가 왜 그렇게 통곡했을까 궁금해서 좀 만나고 싶었어요. 근데 2학년 1반 생존학생이 안산법정에서 증언을 했대요. '반장 때문에 살았다. 반장이 선장 역할 다 했다. 반장이 지금 우왕좌왕하지 말고 조금 있다가 나가자. 지금 문을 못 여니까 물이 좀 찬 다음에 나가자, 한 사람씩 한 사람씩 나

가자' 이랬다는 거야. 미지는 아마 위에 있다가 다시 배 밑으로 들어
간 것 같아. 밑에서 한사람씩 올리고. 근데 그 아이가 올라가려고 하
는데 물에 쓸렸대요. 그래서 걔도 죽는구나 생각했는데 마침 봉을 잡
고 있어 간신히 살았대. 자기까지만 살고 밑에 있는 애들은 쓸려 들
어가버리고. 걔가 올라와서 해경한테 울면서 저 밑에 우리 친구들 많
으니까 구해달라고 했는데 안 들어가더래요. 미지는 맨 밑에서 걔까
지 올려주고 물에 쓸려서 소식이 없었던 거지. 생존자 말이 없으면
우리 딸이 그랬는지 몰랐을 거야. 그게 언론에 엄청 떴어. 2학년 1반
반장은 반장 역할 다하느라 살아나오지 못했다고. 아마 포털사이트
들어가면 지금도 있을 거야. 거기서 뭐 반장이라는 책임 때문에 그랬
는지는 몰라도 우리 딸이 평소에 남을 많이 끌어안는 성격이야. 자기
보다 못한 사람 이렇게 지켜주고 끌어가는 성격이거든. 대안학교 졸
업하고 일반 고등학교 진학해 2학년 되더니 '반장 나가면 어떻겠냐'
고 물어서 미지 엄마가 그냥 원하면 하라고 했대.

미지 엄마는 애들의 증언 듣고는 너무 괴로워했어. 분명히 사고 당
일도 아이들 챙기느라 자기를 돌보지 못했을 거라고. '저는 못 나왔
으면서, 저는 좀 살아나와야지, 반장만 아니었으면 살아나왔을 텐데'
하면서 많이 자책했어. 미지 엄마한테는 '미지 같은 성격은 반장 안
했어도 그 책임은 다했을 거다. 그러니까 당신은 애를 잘 기른 거다'
그렇게 위로를 해주긴 했는데 잘 모르겠네. 책임감 있는 사람이 훌륭
하다는 건 아는데 미지가 그렇게 가고 나니 잘 모르겠어. 훌륭한 게
뭔지."

후지TV에서 세월호 다큐 프로그램을 만들었다. 거기에서도 미
지의 이야기가 나왔다. 기자가 미지의 이야기를 신문기사에서 읽었

제1부 살아갈 날들을 위한 기록

다면서 출연을 요청했고 미지 부모는 허락했다. 일본의 세월호 다큐는 우리나라와 차원이 달랐다. 사건 당시를 생생하게 재연했을 뿐만 아니라 사건 해석에 대한 전문가들의 깊이있는 토론이 함께 진행되었다.

"처음 후지TV 기자가 인터뷰하자고 연락했을 때는 안 하려고 했어요. 산 애들은 그렇게 한다지만 죽었는데 인터뷰 하면 뭐하나. 그리고 지난 기억들 다시 떠오르는 게 싫었거든. 그런데 기자란 분이 '생존학생들이 하는 말이 반장이 선장 역할을 다 했다, 걔 때문에 살았다, 그래서 학생들이 너무 많이 울더라' 그러더라구. 어차피 딸은 죽어서 살아오지 않지만 그런 일은 세상에 널리 알리는 게 괜찮지 않겠나 싶어 인터뷰에 응하게 됐지. 일본 입장에선 이웃나라 일일 뿐이고 자기네하고는 아무런 관련도 없잖아. 그런데 그 사람들은 열과 성의를 다해서 보도해주더라구. 우리나라 같이 이런 게 아니야. 해설위원하고 기자들이 진지하게 대화를 많이 하고 어떻게 이럴 수가 있느냐며 솔직한 말을 다 하더라구. 우리나라는 감추기에만 급급한데…

방송 만든 거 봤는데 사실 자꾸만 그때 상황을 상상하게 되니까 우리들(유가족) 입장에선 정말 괴롭긴 하대. 아, 못 보겠더라고. 나도 그러려니 생각하고서 보기 시작했는데 속에서 울화가 치밀고 미치겠더구만. 저놈의 새끼들이 나가라고 했으면 다 살아서 지금도 막 웃으면서 대화했을 텐데 그렇게 없어졌다고 생각하니까. 지금도 집에 가 있으면 10시 반만 되면 꼭 문 열고 들어올 것만 같애. '아빠 다녀왔습니다' 이렇게. 그 시간되면 쳐다봐. 우리 집안에 아주 고명딸인데. 애기였을 때부터 크는 내내 속을 안 썩였어. 애기였을 때는 너무 편하게 잘 있었고 학교생활도 사춘기도 심하게 한 게 없어요. 생을 짧게 살고 간 게 그게…"

딸의 약속

지나고 나니 가슴을 후비는 기억이 많다. 참되게 살라고 가르쳤더니 다른 사람 구하고 정작 자신은 살지 못했다. 그렇게 사는 것이 옳은 일이지만 자식을 잃고 보니 죄를 지은 것 같다. 없이 살아도 티 없이 맑았고, 엄마 아빠의 속을 헤아렸던 듬직한 딸이었다. 아빠는 가장 비극적인 순간에 딸과의 달콤했던 약속을 떠올렸다.

"미지가 나하고 농담을 잘해. 생전에 나랑 팔짱 끼고 드러누워서 '아빠, 이다음에 내가 아빠 비행기 태워줄게' 했어. 그 말 많이 하잖아. 딸 낳으면 비행기 탄다고. 한 200번(시신 수습 순서) 전까지는 앰뷸런스 타고 올라왔을 거야. 그뒤부터는 훼손이 많이 돼서 바로바로 올라가야 하니까 헬리콥터를 타고 간 거야. 근데 미지가 나왔는데 그 생각이 딱 나는 거야. 헬리콥터를 딱 탔는데. 아유, 이 자식이 죽으면서까지 비행기를 태워주는구나. 내가 왜 연관을 거기다 지었는지, 그러면 안 되는 건데, 그때 딱 그 생각이 나더라니까. 봐봐, 먼저 나왔으면 앰뷸런스 타고 올라왔을 건데 늦게 올라와갖고 헬리콥터 탄 거, 그것도 비행기잖아. 그죠? 그때 울음이 나더라고. 헬리콥터로 올라오는 동안 내내 관 옆에서 울었어. 와, 이 자식이 죽으면서까지도 약속을 지키려고 그랬을까."

한 배를 타고 가는 길이었으나 누구는 살고 누구는 죽었다. 사고는 하나였지만 가족들이 받아들이는 삶의 무게는 다를 수밖에 없었다.

제1부 살아갈 날들을 위한 기록

더구나 미지는 남을 구하려다 빠져나오지 못했기에 아빠의 아련함은 때로 질시로 번지기도 했다.

"생존자 가족들 보면 생각이 왔다갔다 해요. 내 새끼는 애 구하러 갔다 죽었고 얘는 살아나왔네. 너무 괘씸하잖아. 내 새낀 죽었는데 누구는 살았고 한편으론 내 새낀 죽었지만 누구는 살았으니 감사한 마음이고. 어떻게 해야 할지 모르겠어. 솔직한 얘기지만 너무 괴로운 거잖아. 내 새끼도 살았으면 여기 있었을 텐데 누구는 저기 있고 내 새낀 없어졌는데, 다시 돌아오지도 못하는데 그걸 어떻게 보나. 이런 마음이 왔다갔다… 와, 이거 사람으로서 할 일이 아닌 거야. 너무 힘들어."

미지는 죽은 자의 길을 따라갔다. 서글프게도, 이승의 마지막 예식 때조차 부모들은 '돈'에 대해 생각해야 했다.

"우리 미지가 안 나와서 체육관에 있을 때 먼저 장례 치른 2학년 1반 학부모들이 내려와서 우리를 만났거든요. 장례 치른 엄마가 얘기해주는 거야. 여러가지 방법이 있다, 어떤 사람은 금액이 얼마까지 들어가더라. 애들 옷 입히는 수의도 가격이 천차만별이고, 음식, 안치하는 유골함도 제각각이라고 다 얘기해주더라구. 근데 어떤 사람은 최하로 해갖고 장례비가 700만원 들었대, 700만원. 그리고 많이 한 집은 몇천만원 들었다고 하대. 미지 올라와갖고 장례식장 가니까 정말 그렇더라구. 수의도 70만원부터 400만원까지. 유골함도 50만원서부터 200만원까지. 음식도 끼당 해갖고 7000원부터 1만 5000원까지.

미지 나왔을 때는 장례식장마다 여유가 좀 있었어. 먼저 나온 사람들은 너무 많아서 장례식장도 없었어. 무조건 빈 데, 좋든 싫든 그냥 들어가야 됐다고 하더라고. 내려온 사람들이 얘기를 해줘갖고 그거는 알고 있었지. 공원 안치실도 100만원부터 900만원까지. 우리는 싸게 하느라고 했어. 수의는 아주 저가는 말고 저가에서 조금 더, 유골함도 저가에서 조금 더 높은 것으로. 안치실도 우리는 늦게 나왔으니까 로열층이 없었어, 다 차서. 친구들이 있는 곳에 두려다보니 그곳으로 정했지. 미지는 밑에서 세번째 칸으로 했어. 화성 효원공원에 가면 쭉 이렇게 아이들이 같이 있어요."

그럼에도 살아야 할 이유가 있다면

남겨진 자들은 살아야 했다. 처음엔 전국적인 성원이 알게 모르게 큰 힘이 됐다. 그러나 시간이 갈수록 유가족들도 지치기 시작했다. 하나둘 떠난 자리를 대신 채운 사람은 결국 자신들이었다. 서러운 세상에서 그들은 다시 하나가 됐다.

"팽목항 실종자 가족들은 완전히 기가 꺾였어요. 다 함께 있을 때는 대책회의 같은 데 가서 큰소리 내고 '왜 일 안 하느냐'고 질러대기도 했는데 지금은 눈치만 보고 있더라고. 가족이 많았다면 그렇게 못하잖아. 그래서 우리 유가족들이 자꾸만 팽목항으로 가는 거야. 지금 반 부모들이 돌아가면서 2박 3일씩 계속 내려가고 있어, 교대로. 안산 올림픽기념관에서 진도체육관 가는 버스가 하루 세번 있어. 아침, 점심, 저녁 이렇게 세번."

딸을 어이없이 떠나보낸 아빠는 요즘 들어 부쩍 어머니가 자주 생각난다.

"잠이 안 올 때면 가만히 생각을 해봐요. 내 사주팔자 이런 거 생각해보면 참 여러가지 생각이 들어. 아버지가 일찍 돌아가셔서 사랑도 못 받았고, 자식도 사랑을 주려고 했는데 일찍 가버리고. '아, 나는 뭐가 부족해서 뭐가 안 돼서 자꾸 이러나' 그러다가도 아버지가 일찍 가셨지만 어머니가 우리를 안 버려준 게 감사하기도 해. 어머니가 젊은 나이 서른둘에 과부가 되셨거든. 시골 살았을 때는 원래 소문이 잘 퍼지잖아. 어머니가 늘 말씀하시기를 '너네들 애비 없는 후레자식 소리 들으면 안 된다', 늘 그렇게 주의를 줬어.

우리는 엄마 말씀이 법이야. 사춘기도 없었어. 시골이니까 일만 했어. 어머니가 부지런하셔서 새벽 3시면 들에 나가서, 캄캄한 밤에. 어머니는 애들을 깨워서 몇시까지 들로 나오라고 하셨어. 그때가 4시 반, 5시. 일할 때는 캄캄해. 그러면 우리는 눈 비비고 나가. 나는 어느 때고 가도 엄마 말을 거역하지 못했어, 단 한번도. 어머니가 그때 우리를 버리고 가셨다면 어찌 됐을까? 자식들 안 버리고 키워주셔서 감사하고. 이렇게 결혼도 해서 애도 낳고, 웬만하면 애들이 보고 싶어하는 거, 해달라는 거 우리 나름 해주며 살았어. 근데 자식이 이제 세상에서 없어졌네. 화가 나고 정말 미칠 것 같았어. 그래도 하나님이 무슨 뜻이 있는 건 아닌가 싶고, 더 부패되기 전에 뭘 밝히라는 뜻 아닐까도 싶고. 그렇게 생각하니까 그것도 감사하다 싶고. 우리한테 미지 몫까지 살아가라고 짐을 주신 것도 같고. 딸 자식에게 쏟은 정성을 이제 동생한테 쏟으라고 하는 것도 같고. 이게 다 뜻이 있는 게 아닐까 생각해요."

딸이 바라던 세상, 그 길을 간다

요즘 부부는 간신히 끼니를 챙긴다. 아직은 시장에 가는 것도 힘들다. 자식 죽은 집에서 음식냄새 풍기며 밥상을 차리는 것이 힘들기도 하고 한편으로는 이웃들이 '괜찮냐'고 묻는 질문이 야속하기 때문이다. '어떻게 괜찮을 수가 있냐, 당신이면 괜찮겠냐'고 되묻고도 싶지만 누가 우리 마음을 알까 싶어 집밖으로 나가는 일을 줄였다.

"이 세상을 어떻게 살아갈지 누구도 장담할 사람이 없어요. 우리처럼 다른 자식이라도 있는 가족은 그나마 괜찮은데 아무도 없는 사람들은 진짜 살기 힘들어. 지금은 이거 신경쓰고 쫓아다녀 괜찮은 거지, 이거 끝나고 나면 너무 허무해질 거야. 미지 엄마는 지금도 허무해해. 새끼 하나 남았어도 그래. 요즘도 자다가 새끼가 있나 방문 열고 울어서 너무 힘들어. 낮밤이 바뀌었어. 밤에는 새벽 3시, 4시까지 울다가 사진 봤다가 6시쯤 되면 잠들고 11시 되면 일어나고. '왜 내가 이런 걸 당해야 하고 이런 고통을 내가 왜 당하면서 살아야 하는지, 못 살겠다'고 그래. 내 심정도 마찬가지지만 나까지 그렇게 무너질 순 없잖아. '그래도 우린 미지 동생이라도 있잖아. 둘째에게라도 잘하자. 애는 갔지만 미지가 우리는 행복하게 잘살기를 바랄 거다. 우리가 미지 몫까지 살아야지. 애는 갔어도 행복하게 살아보자. 죽는 날까지.' 그렇게 미지 엄마를 토닥토닥하면서 고비를 넘기고 있어. 지금 이런 말 하면 안 되는데 자식이 없는 집들이 걱정돼. 아무리 생각해도 부모가 생을 달리하는 사람이 나오지 않을까 두려워. 나는 자식이 하나 있는데도 죽고 싶은 마음이 많이 생기거든. 근데 자식이 없는 사람들은 나보다 그런 생각이 몇배는 많을 거거든."

많은 사람들이 '세월호 침몰은 지나간 일'이라고 말하고 있다. 야속한 일이지만 세월호만큼이나 충격적이었던 사건들이 그렇게 묻히고 사라졌다. 다른 사람은 다 잊는다 해도 이대로 끝낼 수 없는 사람들이 있다. 미지 아버지는 그걸 딸과의 약속으로 여긴다. 절대로 깰 수 없는 마지막 약속이라 다짐한다.

"이웃들은 아직도 안 끝났냐고 해. 그러면 설명을 다 해주지. 아무것도 한 게 없는데 어떻게 끝내냐고. 그런데 바깥에서는 그게 아닌가 봐. '너희들 보상 많이 받았잖냐. 너희들 10억씩 받았는데 더 받으려고 그런 거 아니냐?' 이런 말 나오면 기가 막히지. 보상의 보자도 모르는데. 처음부터 끝까지 얘기하고 나면 그제서야 사람들이 '아, 그랬느냐'고 해. 언론 플레이가 진짜 무서운 거야. 우리도 사고 나기 전엔 언론에 나온 거 다 믿었어, 100퍼센트. 그런데 직접 당하니까 하나도 믿을 수 없는 거야. 왜 이렇게 거짓말을 하는지 모르겠어. 야당도 못 믿으니 유가족 힘으로 다시 뭉쳐보자고 했어.

사실 유가족들도 지금 많이 지치긴 했어. 벌써 몇개월이 지난 거야. 유가족들도 반반이지. 끝까지 가자는 사람도 있고, 우리가 정부를 싸워 이기겠느냐, 계란으로 바위 치는 거다 하는 사람도 있지. 너무 힘드니까. 근데 누구 하나 이탈하는 사람은 없어. 그렇게 힘들어도 같이 가는 거지. 어제 인하대 학생들(봉사활동 갔던 대학생들이 산사태로 사망한 사건) 유가족이 왔어. 그 사람들 싸워왔던 얘기 들으니 힘이 되더라고. 승리할 수 있을 것 같아. 단기간에 끝날 싸움은 아니야. '여론이 이상하게 떠들면 유가족들이 가서 직접 싸워라. 의지하지 마라.' 그러더라구. 똑같은 처지라 그런지 유가족들끼리는 말이 잘 통해. 같이 잘 웃고 울고 농담도 해. 근데 다른 데 가면 절대 그렇게 못해."

　바닷물이 그리 찰 줄 몰랐던 봄날을 지나 뜨겁던 아스팔트 위에서 여름을 보내고, 청운동 바닥에서 한기를 느끼며 가을을 지냈다. 이제 겨울이고 그다음엔 미지가 떠난 봄이 찾아올 것이다. 직장도 잃고 미지 없는 세상을 어떻게 살아가야 하는 건지, 흔들리고 있는 아내와 미지 동생을 어떻게 추슬러야 하는지 모르겠다. 하지만 지치지 않는다. 효원공원에 누워 있는 미지를 생각하면 힘들 틈이 없다. 가슴에 묻어둔 미지가 갈수록 더 많이 보고 싶어지고 자꾸만 그립다. 딸이 옆에서 불쑥 '아빠, 나 왔어. 그동안 잘 있었어? 아빠 보고 싶었어' 이렇게 말할 것만 같다. 그래서 아빠는 미지를 위해 아직 할 일이 많다. 할 일을 해야 먼 훗날 미지를 만나서도 한달 동안 바닷속에서 외롭게 했던 시간들을 용서받을 수 있을 것 같다. 오늘 밤도 아빠는 분향소에서 미지를 보고 마음을 다잡는다. 진실은 사라지지 않는다고 믿는다. 미지가 바라던 세상, 그 길을 가느라 아빠는 바쁘다.

_작가기록단 **정미현**

진도에서
왜 울고만
있었을까

2학년 3반 신승희 학생의 어머니 전민주 씨 이야기

: 세월호 유가족들이 전국을 순회하며 특별법 제정을 요구하는 서명운동을 벌이던 7월의 어느 날, 청주에서 승희 어머니 전민주 씨를 처음 만났다. 3반 아이들의 이름이 빼곡히 새겨진 검은 색 티셔츠를 입은 그는 낯선 이들에게 다가가 핸드폰 속 승희의 사진을 보여주며 "우리 딸이 이렇게 예뻤는데 죽었어요"라고 말하고 있었다. 환히 웃던 사진 속 아이는 바쁜 걸음들을 멈춰 세웠고, 눈을 맞추던 이, 보여주던 이, 지켜보던 이의 눈물 속에 맺혀 흘렀다. 미친 듯 매달리던 서명운동이 끝나고 나면 어떻게 하루하루를 버틸지 두렵다던 그는 어느 순간 매몰차게 돌아서버린 세상의 마음을 다시 돌려세우기 위해 쉴 틈 없이 거리에 서야 했다. 국회에서 노숙농성을 했고, 광화문을 지켰고, 청운동으로까지 내몰렸다. 작별인사조차 하지 못하고 떠나보낸 승희를 위해 그는 기쁘게, 그리고 묵묵히 거리를 지켰건만 세상은 그를 반기지만은 않았다. 그의 마르지 않는 눈물 속에서 시간이 그렇게 우리의 곁을 지났다.

10월의 어느 날, 안산합동분향소에서 그를 다시 만났다. 합동분향소가 위치한 화랑유원지는 탐스럽게 익어가는 가을을 만끽하기 위해 길을 나선 시민들과 소풍을 나온 아이들의 재잘거림으로 풍성했다. 일상의 소소한 즐거움을 즐기는 사람들 뒤로 그의 모습이 보였다. 그는 추운 바다에서 사라져간 아이들에게 가을은 너무 쓸쓸하고 시릴 것 같다며 걱정했다. 나는 이러다 그의 눈물이 얼어버리는 것은 아닐까 애달팠다. 그래서 전하고 싶었다, 그의 목소리를.

부인(否認)과 망각의 바다를 헤엄쳐, 세상에 승희와 단원고 학생들의 흔적을 그리고 진실을 전하고자 했던 그의 간절함이 활자의 징검다리를 건너 사람들의 가슴에 닿았으면 좋겠다. 그의 눈물이 진실과 고통에 대한 세상의 어루만짐으로 한자락 쉬어갈 위안을 얻었으면 좋겠다.

제1부 살아갈 날들을 위한 기록

승희가 수학여행을 얼마나 기대했는지 몰라요. 우리 클 때는 그래도 학교 끝나면 가방 집어던지고 놀다오기라도 했는데 얘네는 매일 학원이다 시험이다 제대로 놀 시간이 없으니까. 수학여행 가서 반 친구들이랑 포미닛 춤을 춘다고 엄청 준비했어요. 본래 애가 중학교 때까진 춤이라는 걸 못 췄는데 고등학교 가서 친구들 만나면서 좋아하게 됐죠. 친구들과 동선도 짜고, 춤 연습도 하고. 의상도 맞춰 입는다고 인터넷 쇼핑으로 구입했는데 수학여행 전날까지 안 온 거예요. 너무 초초해서 내가 밤에 데리고 나가 사줬는데 제 맘에는 안 들었나봐요. 수학여행 가는 당일에도 학교에서 전화를 걸어 혹시 택배 왔냐고, 왔으면 점심시간에라도 잠깐 나왔다 간다고. 결국 못 받고 수학여행을 갔는데 15일 저녁 때 전화가 왔어요. "엄마, 소파 위에 내가 써놓은 편지 봤어?" 아침에 일 갔다 오느라 몰랐거든요. "어, 있네" 그러니까 "엄마, 읽어봐" 하더라고요.

"안녕~ 오늘 제주도로 가는 승희라고 해요. 내가 수학여행 가는 것 땜에 일주일간 예민하게 굴어서 미안합니다! 엄마 아빠 탓이 아닌 줄 아는데도 괜히 심술을 부렸어, 원하는 대로 안됐다고T.T 그래도 승희 비위 맞추려고 애쓰고 챙겨줘서 정말 정말 고마워요. 이번에 승희가 돈을 엄청 썼지만 진심으로 감사하게 생각해! 절대 펑펑 쓴 거 아냐, 꼭 필요한 것만 샀어. (…) 재밌게 놀다 올 테니 혹시나 전화 없다고 걱정하거나 서운해하지 마~♡ 3박 4일 재밌게 놀다오게! 그리고 갔다오면 열공빡공해야지. (…) 엄마 어젯밤에 고생해서 밤에 같이 나가줘서 고마워. 나 없을 동안 셋이 재밌게 보내! 언니 계속 자라고 강요하지 말고! 사랑해♡"

승희는 편지 쓰는 습관이 있었어요. 그래서 어디를 가든 메모나 편지를 남기곤 했는데 수학여행 갈 때도 그런 거죠.

16일 아침 9시에 전화가 왔어요. 배 타고 제주도로 가는 길이라고. 도착하면 꼭 전화하라고, 사랑한다고 하고 끊었죠. 그때까지 이상한 느낌도 없고 두근거리는 것도 없었어요. 9시 50분인가 다시 전화가 왔어요. "엄마, 우리 탄 배가 사고가 났어, 배 이름이 세월호야." 장난치는 줄 알았죠. "그래?" 하면서 인터넷을 켰는데 '세월호 침몰'이라고 뜨는 거예요. 깜짝 놀라 바로 승희 아빠한테 전화했어요. 아빠가 사고 났을 때 혼선되면 안 된다고 자기가 전화할 테니 기다리라고 했어요. 아빠가 승희한테 전화해서 빨리 나오라고 했더니 "아빠, 구조될 거야 걱정하지 마" 하다가 전화가 끊겼대요. 다시 걸어도 통화는 안 되고, 아빠랑 문자만 주고받았는데… "아빠, 걱정하지 마. 구명조끼 매고 난간 잡고 애들 다 뭉쳐 있으니까." "구조될 거야 꼭. 지금은 한명 움직이면 다 움직여서 절대 안 돼." 그게 마지막으로 온 연락이었어요, 아빠한테 10시 9분에 보낸 문자가…

애가 타서 학교로 갔죠. 인터넷을 보니 단원고 부모들이 학교로 간다고 해서 우리도 간 거예요. 강당으로 올라갔더니 스크린에 전원구조라고 뜨더라고요. 거기 있는 학부모들이 다 박수를 치고, 나도 박수를 쳤어요.

그때만 해도 애를 어떻게 데리고 올까가 고민이었어요. 사고로 많이 놀랐을 테니까 우리가 가서 데리고 오자 그랬는데, 갑자기 한 학생이 사망했다는 뉴스 속보가 뜬 거예요. 그리고 전원구조가 오보라

고도 뜨고. 부모들이 난리가 났죠, 울고불고. 갑자기 한 선생님이 생
존자 명단을 칠판에 쓰더라고요. 처음엔 전원구조라고 하더니 그 다
음에는 1반 전원구조라고 하고. 그때만 해도 우리는 긍정적으로 생
각했어요. 앞반부터 구조됐다고 하니까 3반인 우리 승희는 별일 없
을 거다, 이렇게. 학교에 준비된 버스를 타고 진도로 내려가는데 버
스 안에서 뉴스 속보를 보니까 뭔가 잘못됐구나 싶었죠. 생존자가 삼
백몇명에서 갑자기 백몇명으로 바뀌고… 덜컥 겁이 났죠. 진도체육
관에 도착해서 생존자 명단을 확인했는데 승희가 없어요. 도착해서
한시간쯤 지나니까 그 명단이 전부래요. 난리도 그런 난리가 없었어
요. 마치 전쟁통 같았죠.

엄마라는 사람이 그랬어요

근데 난 모르겠더라고요. 그때 당시는 그렇게 떨리지가 않았어요,
마음이. 지금 생각하면 왜 그랬는지 모르겠어요. 그냥 멍했어요. 이
현장이 믿어지지도 않고 설마, 설마 이런 마음밖에 안 들고. 엄마들
이 난리를 치는데도 난 어떻게 이런 일이 있을 수 있을까 싶고, 왜 승
희가 저렇게 안 나오는 거지 그런 생각만 들고…

그렇게 이틀, 삼일 지나는 동안 나는 더 무섭고 두려웠던 게 뭐냐
면, 구조하러 갔는데 내 딸은 죽고 다른 애들만 살아오면 흑과 백이
갈린다는 거였어요. 그렇게 생각하면 안 되는데 누구는 카카오톡이
되네, 누구는 살아 있다고 연락이 왔네, 몇명은 구조할 수 있네 그러
는데 우리 승희는 아무 연락도 안 되니까 귀를 막고 싶었죠. 근데 사

실 한명이라도 살아오면 그건 행운아 아니에요? 그게 우리 딸이면 좋겠지만, 승희가 아니라면 왜 하필 내 딸이 죽었냐는 생각이 들 테고. 그때 그 비참함을 어떻게 할 수가 없었던 것 같아요. 환장할 것만 같았어요.

배꼬리만 남았을 때 사실 절반은 희망이 없었어요. 부모니까 희망을 가졌지만 '저런 상태에서 살 수 있을까?' '살아 있으면 저 사람들이 왜 안 구하러 갔지?' '아이들이 죽어가는데 어떻게 저렇게 태평할 수가 있지?' 의문이 많아서 반은 포기했던 것 같아요. 지숙이네(3반 학부모) 삼촌이 바닷사람인데 그런 상황이면 바로 죽었을 거라고 했어요. 에어포켓은 다 거짓말이라고, 시간 끌기라고.

사흘째, 배꼬리가 거의 안 보였어요. 나흘째, 배가 완전히 가라앉았죠. 그때도 사람들은 에어포켓 얘기를 했어요. 하지만 아무것도 하지 않았죠. 나는 허탈하게 있었어요. '저 암흑 속에 승희가 있구나' '저 바다 밑에 내 새끼가 있구나' 그런 생각만 하고. 깜깜한 바다를 바라보며 울기만 했어요. 대통령이 왔을 때에도 엄마 아빠들이 난리를 치는데 그때도 나는 맥이 빠져 앉아만 있었어요. 이미 말하는 사람들이 많다보니 주변머리가 없어 나서지도 못하고, 그저 멍하니 바라보고만 있었죠. 지금 생각해보면 그때 나는 이미 받아들였던 것 같아요. '내 새끼가 죽었구나' '아무것도 할 수 없는 게 현실이구나' 직시하게 된 것 같아요. 슬프죠, 그래도 어떻게 할 수가 없으니까. 뛰어들어갈 수도 없고, 저 사람들 바라보며 목 빼고 기다릴 수밖에 없는데 그들이 안 들어간다고 어떻게 할 수가 없으니까… 근데 지나고 나니까 그것도 죄인 것 같아요. 차라리 그때 속 시원히 얘기라도 할 걸, 난리라도 칠 걸 왜 그렇게 바보같이 있었을까. 해주기만 기다리고 있었을까. 그게 너무 후회되고 미안해요.

사실 나도 이틀쨋가 배 타고 사고현장에 갔었어요. 배꼬리만 겨우 보이는데 바닷물이 차갑잖아요. 이불을 둘러싸고 갔는데도 얼어죽을 만큼 추웠죠. 바다에 뛰어들어 죽어버릴까 그런 생각도 했는데 용기가 안 났어요. 죽으면 큰애는 어떻게 하지, 남편은… 그러면서 죽지도 못하고 배꼬리만 바라보다 왔어요. 아무도 승희를 지켜주지 않는데 나는 따라 죽지도 못하고 그저 하염없이 눈물만 흘렸죠. 엄마라는 사람이 그랬어요.

시신이 하나씩 나오기 시작하는데 승희 아빠가 새벽에 날 붙잡고는 그래요. 이제 포기하고 받아들여야 한다고, 큰애 승아를 봐서라도 정신 똑바로 차려야 한다고… 살아오기를 기다리다가 나중에는 시신이 먼저 나오기를 바라는 것으로 바꼈어요. 애들이 5명, 6명 나오기 시작하니까 '우리 애가 꼴찌로 나오면 어떻게 하지' 그렇게 생각이 바뀌더라고요.

빨리 따뜻하게 해주고 싶었어요

승희는 4월 22일에 나왔어요. 그래도 빨리 나왔죠. 승희가 맨 위쪽에 있어서 문만 열어줬으면, 나오라고만 했으면 살 수 있는 위치에 있었다는 게 그렇게 원통했는데, 찾을 때는 그나마 위쪽에 있어서 바닥에 안 깔리고 빨리 나왔으니 그거 하나는 낫다 싶더라고요. 21, 22, 23일에 3반 아이들이 거의 다 나왔어요. 나올 때 친구들하고 같이 발견됐으니까 그나마 다행이다 싶었죠. 승희랑 친한 친구들은 다 죽었어요. 중학교 친구들, 영란이, 지숙이, 수경이, 혜선이… 3반에서 스물여섯 명이나 죽었는데, 참…

아빠가 먼저 가서 승희를 봤어요, 확인한다고. 봐도 될 것 같다고 해서 뒤따라 들어갔는데 들어가니 바로 앞에 있더라고요. 이마도 만지고, 손도 만지고, 다리도 만지고… 샤워 오래 한 것 같은 얼굴이라 좀 있으면 일어날 것 같은데 죽었다고 하니 믿기지 않았죠. 많이 다친 애들도 있던데 승희는 눈 주위만 살짝 까지고 다른 데는 괜찮았어요. 그때는 그것만이라도 감사하더라고요. 다른 애들 엄마는 애들이 심하게 다쳐서 나오는데 얼마나 미치고 환장하겠어요. 승희랑 10명 정도가 임시로 만든 시신 안치소에 있었는데 거의 다 우리 반 애들이었어요. 그때 얼굴이 지금도 다 생생해요. 애들이 쫙 누워 있는 거 생각해보세요. 축축하게 다 젖어갖고… 근데 우리는 시신이라도 찾았다고 고맙다고…

아이들 시신을 찾기 시작했던 초반에는 아이들 합동장례 치르자는 이야기가 오고갔는데 몇몇 가족들이 반대했죠. 너무 추울 것 같다고. 냉동고에 넣고 10년이 지난 부모들 이야기도 텔레비전에 나온다고 하면서 무조건 데리고 간다고. 나도 합동장례에 반대했어요. 추운데 어떻게 계속 거기다 얼려놓냐고. 아이를 냉동고에 눕혀놓는다는 것 자체가 너무 싫었어요. 빨리 편안하게 해주자, 빨리 따뜻하게 해주자 그런 생각만 들고. 나도 너무 지치고 힘들어서 빨리 끝났으면 좋겠다 싶고. 화장해서 나오는데 마음은 편하더라고요. 얼마나 추웠을까 싶으니.

지금 생각해보면 죽으면 영혼은 떠나고 육신만 남는데 합동장례를 치르기로 했으면 진상규명이나 특별법 만드는 게 더 빨라지지 않

제1부 살아갈 날들을 위한 기록

앉을까 하는 생각도 들어요. 지금은 나처럼 후회하는 사람들도 있죠. 차라리 그렇게 했으면 정부에서 어떻게 못했지 싶고.

승희 데리고 안산으로 올라와서 얼마나 울었는지 몰라요. 승희를 (안산병원 영안실) 냉동고에 안치하고 다음 날 장례식 치를 준비를 해야 해서 집으로 가려는데, 우리가 진도 내려갈 때 차를 단원고 옆에다 주차하고 갔었거든요. 차를 탔는데 승희 아빠가 갑자기 대성통곡을 하는 거예요. 매일 넷이 타다가 셋이 탄 그 느낌, 앞으로 계속 그렇게 살아야 한다는… 그날을 잊을 수가 없어요. 화장하고 납골당에 안치할 때까지 정말 꿈만 같았죠.

어떻게 저런 딸이 우리 둘한테서 나왔을까

큰애는 어렸을 때부터 자주 아파서 손이 많이 갔는데 승희는 저 알아서 잘 컸어요. 막 키웠어도 잘 컸죠. 막내인데도 일 마치고 집에 가면 "엄마 힘들지? 내가 다 해줄게" 하고 어깨도 주물러줘요. 김치 담글 때에도 옆에 와서 "내가 뭐 도와줄까" 그러면서 설거지도 해주고, 간도 봐주고. "엄마, 맛있다. 나중에 나도 알려줘" 그러고. 밥 먹을 때 생선이나 고기를 주면 애들은 그냥 먹잖아요. 승희는 안 그래요. "아빠, 고마워. 잘 먹을게요." 용돈을 주면 천원이든 이천원이든 "잘 쓸게요, 아빠. 고마워요" 이러고. 시골에 가서도 "할아버지 할머니, 사랑해요" 하며 안아드리기도 잘 하고. 누가 요즘에 그래요, 같이 살지도 않는데.

승희 아빠가 잘했어요. 승희 친할머니가 아빠 클 때 "내 새끼" 하고 토닥토닥해줬다고 자기도 자식 낳고 살면 그렇게 해줄 거라 그러더니 "에고, 우리 딸" 그러면서 토닥토닥했어요. 꼭 '예쁜 딸'이라고 하고 '내 새끼 사랑해' 소리를 잘 했죠. 그게 몸에 배었죠, 애들이. 그러다보니까 고맙다는 말이 자연스럽게 나오고, 다 컸는데도 엄마 아빠랑 입에다 뽀뽀하고. 애들을 사랑으로 키우니까 저렇게 크지 않았을까 생각했어요. 아빠가 늘, 어떻게 저런 딸이 우리 둘한테서 나왔는지 모르겠다며 예뻐했어요. 딸인데도 든든하다고, 자기한테 과분한 애라는 말을 입에 달고 살았죠. 그렇게 애가 속도 깊고 반듯했어요.

　겨울에 태어났어요, 음력 12월에. 양력으론 1월이니 일곱살에 입학통지서가 나왔는데, 예전 같으면 한살 더 키우고 보냈을 텐데 얘는 한글도 잘 알고 똑똑하더라고요. 입학했는데도 안 뒤처지고 야무지게 잘했죠. 꾸준히 노력하는 스타일이었어요. 또 제가 알아서 공부도 하고 도서관도 가니 걱정을 안 했죠. 중학교 때도 곧잘 했는데 고등학교 가선 지친 엄마 아빠에게 희망을 드릴 거라며 더 열심히 하더니 2학년이 돼서는 안산시에서 성적우수로 장학금까지 받았어요. 고등학교 가서 처음 탄 장학금이라며 너무 너무 좋아했죠. 자부심을 엄청 느끼더라고요. 그 장학금으로 엄마 아빠 결혼 20주년 여행을 보내줬어요. 4월 12일에 갔구나, 강원도로. 장학금 증서는 4월 14일 날짜로 나왔는데, 승희는 못 받고 갔어요. 사고 나고 5월쯤인가 학교에서 보내줬는데 그 장학증서 받고 아빠랑 나랑 얼마나 울었는지 몰라요.

　커서 선생님 되겠다며 고등학교 때 문과로 갔는데 언젠가부터는 경영학과에 가고 싶다고 하더라고요. 야무진 아이니 뭘 해도 잘할 거라 생각했죠. 사고 나기 한달 전에는 천안함 4주기를 추모하는 '나라사랑 대회'가 있었는데 승희가 쓴 시가 입상을 했어요. 「항해」라고, 잘 쓴 건 아니지만 그게 세월호 사건이랑 연결되면서 많이 회자됐어요.

항해

신승희

어느 고요한 밤
잔잔한 바다에
서늘한 기운이
느껴졌다

그 기운이
우리의 가슴에 남아
계속
콕, 콕 찌른다.

그 아픔에
우리의 눈물이 비가 되어
잔잔한 바다와
뒤섞인다.

우리는
잔잔한 바다를
영원히

함께 항해하리.

딸 없는 세상에서 돈 벌어 잘살면 뭐하나

승희 보내고 삶이 완전히 바뀌었어요. 인생에 즐거운 것도 없고, 삶에 의욕도 없고. 사람들도 싫고. 사람들은 위로라고 하는데 지금은 어떤 말을 해도 안 들려요. 억울하고 분한 마음밖에 없는데 뭐가 들리겠어요. 집보단 분향소나 유가족 엄마들이랑 있는 게 편하고. 그래서 형제고 친구고 집에 온다고 하면 오지 말라고 해요.

일도 진작 그만뒀어요. 장례 치르고 사람들이랑 어울리면 좀 나아지겠지 하고 나갔는데 오산이더라고요. 이틀 나갔는데 도저히 못하겠더라고요. 내가 죄인 같아서 밥을 먹는데도 눈물이 나오고, 어휴 저게 자식 죽었는데 저렇게 잘 먹나 그렇게 손가락질할까봐 겁도 나고. 남들은 모여서 웃고 떠드는데 나는 한쪽에서 울고. 쳐다보는 눈빛들도 달라요. 나를 되게 불쌍하게 보는데, 난 또 그게 싫은 거예요. 자존심도 상하고. 도저히 못하겠다고 하니까 회사에서 더 쉬고 오래요, 괜찮다고. 거절을 못해서 알았다 그랬는데 출근일이 다가올수록 아무리 생각해도 자신이 없는 거예요. 사람들 앞에 나설 자신도, 사람을 만날 용기도 없고. 우리 딸 없는 세상에서 돈 벌어 잘살면 뭐하나 싶고. 그래서 어렵겠다고 말했더니 자식 잃은 일이라 더이상은 말을 못하겠다며 알았다고 하시더라고요.

이사 갈 생각도 해요. 동네 아줌마들을 만나도 몸이 불편하고, 쳐다보고 수군거리는 것 같고… 아는 사람들이랑 마주치기도 싫어서 출퇴근 시간에는 문 밖으로 나가지도 않아요. 옆집에서 문소리 나면 신발장 앞에까지 나갔다가 멈춰서고, 엘리베이터도 누르는 층 보면 피해서 안 타고. 애들이 그렇게 죽은 게 우리 부모 책임은 아니잖아요. 자식이니까 부모가 죄인이 되는 거지만 사실은 국가책임인데 사람들은 그렇게 생각을 안 하는 것 같아요. 그게 싫더라고요.

처음에는 막 승희 원망도 하면서 울고 그랬어요. 엄마 아빠를 생각해서 빨리 나오지, 너라도 애들한테 나오자고 해서 나오지 왜 안 나왔을까? 그렇게 원망했는데 또 생각해보니 우리 승희가 엄마 아빠 말이라면 잘 듣는 아이인데, 그 순간에 아빠가 나오라고 했는데도 못 나온 데는 이유가 있겠지 싶더라고요. 기다리라고 해서 기다리고, 방송에서 움직이지 말라고 해서 그랬겠지 하고. 그래서 요즘은 승희가 빨리 나오라는 아빠 말 안 들었다고 후회하면서 갔으면 어떡하나 싶고. 또 마지막의 그 공포, 무슨 생각 하고 갔을까. 그걸 함께해주지 못해서 미안하고. 아빠랑 마지막 문자 주고받았을 때 차라리 승희가 무섭다고 말이라도 했으면 마음이 이렇게까진 아프진 않았을 텐데 마지막까지 아빠한테 걱정하지 말라고, 꼭 구조될 거라고 그러고서 가버렸잖아요. 나중에 승희 핸드폰을 한 방송국에서 복원해서 가져왔는데 마지막 문자가 10시 14분에 찍혔더라고요. 친한 친구 엄마한테 "아줌마, 밖의 상황을 모르겠어요. 무서워요" 그렇게 보냈더라고요. 그러곤 다음 문자에 마침표만 하나 찍혀 있는데, 방송국 기자가 그걸 보여주면서 그때 배가 침몰한 것 같다고. 우리 걱정할까봐 아빠한테는 못 보내고 마지막까지… 내가 그 문자를 잊을 수가 없어요. 왜 나는 승희랑 연락될 때 '어떻게든 아무 일 없이 나와서 엄마한테 와' 그런 문자 하나 못 보냈는지, '승희야, 무섭지?' 이런 말이라도 하면서 다독여주기라도 할걸, 사랑한다는 말을 진짜 자주 했는데 왜 그땐 그 말을 해주지 못했는지 그게 너무 미안하고 후회돼요. 정말 많이 무서웠을 텐데 엄마가 달래주지도 못하고 작별인사도 없이 보냈잖아요.

그래서 엄마가 지켜주지 못해 미안하다고, 너만 혼자 보내 미안하다고 매번 승희가 있는 효원 추모공원 다녀올 때면 그러고 와요. '승희야 너 만나러 빨리 갈게, 약속해' 그러고. 어제도 승희 사진 바꾸러 효원에 갔다오면서 승희 한번 안아주고 왔는데 승희 아빠가 여기(가슴)가 너무 아파서 누가 때려줬으면 좋겠다고 울더라고요. 뭐라도 했으면 좋겠다고, 여기가 짓눌려서 죽을 것 같다고…

옛날에 어른들이 자식 앞세우곤 못 산다고 했는데 그 말이 다 맞아요. 공원에서 할머니 할아버지들이 건강하게 오래 사시겠다고 운동하는 걸 보면 우리 아이들은 열일곱에 죽었는데 하면서 분노가 막 치밀어올라요. 누가 마흔살에 죽었다고 하면 아 20년만, 우리 딸도 23년만 더 살았으면, 그렇게밖에 말이 안 나와요. 우리 승희는 없는데 세상은 아무 일도 없는 듯 돌아가고 사람들이 웃으며 돌아다니는 걸 보면 화가 나고. 억울하고 용납이 안 돼요. 왜 하필 내 딸이 그 나이에 죽었는지…

한심하죠, 부모나 정부나

승아도 되게 힘들어했어요. 쌍둥이처럼 붙어다녔던 동생 승희를 잃었으니… 팽목항에서 승희 확인하러 가기 전에 청심환이랑 의자를 다 집어던지더니, 장례식장에서도 화환을 집어던지고…

승희 보내고 며칠 있다가 승아를 학교에 보냈어요. 걔가 고3만 아니었어도 안 보냈을 텐데 시험도 있고 해서 보냈더니 수업 중간에 나온 거예요. "승아야, 왜?" 그랬더니 기분 나쁘고 싫대요. 애들은 다 웃고 있는데 자기만 슬퍼서 싫다고 안 간다는 거예요. 친구들하고 어울리면 좀 나아질 줄 알았는데 그건 우리 생각이었던 거예요. 우리랑 똑같아요. 우리도 유가족들이랑 어울리면 좀 괜찮은 것처럼 걔도 같은 상황일 텐데 갑자기 친구들을 만나니 힘들었겠죠.

하루는 승아가 텔레비전 뉴스를 봤어요. 승아가 충격받을까봐 승희 핸드폰 복구된 걸 숨겼는데 뉴스를 통해 그걸 알고는 대성통곡을 하더라고요. 배 안에서 구명조끼 입고 겁에 떨던 마지막 모습을 찾아보고서는 소리지르면서 난리치고… 또 하루는 유가족 회의 갔다가 집에 좀 늦게 도착한 적이 있었는데 대문을 열자마자 승아가 "엄마" 하고 울면서 뛰어 나오는 거예요. 베란다에서 승희 이름 부르고, "엄마" "아빠" 소리쳐 부르면서 혼자 울고 있었던 거죠. 힘들면 전화를 하지 그랬냐니깐, 그러면 엄마 아빠 걱정한다고…

생존학생들은 사고 후에 상담치료도 받고 나라에서 그래도 적극적으로 해줬는데 우리 애들은 때를 놓쳤어요. 우리도 뒤늦게야 심각한 걸 알고 이리저리 뛰어다녔는데 후회가 많죠. 지금 생각하면 제정신이 아니었던 것 같아요. 마음속에 승희를 위해서라면 뭐든지 해야 한다는 게 콕 박혀 있었던 것 같아요. 어떻게 승아를 놓고 전국을 돌고, 국회고 광화문이고 청운동이고 쫓아다녔는지… 승희도 중요하지만 남아 있는 승아를 챙겼어야 했는데, 나중에 보니 승아한테 더 큰 상처를 준 거예요.

승아를 설득해서 아빠가 같이 정신과 상담을 받으러 다녔어요. 상담을 하면 선생님이 10분, 20분 정도 마인드 컨트롤을 해주는데, 처음에는 이게 치료 순서인가보다 생각했죠. 근데 한달이 가고 두달이 돼도 똑같은 거예요. 우리한테 그렇게 마인드 컨트롤을 해주고 괜찮냐고 질문을 던지면 위로가 되나? 처방해준 약을 먹으면 좀 괜찮아지나? 아닌 거예요, 진짜 아닌 거예요. 뭔가 편해지고 마음이 달라져야 하는데 와닿지가 않더라고요. 동생 잃은 아이에게 약물을 주는 게 무슨 치료냐 싶고, 감기 예방접종 받으러 가는 기분이 드니까 더 가자고 못하겠더라고요.

그래도 요즘은 좀 나아진 것 같은데 여전히 좋다고는 할 수 없어요. 표현이라도 많이 하면 그나마 나을 텐데 표현도 잘 안 하고, 방황도 많이 하고. 승희랑 매일 같이 자면서 뒹굴뒹굴했는데 승희가 없으니까 잠도 잘 못 자요. 승희 보고 싶다고 밤마다 울고, "승희는 하늘에서 뭐하고 있을까" 그 소릴 잘해요. 요즘은 걱정을 우리가 하는 게 아니라 승아 혼자 다 하는 것 같아요. "엄마 아빠 죽으면 나 혼자 어떻게 살지" 그러고. 엄마 없으면 싫어하고, 혼자 있는 거 무서워하고. 트라우마센터에 물어봤더니 애들이 동생 있다 없어지면 자기 혼자 될까봐 애기처럼 군대요. 엄마 옷자락 잡고 따라다니는 애기처럼 된다고. 승희가 없어지니까 승아도 그렇게 된 거예요. 그런 애를 아무 일 없다는 듯이 학교 보냈던 걸 생각하면 우리가 부모인데도 정말 대책이 없구나, 정부도 너무 대책이 없구나 싶고. 한심하죠, 부모나 정부나.

솔직히 우리도 우리지만 승아가 더 안쓰럽죠. 그런 승아를 보면 정신차려야지, 웃어야지 하면서도 저도 모르게 눈물이 나요. 어떤 엄마는 애들 앞에선 절대 안 운대요. 애들이 너무 싫어해서 없을 때만 운

대요. 근데 참는 것도 힘들고 고통스럽다고. 저는 시도 때도 없이 울고 다녀요. 사진 보다 울고, 밥 먹다가 울고, 길 가다가도 울고. 승아 생각해서 힘든 내색 하지 말아야지 매일 다짐하는데도 아직은 승희 생각이 더 많이 나니 우울하고 슬프고. 승아 있는데 그러면 안 되는 거 알지만 승희 없는 세상에서 인생이 길어질까 무섭고… 어떻게 살아야 할지 답이 없어요. 앞이 컴컴해요. 내 목숨 내가 어떻게 못하니 살긴 살겠지만 진짜 평생을 이렇게 살아야 한다니…

왜 사람들은 돈 얘기만 하는지 모르겠어요

뭐 하나 제대로 밝혀진 게 없어요. 다 쉬쉬해요. 교감 선생님은 자살하셨고, 살아온 선생이라도 진실을 말해줘야 하는데 말하는 게 신뢰가 안 가요. 움직이지 말라고 방송한 선장이나 선원도 그렇고, 한 시간 넘게 구조요청을 했는데도 왜 해경이 안 구했는지 알아야 할 거 아니에요. 진도 관제센터가, 정부가, 청와대가 그 시간에 뭘 하고 있었는지 유족들은 알아야죠. 작은 회사에서도 사고가 나면 증언만 듣는 게 아니라 시간대별로 부서별로 자료, 문서 다 취합해갖고 사고과정을 파악하고 책임을 묻는데, 이건 국가잖아요. 우리 애들은 갑자기 죽은 것도 아니고 사고 나고서도 한참을 연락하다 죽었잖아요. 엄마가 걱정하니까 우리 살아서 갈 건데 왜 걱정하냐고 화내고 간 아이도 있는데. 그런데도 교통사고라느니, 놀러가다 죽은 건데 왜 그러냐느니 하니까 상처가 돼요. 세월호는 달라요, 뭔가 있다고요. 의문이 너무 많다고요.

제1부 살아갈 날들을 위한 기록

경기도 광주에 사는 우리 언니 친구가 승희 장례식장에 왔어요. 먼데까지 와줘서 고맙다고 하니까 사실 자기 딸이 2주일 전에 세월호를 타고 제주도로 수학여행을 갔다왔대요. 시기만 좀 달랐으면 자기 딸 일이 됐을 거라면서 일주일을 울다가 도저히 안 되겠어서 왔다고 막 울더라고요. 이건 예견된 참사라고 다들 그랬잖아요. 제대로 된 특별법을 만들면 대대손손 좋잖아요. 근데 왜 사고 나서 반년이 넘었는데도 달라진 게 없는지 모르겠어요. 우리는 나라하고 싸우는 건데, 온통 거짓말만 한 나라하고 싸우는 건데, 사람들은 한창 유병언 얘기만 하더니 이제는 돈 얘기만 해요. 우리 진짜 돈 받은 것 없어요. 해수부에서 긴급자금으로 준 거 말고는 없어요. 사람들이 자식 팔아서 돈 벌려고 그런다는 말들 많이 하는데 그런 얘기 들으면 어떻게 자식 키우는 입장에서 저렇게 이야기할 수 있을까, 자기 자식 아니라고 돈이랑 자식이랑 어떻게 바꿀까 싶고…

내가 오늘도 승희를 위해 뭔가 했구나

이렇게 되니 일곱살에 학교에 보낸 것도 한이 돼요. 제대로 놀지도 못하고 공부만 하다 간 것도 너무 마음이 아프고. 정성껏 더 챙겨줬어야 하는데 내가 일한답시고 제가 알아서 지내게끔 한 것도 걸리고. 그래서 승희 보내고 집에 앉아 있을 수가 없더라고요. 삼우제 끝나고 바로 (합동분향소에) 나왔어요. 엄마 아빠 들이랑 인사하면서 친해지고, 서명운동 받으러 다니고 농성하고. 나오면 몸은 고돼도 그나마 마음이 좀 편해요. 더군다나 (아파트의) 같은 동에 사는 은화가 아직 안 나와서 집에 있는 게 더 괴로워요. 은화네 집이 우리 동 21층인데 엘리베이터 타고 내릴 때마다 은화 생각이 많이 나요. 매일 우리 승희랑 엘리베이터에서 만나 수다 떨고 학교 같이 가고 그랬는데. 우리 승희 진도에서 데리고 나올 때 "은화도 빨리 데리고 갈게" 약속한 게 벌써 일곱달이 넘었거든요. 일주일 동안 승희가 물속에 있는데도 기가 막혔는데 아직까지 못 찾은 엄마 아빠 들은 오죽할까 그 심정이. 괴롭고 미치겠지. 집에 있으면 은화 생각까지 나니 더 못 있겠더라고요.

특별법 만들자고 전국을 다니고 길거리에서 자고⋯ 돌아보면 참 그 시간을 어떻게 버텼을까 싶은데, 솔직히 여기까지 우리 힘만으론 못 왔어요. 도와준 사람들 덕분에 온 거지. 사실 나는 내 살기 바빠 봉사하러 다닌 적도 없어요. 근데 진도에서부터 도와준 시민들이 많았어요. 내가 승희 찾으려고 거기 있을 때 자원봉사자들이 먹을 걸 챙겨줬는데 아무것도 못 먹었죠. 새끼가 물 속에 있는데 그걸 먹으면 네가 엄마냐 그런 자책도 들고, 물도 잘 못 삼키겠고. 근데 오일쨴가 육일쨴가. 진도 할머니들이 집에서 만든 식혜를 가져와 돌아다니면서 주는데, 처음에는 안 먹는다고 했어요. 그런데 할머니들이 막 우시는 거예요. 애 찾아가려면 먹으라고, 그래야 산다고. 잘못되면 안 되니 한모금이라도 먹으라고. 할머니들이 이제 우리 걱정하면서 막 우시니까 한모금 넘겼는데 그게 사고 나고 처음 먹은 음식이에요. 한모금 넘기면서 나도 울고, 할머니들도 울고. 나중에 보니 나만 그런 게 아니더라고요.

한번은 승아 사촌이 승아 위로해준다고 여름에 놀이동산에 데리고 간 적이 있어요. 강남역인가를 지나가는데 누가 특별법 제정 서명

　제1부 살아갈 날들을 위한 기록

운동을 받고 있더래요. 누군가 했더니 유가족이 아닌 시민들이 하더래요, 그 땡볕에. 우리 유족들이 해야 할 일들을 시민들이 그렇게 많이 함께해줬어요. 서명 받고, 피켓 들고, 단식하고, 농성하고… 그게 정말 힘들거든요. 청운동에는 노숙농성 하는 엄마들 아빠들 속옷까지 빨아다주시는 자원봉사자도 계셨어요. 세상에 누가 그러겠어요? 근데 일면식도 없는 시민들이 전국에서 그렇게 도와주시더라고요.

유가족 모임이 있으면 다들 그런 고마운 분들 때문에 우리가 버티는 거라고, 세상에 나쁜 사람도 많지만 고마운 사람도 너무 많은 걸 애들이 깨닫게 해준 거라고 그래요. 그전에는 다 남의 일이라고만 생각하고 살았는데 애들이 가면서 그걸 알게 해줬다고. 그러니 우리도 무슨 일 있으면 봉사하면서 살자고, 은혜 잊지 말고 꼭 갚으며 살자고 그 얘기가 일등으로 나와요. 나뿐만 아니라 엄마들 아빠들이 다 그래요.

근데 또 돌아보면 참 비참해요. 우리가 살면서 국회의원을 만날 생각을 했겠어요. 대통령을 만날 줄을 알았겠어요. 근데 이렇게라도 안 하면 억울함을 풀 수가 없으니까, 부모니까 하는 데까지는 해봐야겠다 해서 한 건데 솔직히 지금 통과된 특별법은 저희 성에 안 차요. 그래도 힘닿는 데까지 한 거니까, 도와주는 사람들이랑 힘 합쳐서 온 거니까, 여기가 끝이 아니라 남은 일이 있으니까라고 생각하며 겨우 마음을 달래는 거죠.

그동안 힘들었죠, 지금도 힘들고. 그래도 끝까지 갈 사람들은 언젠가는 진상이 규명된다 그렇게 말해요. 10년이든 20년이든 우리가 포기하지 않으면 된다고. 근데 마음은 있지만 어쩔 수 없이 못 나오는 사람도 있어요. 우리 반에서도 죽은 아이가 26명이니 부모만 해도 최소 마흔명이 넘는데, 반밖에 안 움직였어요. 제 나름의 사정이 있고 누구는 일 다니고 또 누구는 싫어서 안 나오기도 하고. 다른 반도 똑같거든요. 함께하지 못한 부모들은 지금은 어떨지 몰라도 나중에는 '나도 할 걸' 하고 후회할 것 같아요. 내가 진도에서 그랬잖아요. 나는 그 후회를 안 만들기 위해서 항상 즐거운 마음으로 움직여요. 내가 오늘도 승희를 위해 뭔가 했구나, 내 자식을 위해 최선을 다하고 있구나. 이렇게라도 해야 내가 맘이 편해요. 그것도 안 하면 죄인이 될 것 같고… 언젠가는 이것도 끝이 있겠죠. 승희한테 엄마 진짜 열심히 했다고, 네가 헛되이 간 것만은 아니라고 말할 날이 오겠죠. 아, 그날이 빨리 왔으면 좋겠어요.

_작가기록단 **유해정**

제1부 살아갈 날들을 위한 기록

승희의 언니,
승아의 이야기

거인이 되어 배를 끌어올리는 상상을 해요

수능시험이 끝난 바로 다음 날, 주저함 끝에 승희 엄마에게 전화를 걸었다. 승아의 목소리를 직접 듣고 싶어서였다. 승아는 몇차례 망설임 끝에 인터뷰에 응했다. 11월 25일 한시간 남짓 승아를 만났다. 말이 없고 내성적이라고 자기를 소개한 승아는 인터뷰 내내 울었다. 곁을 지키던 엄마는 "승아가 이 정도인 줄을 몰랐다"며 남겨진 아이의 고통에 몸서리쳤다. 모녀의 오열이 승희가 없는 집안을 가득 채웠다.

다리가 안 움직였어요

처음에 사고 소식 들었을 때 친구들이 동생은 (진도체육관에) 와 있을 거야 그래서 저도 대수롭지 않게 생각했어요. 그냥 어떻게 하면 엄마 아빠를 도울 수 있을까만 생각하다가 사고 다음 날 친척들이랑 진도에 갔어요. 하루 지나면서 너무 힘들어서 엄마 아빠들은 다들 싸우고 그랬는데 저는 끼어들 틈이 없으니까 가만히 엄마 아빠만 위로하고 그랬죠. 그런데 일주일이 다 되도록 안 오니까 이제 진짜 잘못됐구나라는 생각에 너무 화가 나갖고… 그때 다들 엄청 화나 있을 때라 카메라 부수고 던지고 엄청 무서웠는데, 저도 같이하고 싶었는데 제가 열아홉살밖에 안 되니까 어른들 사이에 끼어봤자 도움도 안 되고 폐만 끼치니까 저는 그냥 가만히 있었어요. '난 아직 애니까' 그런 생각밖에 안 들고, 힘이 없으니까…

아빠가 이젠 포기하고 받아들여야 한다고 하니까 승희가 어떻게든 살아서 잘 버티다 왔으면 좋겠는데 그게 현실적으로 안 되는구나 싶으면서도 '그래도'라고 생각하며 작은 소망이라도 갖고 있었는데 꿈에 동생이 나타나서 '가야 한다'는 거예요. 등 뒤에 큰 가방을 메고 나타나서는 가야 한다고. 내가 "안 가면 안 돼?" 그랬는데, 가지 못하게 붙잡으려고 했는데 꿈이라서 그런지 몸이 안 움직이고, 어떻게든 잡으려고 했는데 가버렸어요. 아침에 일어나, 때가 됐나 이랬는데 마침 동생이랑 비슷한 아이를 찾았다고. (찾으러 가니) 거기서 소지품이랑 동생 별명이랑 사진이 붙어 있는 핸드폰을 보여주는 거예요. 이번에야말로 진짜네 그랬는데 생각했던 것보다 더 진짜, 더 엄청 힘들고… 어떻게 해야 하지 하다가 동생을 봤는데 진짜 미치는 줄 알았어요. 동생 얼굴 보고 혹시라도 뭔가 말을 할 것 같아서 얼굴을 만졌는데, 옆에 다른 애들 시신을 보니 '진짜 죽었구나', 충격을 받아서 힘이 풀리고 그냥 주저앉고 말았어요. 엄마 아빠는 밖으로 나가 울고 있는데, 저는 진짜 엄마 아빠한테 미안한데 마침 앞에 바다가 있는데 거기 뛰어들어 죽을까 하고 생각했어요. 근데 멍청하게 다리가 안 움직여요, 죽는 게 무서워서. 동생이 저러고 있는데 저는 같이 따라 죽어줘야지 하는데 무서워서 다리가… 꿇어 앉아 엉엉 울었어요. 그러다가 동생이 119 구급차 타고 가는데 그냥 동생 추울까봐 동생 다리만 따뜻하게 만져주고… 아무 생각 없이, 정신없이 갔어요.

장례식장에서 엄마가 마지막으로 동생 얼굴 보라고 그랬는데 무서워서 못 봤어요. 부어 있는 동생모습이 다시 보기 싫어서, 그래도 마지막이니까 봐야 하는데 못 보겠는 거예요. 그러고 내가 왜 장례식장에 있어야 하나 그것도 싫고, 사람들 우는 것도 짜증나고… 장관이나 그런 사람들이 장례식장으로 보낸 화환을 집어던졌어요. 부하들 시켜 꽃 보낸 것도 싫고 슬픈 마음도 없는 것 같은데 그냥 꽃만 냅다 던져주고 힘내라고 그러는 것 같아서 기분 나쁘고. 또 '이제 네가 큰언니니까 엄마 아빠 잘 돌보고 잘해야 한다'라는 말들도 싫고. 어쩌다가 이런 날에만 오는 사람들이 그런 말을 하니 자기들이 뭔데 나한테 그러나 싶고. 저한테 무책임한 말들을 하는 게 싫었어요. 힘내라는 말도 짜증났어요, 위로도 안 되고.

동생이 죽었는데 나는 왜 공부 생각만 하지?

장례식 끝나고 엄마 아빠가 학교는 가야 한다고 했는데 싫었어요. 근데 한번은 아빠가 진짜 화를 내서 꾹 참고 갔는데 처음에는 친구들이 안 웃고 가만히 있어서 제가 분위기 좀 풀어주려고 웃었는데 웃는 게 너무 힘들어서 '내가 왜 억지로 웃지' 싶은 거예요. 수업시간에 생각하니 '아, 도저히 학교 못 다니겠다' 싶어서 일본어 시간에 뛰쳐나왔어요. 엄마 아빠는 나 학교에 있을 거라고 생각할 텐데, 학교에서는 나왔는데 그때부터 방황이 시작되는 거예요. 어떻게 해야 하지. 아무것도 안 하고 방황하는데 나는 이러고 있을 시간에 애들은 공부하고 있을 텐데 사실 그 걱정밖에 안 들었어요. 동생 생각을 해야 하는데 자꾸 공부 생각만 하니까 스스로가 너무 짜증났어요.

아무것도 하기 싫은데 고3이니 학교는 가야 하고 공부도 해야 하고. 거기에 5월이 시험이라 그 압박감 때문에 진짜 힘들어 미칠 것 같고… 진짜 애들 앞에서는 죽고 싶다고 말한 적도 있는데 공부를 안 하면 저만 손해니까 진짜로 그냥 꾹 참고 어떻게서든 공부를 했어요. 답답해도 어쩔 수 없으니까, 도와주는 사람도 없고, 이제 성인이니까 버텨야 한다는 생각밖에 안 하고. 친구들은 공부 좀 안 해도 괜찮다고, 힘든 게 당연하다고 그러는데 친구들은 남의 일이니까, 그렇게 말해도 쟤는 공부는 하겠지 그런 생각이 들고. 그렇게 버티면서 이 악물고 공부해서 그나마 여기까지 왔는데…

요즘은 수능 끝나고 대입을 준비하고 있는데, 하고 싶은 게 딱히 없기도 하고, 성적 나온 대로 여기 가야 한다고 하면 가야 하니까 그나마 취직 잘되고 안전한 곳 그런 생각만 하며 준비하고 있어요. 학교에서는 계속 공부 공부 이러고, 딱히 직업을 정하거나 꿈을 정할 시간도 없으니까. 이런 상황이 진짜 싫은데 어쩔 수 없으니까 그냥 허탈하게…

　　　　　　　　　　　　제1부 살아갈 날들을 위한 기록

내 인생이 너무 막막해요

친한 친구 둘의 동생들하고 승희가 절친이었는데 그 동생들도 이번에 (사고로) 잘못됐어요. 근데 그 친구들도 그런 말 안 하고 평소대로 행동해요. 카톡 사진 보면 셀카나 다른 친구들과 환히 웃는 사진을 올리는데 제 눈에는 그게 더 힘들어 보여요, 우울해 보이고. 겉으로만 웃는 것 같고, 집에서는 엄청 힘들어할 것 같고, 얘도 나처럼 강한 척 하나보다 싶고. (사고 이후에) 한번도 못 만났어요. 학교도 다르고 고3이라 서로 바쁘니까.

한 친구는 (신호등) 빨간 불인데도 차도로 뛰어들어 차가 치면 바로 인생 끝인데 왜 그게 어렵지라고 생각한대요. 저도 여기(아파트)에서 떨어지면 인생 끝인데 왜 그게 안 될까 그런 생각 많이 하고… 항상 동생이랑 함께할 거라고 생각했는데, 힘든 얘기도 엄마 아빠한테 안 하고 동생이랑만 했는데. 저 고1 때 모든 게 진짜 힘들어서 살기 싫다고 엄마 아빠 몰래 술 마시고 죽으려고 했는데 그때 동생이 저 막으면서 막 울었거든요. 그래서 겨우 참았는데 이제 그런 동생이 없으니까… 사실 동생이 저보다 생각도 깊고 철도 들어서 공부할 때나 힘들 때 동생이 챙겨주고 그랬는데, 이제 미래에는 그런 동생이, 같이 대화할 사람이 없겠구나, 의지할 사람이 없겠구나 그런 생각만 들고…

처음엔 너무 외로워서 강아지를 키울까 생각했는데 언젠가 강아지도 떠날 테니까 싫더라고요. 앞으로 할머니, 할아버지, 엄마, 아빠 장례식도 생길 거라고 생각하니 그것도 두렵고. 왜 소중한 것들은 모두 떠나지 싫고…

집에 아무도 없을 때 동생 이름도 크게 불러봐요. 이제 앞으론 동생 이름을 부를 날이 없으니까… 한번은 제가 집에서 혼자 엄청 크게 운 적이 있어요. 엄마 아빠 앞에서 제가 울면 힘들 것 같으니까 뒤에서 울고, 장례식장에서도 다른 사람들 눈치 보느라 제가 한번도 속 시원하게 운 적이 없었거든요. 그래서 그날은 엄청 크게 울었는데, 엄마가 밖에 나갔다 집에 들어와서는 절 보고 무척이나 놀라서, 같이 껴안고 울고… 제가 너무 힘들어하니까 엄마 아빠가 상담받으러 가보자고 해서 갔는데 상담을 하나 안 하나 거의 똑같은 것 같더라고요. 힘들다고 말해도 어차피 속은 안 채워지니까 그냥 안 가게 되더라고요. 그냥 버틸 수밖에 없다고 생각했어요. 힘들어도 꾹 참고 버텨야 한다고…

요즘엔 거실에서 엄마랑 자요. 늘 동생이랑 같이 잤는데 한밤에도 너무 생각나고 외로워서. 동생 꿈을 자주 꾸는데 그냥 동생이 평소처럼 나타나기도 하고, 제가 잠수부가 되어 애들 찾으러 가는 꿈도 꾸고. 제가 거인이 돼서 배를 끌어올리는 상상도 많이 하고. 꿈에서는 정말 현실같이 동생이랑 같이 있는데 깨어나면 동생이 없으니 그때가 엄청 힘들어요. 한번은 동생이 너무 보고 싶어서 눈 감고 동생을 만지는 느낌을 생각했어요. 눈 감고, 얼굴, 코, 입… 그뒤로 매일 동생의 촉감을 상상해요. 잠잘 때마다 동생의 하나하나 그 촉감. 매일 그런 상상밖에 안 해요. 아직 내 인생은 반도 안 넘었는데…

　　　　　　　　　　　제1부 살아갈 날들을 위한 기록

앞길이 뻔해요. 대학가고 취직하고 결혼하고, 그저 그렇게 살다 보면 어느 순간 동생 곁에 갈 수 있겠지… 아, 그냥 그런 마음으로 시간을 보내는 것 같아요.

_작가기록단 **유해정**

세상에 딸하고 나,
둘만 남겨졌는디
그 아이를 잃었어유

2학년 3반 김소연 학생의 아버지 김진철 씨 이야기

: 8월 30일, 뜨거운 여름 햇볕이 여전히 힘을 발휘하던 날, 국회 후생관 옆 정원 벤치에서 소연이 아버지 김진철 씨를 만났다. 청운동에 갔다가 어떤 기자가 소연이 아버지더러 유가족처럼 생기지 않았다면서 사복경찰임을 의심하여 국회로 와버렸다고 했다. 번잡한 청운동이나 광화문보다는 지금은 조용한 국회가 더 마음이 편하다고 했다. 김진철 씨는 항상 말없이 구석에 앉아 있었다. 공개적인 발언도 거의 하지 않았고 조용히 앉아서 종이배를 접거나 리본을 만들었다. 이런 그와 소연이 이야기를 꼭 기록하고 싶었다. 소연이와 단 둘이 살고 있었던 아버지는 아이를 저세상으로 떠나보내고 삶의 방향과 감각을 잃었다. 죽으려고 와동중학교 앞 편의점에서 소주를 사다가 한꺼번에 대여섯병씩 들이켜고 쓰러져 구급차에 실려가기를 반복했다. 소연이에 관한 것 아니고는 모든 것이 구체적이지 않고 두루뭉술하게 뭉개졌다. 손가락이 잘렸는데 어디서 다쳤는지, 어떻게 하다가 다쳤는지 말하는 게 분명하지 않았다. 시간의 순서도 정확하지 않아 몇번씩 되물어

제1부 살아갈 날들을 위한 기록

야 했다. 인터뷰 도중 '어떻게 살아야 할지'라는 말을 자주 반복했다. 팽목항에서의 기억도 거의 남아 있지 않았다. 물어도 단답형으로만 대답했다. 어쩌면 기억하고 싶지 않은지도 모르겠다. 지금은 유가족들과 함께 소연이의 억울함을 풀어주는 게 자신이 해줄 수 있는 유일한 일이고 유일한 삶의 의미라 말한다. 앞으로 어떻게 살아갈지 머릿속에 아무것도 남지 않은 소연이 아버지는 국회나 청운동에서 노숙생활 하는 것보다 이 일이 다 끝난 다음에 다 뿔뿔이 헤어져 혼자 남을 때를 가장 두려워했다. 언제까지나 자신을 '호인'이라 불러주는 2학년 3반 부모님들과 함께하고 싶어했다. 머뭇거리면서도 느리고 정감있는 소연이 아버지만의 느낌을 살리기 위해 그의 사투리를 그대로 썼다.

딸 장례 치르고 와보니 소포가 하나 와 있었어유. 풀어보니 소연이가 인터넷으로 산 책들인디 소설책과 참고서였어유. 그걸 보고 엄청 울었네요. 그 책들을 샀을 때는 열심히 살려고 그런 거 아니여유. 근디 죽어버렸으니 얼마나 기가 막혔것시유.(울음) 그 책을 소연이하고 친한 친구에게 줬어유. 원곡중학교 함께 다녔던 친구요. 그 친구는 PD 한다고 허더라고유. 소연이는 아빠가 힘들게 일허는지 아니께 열심히 공부를 했시유. 중학교 교사 되어서 아버지 나중에 힘들지 않게 하겠다고 밤늦게꺼정 공부를 하곤 했시유. 생각허는 게 어른이었어요. 초등학교 6학년 때부터 공부를 잘혀서 장학금을 받았시유. 졸업식 날, 그 돈으로 졸업식에 온 내 친구들을 대접혀주었구만유. "소연아, 손님들 와서 밥을 대접혀야 되는디 뭐 먹을겨" 그렸더니 "아빠 공돈 나왔으니 나 좋아하는 거 먹으러 가자" 그려서 따라가보니 삼겹살집이더라구요. 자기도 좋아허지만 어른들이 좋아허는 거 아니께 그렇게 배려를 헌 거죠. 거기서 17만원 나왔는디 그걸 장학금으로 계산허더라고유.

한번은 제가 팔이 아파서 병원에 갔시유. 그렸더니 의사가 팔을 쓰지 말래요. 일을 허는디 팔을 안 쓸 수가 없잖어유. 닥치는 대로 일을 많이 혀서 팔이 망가져버렸시유. 병원에 갔더니 의사가 그러네유. "아저씨, 적당히 쉬면서 일해야지 젊은 사람이 벌써 팔이 이렇게 돼가지고 어떡하냐"고 놀라면서 말을 허더라고유. 먹고 살다보니께 쉬어가면서 일허기가 쉽지 않잖어유. 결국 팔이 안 구부려져서 수술을 했어유. 수술할 때 병원에서 보호자가 와야 된대유. 소연이에게 이야기 허니께 "아빠, 내가 할게" 그래서 소연이가 제 보호자가 되어주었

제1부 살아갈 날들을 위한 기록

시유. 그때가 중학교 2학년 때였어요. 팔이 아파 제대로 생활을 못허니께 소연이가 많이 돌봐주었어유. 옷도 입혀주고 음식도 해주고. 삼겹살 먹을 때도 딸이 상추 싸주고.

세상에 딸하고 나, 둘만 남겨졌는듸 그 아이를 잃었어유

딸이 네살 때부터 저 혼자 키웠시유. IMF 때 월급이 많이 깎여버렸어유. 100만원 밖에 못 받았죠. 그걸로 살림허기 힘들었나, 애엄마가 아이 키우는 걸 포기허고 어딘가로 가버렸시유. 그때가 부천 오정동에 살 땐데. 그 당시는 많이 괴로웠어유. 신호 받고 가만히 서 있는 차를 나도 모르게 가서 받은 적도 있어유. 세상에 소연이허고 나 둘만 남은 거잖어유. 고민 많이 했시유. 내가 소연이를 무슨 일이 있어도 훌륭하게 키워야겠다 생각했시유. 부천에서 초등학교 4학년 때까정 살다가 안산 원곡동으로 왔시유. 안 혀본 일이 없었죠. 소연이를 위해 이것저것 닥치는 대로 일을 했고만유. 컴퓨터 조립공장도 다니고, 화학공장도 다니고, 자동차 부품공장도 다녔어유. 철 다루는 계통에서 많이 놀았시유. 보성공업이라는 프레스공장도 다녔고, 자동차 부품공장에서 프레스 다루는 일을 혔는데 그 두 공장에서 손가락을 다 잘라먹었구만유. 오른손 세개, 왼쪽 세개씩 손가락 윗부분이 없어요. 왼손 것은 뼈 있다고 뱃살을 가르고 3주 동안 심은 적이 있는듸 위에 갈색살은 그때 살이 돋아나서 생긴 거여유. 저 장애 6급이여유. 딸내미가 보고 아빠 너무 불쌍하다고, 그러면 내가 뭐가 불쌍해 인마, 그랬어요. 먹고 살려고 발버둥 많이 쳤어유. 소연이가 그런 걸 다 알아

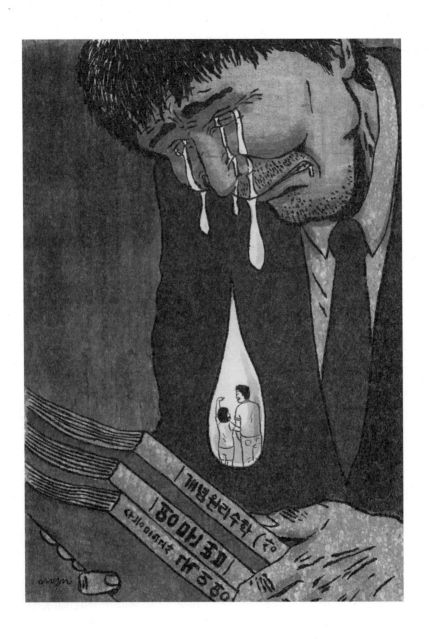

요. 그런 것 다 보고 자랐으니께 아이가 철이 일찍 들었나봐유. 속 한 번 안 썩이고 사춘기도 없이 그렇게 자라주었어유.

도둑질만 안 허고 다 했시유. 열심히 살다보면 답이 나올 거라 믿었시유. 소연이헌테도 그랬어요. "소연아, 어디 가서 10원짜리 하나라도 흐푸게(헤프게) 생각허지 말아라." "아빠, 알았어요." "노력해서 벌어야 알찬 돈이지 굴러온 돈들은 다 남의 떡이다, 남의 것 탐내지 말고 내가 노력혀야지, 땀 흘려 받은 돈이 진정한 돈이지, 굴러온 돈들은 다 영양가 없다." 딸에게 항상 그렇게 말했시유. 소연이가 그렇게 되고 방 정리를 허는듸 상장이 많이 나왔시유. 그걸 정리허는듸 눈물이 얼매나 나오던지… 걸핏하면 눈물이 나왔어유. 팽목항에서도 너무 울어서 가족 분들이 울보아빠라고 놀렸어유. 다른 건 기억이 잘 안 나고 울었던 기억밖에 없구만요.

한번 소연이를 훌륭하게 키워보고 싶었어유

팔 수술하고 나서 동생이 알고는 힘든 일 허지 말고 자기 회사에 와서 같이 일허자고 했어유. 동생이 아파트나 중화요리집 냄새를 빼주는 송풍기 만드는 회사를 운영허고 있었시유. 그려서 지금 살고 있는 와동으로 이사오게 되었구요. 5~6명이 일하는 회사인듸 저는 거기서 용접허는 일을 했시유. 제가 장남인듸 부모님과 함께 농사를 지어야 혀서 학교를 거의 다니지 못했시유. 중학생 때부터 경운기를 몰고 그랬어유. 저는 다섯명이나 되는 동생들을 위해 돈을 벌어야 혔구만유.

소연이가 공부에 집중헐 수 있도록 집안일은 될 수 있으면 제가 다 허려고 노력했어유. 소연이 교복도 빨아주고 양말, 신발도 제가 직접 빨아주곤 했시유. 어렸을 때부터 제가 엄마 몫까지 다 허려구 옷도 깨끗이 입히고 다른 애들보다는 조금 더 좋은 옷을 입혔시유. 가끔 그걸 보신 어머니가 야단치실 정도루 옷을 여러벌 사주었구만유. 제가 좀 극성스런 아빠였시유. 소연이가 허고 싶다고 허면 피아노, 그림, 태권도 다 배우게 혔시유. 태권도로는 일본도 갔다 왔어유. 시합 하러유. 같은 반 부모님들이 부부가 키워도 그렇게 혀주기는 힘든듸 모자란 거 없이 혀주었다고 놀라기두 혀유. 근디 하루는 담임선생님이 면담을 허자고 혀서 갔더니 "아이가 학원을 한군데도 아니고 여러군데 다니면 힘들어서 죽어요" 하시더라구유. 딸 잘 키우려고 그렸는듸 선생님이 그렇게 말을 허더라고유. 딸이 그걸 싫다는 말을 안 허고 다 허니께 정말 딸이 원하는 줄 알았시유. 나중에 물어보니 자기도 허고 싶기는 혔다고 허더라구유. 그뒤로 학원을 한두개는 줄였어유.

밤 10시 반에 딸이 학원에서 와유. 그럼 소연이가 내린 데로 가서 기다리다가 같이 팔짱 끼고 온 적도 있어유. 배고프다고 허면 같이 뭐 먹으러 가고 시험이라 밤 새우는 날은 "아빠, 잠깐 바람 쐬러 나갔다오마" 하고 선부동 사거리에 있는 햄버거집에서 불고기버거를 사다가 주곤 했어유. 그럼 고맙다고 볼에 뽀뽀를 해주곤 했어유.

제1부 살아갈 날들을 위한 기록

소연이허고 함께혔던 기억밖에 떠오르지 않아유

소연이가 토요일만 되면 밖으로 나가자고 기다려요. 일하고 집에 와서 샤워하고 나오면 "아빠, 옷 입어", 그래유. 놀러가자고. 딸내미는 취미가 나랑 놀러다니는 거였어유.(웃음) 소래포구도 놀러가고, 인천에 가면 인스파월드라는 곳이 있어유. 연안부두 못 가서 있는 큰 수영장이요. 거기도 자주 갔어요. 딸은 거기서 수영을 허고. 강사헌테 직접 수영도 배웠시유. 저는 연안부두에 가서 회무침에 소주 한잔 허고. 금산횟집이라고 제가 잘 가는 곳이 있어유. 소주 몇잔 마시고 유람선을 타고 나면 술이 깨유. 둘이 만나서 집에 오고…

붕어찜도 자주 먹으러 다녔시유. 보통 애들은 안 좋아허는듸 소연이는 붕어찜을 좋아했어유. 무시라구(시래기) 넣고 조린 거유. 그걸로 밥 두공기를 먹어요. 그러고는 집에 와서 살찐다고 줄넘기를 얼마나 하던지. 먹었으니까 빼야 된대유.(웃음) 붕어찜을 제가 자주 사서 먹였어유. 여성들에게 좋다고 혀서. "아빠, 난 키가 왜 안 크지?" "밥 잘 먹으면 커." 딸이 자신의 키가 짜리몽땅하다고 생각했나봐유. 키가 어느새 커서 제 어깨에 닿았어유. 162센티미터쯤 되었어유. "키 많이 컸고만 안 컸다고 그려." "아빠, 나 더 커야 돼."

보쌈도 좋아혀서 가리봉 오거리에도 갔어유. 춘천옥이라는 식당이 있는듸 거기 자주 갔어유. 옛날에 독산동에서 직장생활을 한 적이 있거든유. 총각 때유. 데려갔더니 맛있다고 엄청 좋아했어유. 딸이 첫 생리 허던 날도 "소연아, 이제 너 어른 됐으께 아빠가 한턱 쏠게, 뭐 먹을겨?" 하니 "샤브샤브 하는 데 가요", 그려서 고기랑 해물 함께 나오는 샤브샤브 집 가서 맛있게 먹었시유. "소연아, 네 친구들은 다 생리헌다는듸 너는 왜 안 허냐." "그러게 아빠, 나는 아직 안 하네" 그러더니, 막상 생리를 혀서 "아빠, 나 생리대 사야 하는데 어떻게 해요" 하고 물어왔을 때는 당황스러워서 "소연아, 그런 건 몰러, 아빠는 몰러"라고 하게 되더라구유. 딸이 아빠는 다 아는 줄 알았나봐유. 선부동에 있는 홈플러스에 데리고 가서 종업원 아주머니에게 생리대 어떤 거 골라야 하는지 물어봤어유. 아주머니가 웃으면서 친절허게 알려주었시유. 가슴도 조금밖에 안 나왔는듸 브래지어를 사달라고 졸라댔시유. "야, 소연아, 아직은 안 혀두 돼. 좀더 커야 허지." "아빠, 그래도 난 여자야."(웃음) 속으로 아이고 우리 딸도 이제 다 컸구나 생각했시유. 식당을 다니다 보면 부부가 두 아이를 데리고 오순도순 밥 먹는 모습을 많이 봐요. "소연아, 저 모습 봐라. 아빠는 부러워 죽것다." "아빠 걱정하지 마. 내가 커서 다 돌봐줄게. 내가 자식 낳아서 아이들 데리고 오면 되지. 내가 옆에서 아빠 돌보면서 그렇게 해줄게." 가끔씩 소연이가 이런 이야기를 했시유. "시집 가더라도 아빠 같은 사람 만나야 하는데 만나질까 모르겠어." "아빠 같은 사람 어디 있냐. 아빠는 대한민국에서 단 한 사람 만날까 말까여."

울산 정자항에 간 적도 있었어유. 예전에 거기서 내가 물차를 운전헌 적이 있었어유. 활어차라고 살아 있는 생선 실어나르는 차요. 그때는 딸내미랑 어머니랑 함께 갔어유. 친구들이 놀러오라고 혀서 갔어유. 좋으면 거기로 이사허려고 했어유. 근디 소연이가 싫어했어유. 거기 가면 또 새로 친구 사귀어야 된다고. 그려서 안 갔시유.

노래방도 자주 함께 갔어유. 소연이가 노래도 참 잘했시유. 신세대 노래도 잘허지만 트로트를 아주 잘 불렀시유. 특별히 장윤정 노래를 잘 불렀시유. 〈어머나〉〈꽃〉 같은 거유. 못하는 게 없었시유. 만능이

제1부 살아갈 날들을 위한 기록

었어유. 딸이 어렸을 적엔 말도 없고 숫기도 없었시유. 근디 커서는 성격이 완전히 바뀌어서 활달하고 밝았시유. 제수씨가 "아주버니, 소연이 참 잘 키우셨어요" 그러더라구유. 제수씨는 동생 공장에서 사무 일을 보고 있어유. 소연이가 잘못 됐을 때 제수씨와 동생들이 저보담 더 울었시유.

제가 예전에는 핸드폰이 폴더폰이었어유. 문자도 헐 줄 몰랐시유. 다 소연이가 해줬어유. "소연아, 이것 좀 혀줘" 그러면 1분도 안 돼서 바로 혀줬어유. 그러니 배울 필요가 없었어유. "아빠, 아빠는 스마트 폰 사지 마. 아빠는 그거 익히려면 일주일은 공부해야 해." 그래서 안 샀시유. 소연이가 있었으니 살 필요가 없었던 거지유. 지금은 스마트 폰을 쓰고 있어유. 10년은 더 쓰려고 혔는듸 작동이 안 돼서 허는 수 없이 며칠 전에 바꿨어유. 마음은 바꾸고 싶지 않았어유. 소연이허고 있었던 일들이 다 그 핸드폰 속에 있는 거잖어유. 또 일요일이면 소연이랑 한부모 가정집에 가서 도배도 혀주고 집 짓는 일이 있으면 도와주고 그랬시유. 아는 목사님이 매번 전화혀서 "주일에 뭐해요?" 허고 물어봐유. 별일 없다고 하면 일 도와달라고 부탁혀유. 그러면 소연이랑 가서 도와주곤 했시유.

소연이허고 참 재미나게 살았어유. 소연이만 보면 모든 피로가 다 풀렸어유. 힘들다가도 딸내미만 보면 정말 살맛이 났어요. 아, 근듸 이렇게 살아보지도 못하고 갔으니 딸 생각만 하면 미치겠어유. 앞으로 어떻게 살아갈지…

소연이 장례식 끝나고 바로 죽어버리고 싶었어유. 한밤중에 24시간 편의점에 가서 소주 대여섯병을 마시고 정신을 잃어버린 적도 있어유. 길바닥에서 자고 있으면 119 구급차가 와서 실어다주고, 다시 또 실어다주고 그랬어유. 그런 적이 몇번 있었어요, 살 의욕이 없었어유. 앞으로 어떻게 살아갈지 대책이 없어유. 머리에 떠오르는 게 아무것도 없어유.

'아, 이러다간 안 되겠다' 혀서 분향소에 나가기 시작했어유. 가족들하고 같이 있으니까 마음이 편하고 좋더라고유. 내가 열심히 해줘야 딸내미가 우환이 좀 줄 것 아녀유. 지도 그렇게 가서 얼마나 억울허겠시유. 거기다가 아빠까지 맨날 술먹고 길거리에 누워 있으면 딸이 걱정이 많을 것 같아유. 어떻게 누가 죽었는지 알게 해줘야지, 그걸 못하면 아빠 자격이 없는 것 같아서 열심히 하고 있어유.

일이 다 해결되고 함께했던 분들이
집으로 뿔뿔이 흩어지면 저는 어떻게 살까

4월 16일 오전 9시 50분에 일하다가 소연이와 통화했어유. "아빠, 뭐해요?" "일하지 뭐허냐." "아빠, 나 데려가주면 안 돼요?" "어딘데 아빠가 가냐." "여기 어딘지 모르겠는데 배에 물이 들어와요." "소연아, 니 옆에 누구 있는데?" "담임선생님 있어요." "선생님이 뭐라구 허서?" "구명조끼 입으라 했어요." "그럼, 선생님 말씀에 잘 따라." 담임선생님이 어른이어서 저는 판단을 잘 허실거라고 믿었어유. 왜 하필 그때 담임선생님 말씀을 들어라고 혔던가. 그것 때문에 마음이 괴로웠어유. 선생님 말씀 듣지 말고 그냥 밖으로 뛰쳐오라고 혔으면 살았을 텐데. 우리나라가 후진국이 아니니까 구명조끼 입고 바다에 떠있으면 구해줄거라 생각했시유. 왜 선생님은 배가 뒤집어질 판인데 뛰쳐나가란 말을 안 혔을까요. 내가 내 자식을 죽였어유. 그 생각을 하면 마음이 괴롭고 눈물이 나유. 아빠가 판단을 잘못해갖고 애를 죽인 것 같아…(울음)

제가 가장 궁금한 건 '우리 애를 살릴 수 있었는데 왜 못 살렸나' 그거예요. 선장이 빠져나올 때 애들을 나오라고만 혔어도 다 살았는 디. 왜 그런 말을 안 혀서 죽였는지… 내일모레면 5개월이 다 돼가잖 어유. 뭐 이런 나라가 다 있어유. 힘이 있으면 바로 감방 보내잖아유. 빽 있으면 시민들을 갖고 놀려고 하고. 가끔 집에 들어가 있으면 술 생각밖에 안 나유. 술만 먹어유.

(트라우마)상담 같은 건 한번도 안 혀봤어유. 딸은 죽어서 이 세상 에 없는디 내가 살것다고 그런 걸 받는다는 걸 받아들일 수 없어유. 지금도 뒤따라갈 마음밖에는 없는디… 제가 사는 동네에 치킨 파는 술집이 하나 있어유. 그 가게 주인이 저를 많이 위로혀줬어요. 한창 힘들 때 제 말을 많이 들어주었어유. 이해혀주고 받아주고 감싸주고 말동무를 혀주었어유. 병원에 실려가고 그럴 때. 나를 많이 안정되게 혀주었구만유. 그 양반보고 제가 생명의 은인이라고 했어유. 아, 내 가 그분 덕분에 살고 있구나. 고마우신 분이여유. 일이 잘 마무리되 면 술 한잔 사고 싶어유. 좋은 이웃이에유. (불행하게도 그 치킨 집은 얼마 전에 경제적 어려움으로 문을 닫았다. 그 아저씨는 자신도 힘든 상황이었는데 소연이 아버지를 보살펴준 것이다.) 제가 딸이 그렇게 되고 난 후 동네에 미친 듯이 돌아댕겼나봐유. 하루는 족발집을 들어 갔는디 주인장이 알은척을 허면서 저를 보고 눈물을 흘리더라구유. 어떻게 아시냐니께 그 전날 밤에 술에 취해서 오셨는데 엄청 울다가 갔다고 그러더라구유. 그러면서 위로를 많이 해주더라구유. 힘내서

사시라구유.

술 한잔 들어가면 딸이 더 생각나유. 마음이 정말 괴로워유. 별게 다 생각나요. 수학여행 가기 전에 제가 딸에게 100만원을 줬시유. 그랬더니 소연이가 그러더라고유. "아빠, 이건 주부에게 살림하라고 주는 돈이지 학생이 받을 돈이 아니에요." "소연아, 수학여행 가서 친구들하고 맛있는 거두 사먹구. 작은 아버지, 작은 엄마 선물도 사오구. 니 용돈도 하구…" 마음이 그렇게 주고 싶었어유. 모르겠어요. 제가 왜 그랬는지. 이렇게 마지막이 되려고 그랬나벼유.(울음) 딸이 그래유. "아빠, 돈을 아껴야지. 나 대학 가려면 등록금이랑 많이 들잖아요. 이렇게 쓰면 저 대학 못 가요." 나중에 딸 물건 정리하면서 서랍을 열어보니 조금밖에 안 가져가고 그대로 있더라구유. 그걸 보고 무지 울었어유. 다 가져가지. 그 돈을 다 태워주었어유. 딸 장례식 때 초등학교 5학년 때 담임선생님이 오셔서 엄청 우셨어유. 나를 붙잡고. 아까운 인재 한명 보냈다고. 선생님 남자친구도 함께 왔더라구유.

제가 걱정인 건… 일이 다 해결되고 함께했던 분들이 집으로 뿔뿔이 흩어지면 저는 어떻게 살까 하는 생각이 들어유. 여기 와서 그려도 히히덕거리고 웃고 있지만 다 해결된 다음에는 어떻게 이겨낼지 걱정이 돼유. 지금도 술기운에 사는데… 제가 앞으로 살 계획을 소연이허고 함께허것다고 꿈꿨는듸 이제 모든 게 사라져버린 것 같어유. 이제 앞으로 어떻게 살지, 아무런 의미도 없고, 깜깜혀유.

그려도 부모님들과 함께 있으면 마음이 편하고 좋아요. 같이 아픈 사람들이잖아유. 이해심도 많고… 며칠 전에는 능곡의 참붕어찜집으로 3반 부모님들 모시고 갔다왔시유. 한 열다섯분 정도 함께 갔시유. 제가 한턱 쐈시유. 함께 그렇게 만나니 좋더라구유. 반 부모님들은 형제 같은 느낌이 들어유. 내가 어떻게 살아온지 알기 때문에 이해도 많이 혀주셔유. 특히 김도언 어머니, 정예진 아버지, 유혜원 아버지가 잘해줘유. 혜원이 아버지는 저희 반 반장인디 한번은 저에게 그러더라구유. "일 다 마무리되면 시골 같은 곳에 내려가서 마음 맞는 사람끼리 집 짓고 같이 살자"구유. 그런 말 혀주면 정말 고맙지유.

진도도 자주 가유. 한번 가면 15일 이상씩 머물러유. 거기에 저희 반 황지현 부모가 있는디 애가 아직도 안 나왔시유(황지현 학생은 10월 29일 인양되어 11월 1일 평택 서호추모공원에 안장되었다. 소연 아버지도 검은 양복과 넥타이를 매고 끝까지 장례식을 함께했다). 그 부모님과 많은 이야기를 나눴시유. 지현이는 우리 소연이처럼 외동딸이었어유. 마음이 더 많이 통했지유. 그 어머니, 아버지도 어떻게 살아가실지 걱정되네유. 맴이 저처럼 텅텅 비었을 것 아녀유. 진도에 계신 분들을 생각혀서라두 실종자들이 얼릉 나왔으면 혀유.

요즘 가끔 소연이 아버지를 동네(와동)에서 만난다. 아버지와 함께 식당에서 해장국도 함께 먹고 소연이가 살았던 집에도 갔다. 소연이 방에는 어렸을 적 사진이 있다. 소연이는 참 여리고 선하게 생겼다. 아버지는 나에게 소연이의 영상이 담긴 휴대 저장장치 세개를 주었다. 그리고 소연이가 일주일에 두번씩 들르던 수제 빵집, 종종 배달시킨 치킨 집 등을 차례로 알려준다. 참붕어찜집에도 데려가 맛있는 붕어찜도 사주었다. 아버지는 소연이도 밥 두공기씩 먹었다며 밥 한공기를 더 시켜준다. 딸과 좋았던 시간이 그리운 것이다. 소연이 아버지는 동생 회사에 일이 많아 바쁠 때는 그곳에 가서 가끔 일을 도와주기도 하면서 시간이 빨리 흐르기를 바라고 있다.

_작가기록단 **김순천**

기억하는
사람들,
기록하는
사람들

엄마하고 나하고는
연결되어 있잖아,
그래서 아픈 거야

2학년 6반 신호성 학생의 어머니 정부자 씨 이야기

: 인터뷰는 11월 19일 정부자 씨의 안산 고잔동 자택에서 이루어졌다. 세월호 수색작업이 중단되고 정부가 팽목항에서 사고대책본부를 철수하겠다는 입장을 밝힌 직후였으며 참사 218일째가 되던 날이었다. 고잔역에서 걸어 그의 집으로 가던 길, 단풍으로 곱게 물든 가로수들 사이에는 세 계절을 견디며 색이 바랜 노란 현수막과 리본들이 매달려 있었다.

  "저를 어떻게 아셨어요?" 그는 생면부지의 작가들이 자신을 인터뷰하러 온 것에 대해 신기하다는 듯 물었다. 그의 표현을 빌리자면 자신은 '뒤에서 분리수거나 하고 고마운 손님들이 오면 눈물이나 흘리며 따라다니는' 사람인데 말이다. 그러나 가끔 마이크를 잡거나 감정을 터뜨리는 순간의 그를 본 사람들은 그에게서 풍겨져나오는 강한 에너지에 깊은 인상을 받았다고 했다. 나는 그런 이들에게서 그를 소개받은 것이었다.

  호성이의 방은 따뜻하고 단정했다. 아이를 좋은 곳에 보내준다는 말을 듣고 어머니는 아이의 물건들을 다 태웠으나 아이가 좋아했던 책과 직접 쓴 시만은 남겨두었다. 국어선생님이 꿈인 아이였다. 늘 엄마부터 걱정하던 다정한 아들과 이불 덮고 도란도란 이야기 나누었던 방에서 그가 낯선 사람에게 아이의 이야기를 풀어놓게 하는 이 상황이 미안했다.

인터뷰를 하는 도중 그는 여러번 크게 통곡했다. 온 집안에 그의 울음소리가 가득했다. 가슴이 쪼그라들 것 같이 아프다는 그의 슬픔이 전해져 한참을 함께 울었다. 그는 증오와 분노, 그리움과 결연함을 넘나들며 감정을 완전히 터뜨렸다가도 다시금 가다듬기를 반복했다. 그가 이 끔찍한 비극에 맞서 어떻게 싸우고 있는지, 그 대단하고 고통스러운 에너지가 고스란히 느껴졌다. 그것을 제대로 표현할 능력이 없어서 그에게 또 한번 미안하다.

그는 요즘 참사의 진실을 알리기 위해 간담회에 다니고 있다. 그것은 억울하게 떠나보낸 아들에 대한 의리이자 스스로 하는 치유이며, 너무 많은 진실을 알아버린 한 인간의 저항이다. 겨울이 지나면 유가족을 불러주는 이런 자리마저도 사라져버릴 것 같아 조바심이 난다는 호성이 어머니. 그는 오늘도 분향소를 찾아주는 고마운 사람들을 보고 눈물을 훔치며 커피를 타고 분리수거를 하고 있을 것이다.

우리 아들은 자기 존재에 대해서 자주 물었어요. "엄마는 날 어떻게 생각해? 내가 없었으면 어땠을 거 같아?" 그러면 내가 "우리 아들은 공기야. 엄마가 숨을 쉴 수 있는 공기. 아들 없으면 나는 못 살 거 같아" 그랬어요. 애 아빠가 욱하는 성질이 있어서 내가 "네 아빠랑 안 만났어야 했어" 하면 호성이가 "그럼 내가 어떻게 태어나?" 하고, 나는 또 "넌 그래도 내 아들로 태어났을 거야"라고 하고. 자기가 아플 때 엄마도 감기 기운이 있으면 그래요. "엄마하고 나하고는 연결되어 있잖아. 그래서 아픈 거야."

4월 16일 그날 아침에도 애가 떠나는 날이라 그랬는지 왜 그렇게 눈물이 났는지 모르겠어요. 일어났을 때부터 몸이 가라앉고 '호성이가 없으면 어떻게 살지?' 하는 생각이 자꾸 났어요. 이상했어요. 반월 공단에 있는 구내식당에서 일을 하는데 출근하느라 버스를 타고 가는 길에도 계속 눈물이 나. 아침에 TV도 안 틀어봤고 아직 사고 소식도 못 들었을 때인데.

호성이한테 전화를 해도 안 받더라고요. 내가 작년에 애 아빠하고 그 배를 타봤거든요. 세월호의 쌍둥이 배라는 오하마나호요. 그때도 전화가 잘 안 터지더라고요. 원래 그런가보다 했죠. 그런데 이상하리만치 머릿속에서 그 생각이 떠나질 않았어요. '애가 없으면 어떻게 살지?' 출근해서 요리를 하면서도 눈물을 뚝뚝 흘렸어요. 그런 생각은 평소에는 무서워서 하지도 못하죠. 그런데 다른 생각을 해도 그 상상이 잊히질 않았어요.

전날도 좀 희한했어요. 아빠가 TV를 보고 있으니까 호성이가 난데없이 가서 끌어안아요. "아빠 갈게. 아빠 사랑해" 하면서. 제 아빠가 건성건성 "그래, 그래" 하니까 "아들이 가는데 아빠가 뭐 그래?" 애가 그러는 거야. 아빠가 퉁명스럽게 "야, 좋은 데 놀러가면서 왜 그래? 너 안 올 거야?" 그랬어요. 호성이가 다시 "사랑한다고요. 엄마랑 아빠랑 둘이 제발 싸우지 말고 잘 지내요" 하니까 아빠도 "알았어, 알았어", 농담 식으로 이야기했죠.

호성이는 다정다감해서 아빠가 술 먹고 들어오면 이불도 깔아주고 그랬어요. 제 엄마 힘들까봐, 자기가 뭐라도 도와줘야 한다고 생각하는 그런 애예요. 아빠가 회사 다녀오면 나랑 대화하길 좋아해요. 한시간이고 두시간이고 종알종알. 어떤 때는 피곤하다고 그만 자라고 해도 그게 낙인 사람이야. 그런데 애가 보기에는 엄마가 얼마나 피곤할까 싶었나봐요. '우리 엄마도 쉬어야 하는데.' 제 아빠가 자니까 이불 깔아주면서 그래요. "엄마, 드라마 보면서 쉬어." 내가 "아니야, 너 공부하는 데 방해되잖아" 그랬더니 "아니야, 엄마 쉬어. 아빠 일어나면 엄마랑 또 얘기하고 싶어해. 그러니까 지금은 쉬어" 했어요.

우리 아들은 부모한테 오히려 양보하는 애였어요. 애 아빠가 막내예요. 마마보이였다가 마누라보이가 됐어. 애들이 아니라 자기만 바라봐달라는. 호성이랑 내가 방에서 얘기하고 있으면 문 열어보면서 "둘이 무슨 얘기해?" 그러는 스타일. 그럼 호성이는 "엄마, 아빠한테 가" 그러는 스타일.

애는 몇 시간만 어딜 갔다 오더라도 "엄마, 아들 보고 싶으면 어떡할라고?" 그래요. 그날도 "3박 4일인데 아들 보고 싶어서 어떡할라고?" 그래서 나는 "응, 통화 자주 하면 되지. 우리 아들 초등학교 때도 못 가고 중학교 때도 못 갔는데 이때라도 꼭 가야지. 엄마가 보고 싶어도 참아야지. 아들, 좋겠다", 엉덩이 두드리면서 그랬어요. "엄마, 근데 선물은 못 사오겠어. 사올 만한 게 없겠더라고" 그러길래, 내가 "괜찮아, 사오지 마. 너 사고 싶은 거 사. 근데 3만원으로 되겠어?" 했더니 된다는 거예요. 자기는 과자도 안 좋아하니까. 그런데 또 "다른 애들은 몇십만원씩 가져가더라" 그러더라고요. "그래? 엄마가 지금은 돈이 없는데 내일 찾아서 더 줄게. 내일 중간에서 만나자" 그랬어요.

아침에 아들한테 "이따 보자" 했더니 "아니야, 그냥 돼요. 혹시 더 필요하면 친구들한테 빌려서 쓰면 되니까" 그래서 상황 봐서 전화하자 그러고 보냈어요. 3시 반쯤에 내가 계속 문자를 보냈어요. "아들, 어디서 볼까?" "엄마, 오지 마세요." 그러다가 저도 안 되겠는지 "그럼 음료수 갖고 오실래요? 죄송해요" 그래요. 음료수를 빼먹고 갔더라고요. 그래서 내가 돈 3만원하고, 음료수하고 들고 갔어요.

그런데 그놈의 새끼가 오히려 나한테 2만원을 주는 거예요. "엄마, 돈 갖고 가봤자 잃어버려. 잃어버리면 잃어버린 사람 잘못이래. 엄마, 빨리 가야 돼. 4시에 차 떠난대." 손잡고 잠깐 걸었는데 거기서도 볼에다 뽀뽀해주고 끌어안아주면서 "엄마, 아픈데 오라고 해서 미안해" 그랬어요. "나 수학여행 간다고 돈 많이 썼지?" 자기는 이것만 있으면 된다고, 이거 갖고 엄마 맛있는 거 사먹으라고. 그러고 보냈는데…

그때까지만 해도 우리가 세상을 알았나요

16일 아침에 출근해서 일하다가 전화를 받았어요. 단원고 애들이 탄 배가 가라앉고 있다고. 그때부터 떨리기 시작해서 머릿속이 하얗게 됐어요. 애 아빠는 "걱정하지 마. 우리도 그 배 타봤잖아. 그 배보다 좀 더 크대. 그 큰 배가 그렇게 쉽게 가라앉을 리 없어. 대한민국이 선박 수출하는 나란데 이 정도로 끄떡없어" 그러면서 나를 진정시켰어요.

학교 갔더니 교실에는 엄마들이 울고 있고 강당에서는 몇몇 사람들이 소리를 지르고 있었어요. 다 학부모들이니까 우왕좌왕하고 누구한테 물어볼 데도 없었어요. 마이크 들고 얘기하시는 분이 있길래 그 소리에만 귀 기울였어요. 그분이 얘기하시기를 "애들부터 조끼를 다 입었고요. 학생들부터 구조하고 있답니다". 좀 이따가 TV 자막이 떴어요. "전원구조." 그때 부모들은 박수를 치면서 "그럼, 그럼, 우리나라가 어떤 나란데. 배 만들어서 수출하는 나란데. 감사합니다. 감사합니다" 그랬어요. 그 배가 일본에서 가져온 낡은 배인지도 모르고.

12시부터 진도 가는 버스를 운행한다길래 애 아빠랑 집에 가서 옷을 갈아입고 애 입힐 옷을 가방에 챙겼어요. 그땐 몰랐는데 둘 다 이상하게 검은 옷만 찾았어요. 입고 나갔더니 둘 다 시커먼 옷을 입고 있더라고요. 버스 타고 내려가다가 중간에 사망자가 한명 나왔다는 소식이 났어요. 어떤 분이 "아무개 엄마 있어요?" 해서 누가 손을 드니까 "애가 갔나봐요…" 그래요. 그때 다른 부모들도 소리를 지르면서 울기 시작했어요. 사망한 아이 부모는 거기서 바로 내리고 우린 다섯시간 걸쳐서 진도체육관에 도착했어요. 명단부터 봤는데 호성이 이름이 없더라고요. 손가락을 대보면서 다 찾아봤는데.

거기서 또 차를 준비해달라고 해서 팽목항으로 갔어요. 저녁 7시쯤에 몇몇 부모들이 돈을 걷어서 어선을 빌렸어요. 그때 가서 봤을 때는 배가 그렇게 가라앉지는 않았었나 봐요. 애 아빠가 다녀와서는 "구조를 전혀 안 해. 보트 같은 것만 주변을 돌고 있어. 그런데 배 안에 공기가 있으면 애들이 살았을 거 같아. 희망을 가져보자" 그러더라고요. 그때부터는 애한테 기도만 했죠. 살아만 있어달라고. 힘들어도 조금만 견뎌달라고.

그날 새벽 3시에 나도 배를 타고 나가봤어요. 그런데 그때는 거의 다 가라앉고 배 아랫부분만 보이는 상태였어요. '과연 저기에 물이 안 들어갔을까?' 배 아래에 동그란 구멍 같은 게 보였어요. '저거라도 희망을 가져야 되나?' 그때 세월호 쪽에서 네명 정도 탄 보트가 한 대 오더니 내가 탄 배 선장하고 이야기를 하더라고요. 내가 그분들한테 "배 안이 보여요?"라고 물었는데 대답을 안 해요. "애들한테 구해달라고 자꾸 문자가 온대요. 물속에서도 신호가 가나요?" 그분이 또 대답을 안 해요. 배가 흔들리니까 내가 그쪽으로 기어가다시피해서 "그러면… 물이… 찼어요?" 그랬더니 그분이 고개를 끄덕거려요. 그때부터는 '이게 뭐지?' 싶었어요. 그래도 객실에는 공기가 남아 있을 거라고 하니까, 높은 사람들이 그렇게 말하니까 기도했죠. '아들, 제발 살아 있어줘.'

이틀을 팽목항에서 밤낮없이 지내다가 잠을 자려고 진도체육관에 가봤더니 이미 사람들이 꽉 차 있어서 자리가 없었어요. 2층 관람석에 이불을 얻어서 일자로 누웠어요. 아래를 쳐다보니까 엄마들은 통곡하고, 아빠들은 벌떡 일어서서 뭘 집어던지고 소리소리 지르고, 내 옆에는 양복 입은 이상한 아저씨들이 쫙 깔려 있었어요.

18일에 배 타고 가봤는데 파도가 서서히 치기 시작했어요. 애 아빠는 자기가 첫날 저녁에 봤을 때 배 모습하고 다르니까 울더라고요.

아빠가 애 입힌다고 옷 넣은 배낭을 항상 들고 다녔는데 배에 사람이 하도 많고 우왕좌왕하다 보니까 그때 배낭을 놓고 내려버렸어요. 팽목항에서 그 배를 찾으려고 돌아다녀봤는데 결국 못 찾았어요. 담배 피우면서 애 아빠가 그러더라고요. "이놈의 새끼가 갔나봐… 추워서 옷을 입었나봐… 진짜 갔나봐…"

대통령이 다녀간 후에 체육관에 TV가 설치됐어요. 그때부터 뉴스를 봤어요. 그런데 우리가 상상할 수 없는 이상한 뉴스가 나오더라고요. 여기 일이 전혀 안 나가고 있었던 거예요. 우리는 온 국민이 들고 일어나서 '이게 무슨 일인가' 그럴 줄 알았어요. 그런데 그게 아니었던 거예요. 우리의 세계에 우리만 빠져 있고 우리만 동동거리고 있었어요. 텔레비전에서는 대한민국의 유능한 인력은 이곳에 다 투입된 것처럼 말했어요. 그게 아닌데, 그게 아닌데, 바다에 나가보면 그 넓은 바다가 텅 비어 있는데. 그러니까 부모들이 그렇게 소리를 지르고 욕을 했죠. 그런데 그런 건 또 방송에 나가더라고요. 부모들이 제정신이 아니라고. 그래서 우리가 방송사들 다 나가라고 했잖아요. 그때까지만 해도 우리가 세상을 알았나요? 애 키우고 맞벌이하고 내 가정만 챙기면 될 줄 알았지. 나라에 해경 있고 경찰이 있는데 그 사람들이 다 알아서 해주겠지 하고 살았지. 이런 세상인지 몰랐죠.

그러다가 처음으로 배 안으로 진입해서 시신을 수습했다던 날이었어요. 그날 낮에 나는 체육관에 앉아서 세월호가 떠 있는 화면만 바라보고 있었어요. 배 아래 그 동그란 구멍이 창문인 줄 알고 '저거라도 있어서 빛이 들어갈까? 애들이 시커먼 바닷속에서 그 빛을 보고 희망이라도 가질까?' 생각했어요. 그때가 대통령이 왔다간 후에 배에다 공기를 넣는다고 할 때였어요. 그런데 그날 내 눈앞에서 그

제2부 기억하는 사람들, 기록하는 사람들

구멍이 한순간에 물속으로 빠져버렸어요. 다른 사람들은 그걸 못 봤나봐요. 나는 그때 우리 애 죽는다고 통곡을 했어요. "안 돼! 저건 아니야! 왜 배가 가라앉아? 우리 애 정말 가버렸나봐. 살아 있으라고 그렇게 기도했는데 우리 애 정말 가버렸어, 가라앉아버렸어. 저건 아닌데, 저건 아닌데…" 그런데 옆에 있는 엄마들은 아직도 구해줄 거라고 믿는 눈치예요. 나는 그게 아닌 거 같은데.

그날 저녁에 시신이 올라왔어요. 어떤 사람이 "배 안에서 데려온 거예요?" 물으니까 처음에는 밖에서 데려왔다고 했다가 나중에는 다시 안에서 데려왔대요. 그때 내가 물을 먹다 말고, 죽인다고 쫓아가서 "뭐? 안에서 데려왔어? 안에 들어가니까 살아 있는 애들은 없어서 죽은 애들만 데려왔어?" 그랬더니 아무 소리도 안 해요. 그때부터 미친 듯이 욕을 하기 시작했어요. 미친 새끼, 개새끼, 온갖 상스러운 욕은 다 했어요. "이 개떡 같은 나라, 다 망해버려라! 너희들, 애들 다 죽여서 건지려고 그랬지? 내가 가만 보니 그러네! 어정쩡하게 살려놨다가는 애들이 이 나라 다 헤집고 돌아다닐 거 같으니까 다 죽여서 건지려고 물에 풍덩 빠뜨렸지!" 하면서 소리를 질렀어요. "나는 열심히 일해서 세금 낸 죄밖에 없어. 그런데 내 자식을 왜 저렇게 만들었어! 구해달라고 그렇게 애원했는데! 안에서 건져왔다고? 그 안에 살아 있는 애 없어? 공기 넣겠다더니 풍덩 가라앉혀버렸네! 이젠 다 죽이네!"

나는 이런 나라인 줄 정말 몰랐거든요. 대통령이 애도 없이 혼자 사니까 욕심 없이 똑바로 해줄 줄 알았는데 그 사람이 왔다가고 나서는 뭐가 더 이상했어요. 배를 가라앉혀놓고는 애들을 건져왔대요. 이 더러운 나라, 이 더러운 나라, 이 더러운 나라… 이런 나라에서 그렇게 아등바등 하고 살았나…

드러누워도 눈물이 나고 서 있어도 눈물이 나고

배가 물에 빠진 걸 본 후에는 '차라리 그 무서움을 안 당하고 빨리 갔으면 나았겠다' 하는 마음이 들었어요. 엄마 욕심에는 살아 있어달라 그러지만 그 무서움 다 겪고, 제 친구들 죽어 있는 모습 보면 견디기 힘들었을 텐데 차라리 빨리 가는 게 나았을까. 애 아빠가 "우리 버스 타고 내려올 때 (첫번째 희생자인) 그 애가 우리 호성이였으면…" 하더라고요. 기다리는 게 너무 힘들다고. 그땐 재수 없는 소리 하지 말라고 했는데 서서히 그 말이 어떤 말인지 다가오는 거예요. 이게… 미치겠는 거야. 미치겠는 거야… 드러누워도 눈물이 나고 서 있어도 눈물이 나고. 부모들은 새벽이면 곡을 했어요. 낮에는 여기저기 돌아다니다가 밤에 돌아오면 여기저기서 이상한 곡소리가 들렸어요.

잠이 안 오니까 의자에 가만히 앉아 있는데 그때 알았어요. 그 이상한 아저씨들이 사복 경찰들이라는 걸. 검정 무전기에 자기 핸드폰 하나씩 갖고 하루에 3교대를 하더라고요. 밤에는 잠을 안 자고 아침엔 사라지고, 그러다가 저녁에 또 나타나고. 처음에는 가족들인 줄 알고 "좀 주무세요. 힘들어요. 근데 엄마는 어디 있어요?" 그랬는데 며칠이 지나니까 애 아빠가 "경찰이야, 말조심 해야 될 것 같아" 그러더라고요.

정부 관계자들은 어떻게 했으면 좋겠는지 그 방법을 부모들한테 물었어요. 부모들이 여기저기 알아보고 이렇게 해달라, 저런 게 좋다더라, '다이빙벨'이라는 게 있는데 그게 물속에 들어가면 작업하기 괜찮다더라, 그러면 그 사람들은 '알았다' 그래놓고 나중에 잘 안 되면 그 책임을 우리한테 물었어요. 부모들 원하는 대로 했는데 결과가 안 좋았다, 시간만 끌었다, 그러면서. 그땐 우리가 기가 죽어요. 다른 방법을 찾아서 또 해달라 그러면 물살이 세서 안 된다, 시간이 걸려서 안 된다, 또 뭐 때문에 안 된다… 그러니까 부모들은 자꾸 떼쓰는 사람밖에 안 되잖아요. 소리 지르다가 나중에는 애원을 했어요. "제발… 제발 좀 해주세요…"

객실 배치도를 보니까 호성이가 있었던 방이 하필 또 침대방이었어요. 배가 거꾸로 뒤집혔기 때문에 침대방은 침대랑 매트리스가 쏠려서 문을 막아버리니까 수색하기 어렵다더라고요. 그 얘기를 들으니까 이젠 애 시신도 못 찾을까봐 불안했어요. 그때부터는 바다에 가서 사과랑 바나나 같은 걸 던져줬어요. 그것도 못하게 하니까 누가 볼까봐 호주머니에 몰래 넣어가서는 던지면서 "아들, 빨리 와…" 그러고.

밤새도록 염주를 돌렸던 거 같아요. "관세음보살, 관세음보살" 하면서. 입이 마르고 입에서 하얀 게 나오니까 애 아빠가 "그만해" 그러는데도. 부처님 찾다가, 하나님 찾다가, 바다 신 찾다가. 신이란 신은 다 찾은 거 같아요. "이 엄마를 불쌍히 여기시고 우리 애만 돌려주세요. 저는 바다를 보고는 살 수가 없어요. 앞으로 착하게 살게요. 제발 돌려주세요." 진짜 무서웠어요. 호성이 못 찾아서 맨날 바다만 쳐다보고 울까봐. 그런데 애가 200번째가 되도록 안 나오는 거예요.

100번째까지는 애들을 봤어요. 혹시나 우리 애일까 싶어서. 다들 어쩜 그렇게 훤칠하고 잘 생겼는지. 남의 자식들이지만 "잘 가라, 잘 가라" 인사해주고. 어떤 아빠는 죽은 자식 앞에 두고 넋을 놓고 웃더라고요. "얘가 내 자식이에요. 제 엄마 먼저 보내고 나 혼자 저 하나 보고 살았는데 내 자식이 이렇게 됐어요" 하면서. 그 아빠 손 붙잡고 한참 울었어요.

그런데 애들이 점점 상하니까 무섭더라고요. 어떤 애는 입이 벌어져 있고 어떤 애는 눈이 반쯤 열려서 흰자만 보이고. 한 애는 손이 한마디가 없어. 구명조끼 입은 애들, 배낭 메고 있는 애들, 신발 없는 애들, 다리를 구부린 채로 펴지도 못하고 있는 아이… 초기에는 눈하고 입 주위만 시커멓더니 점점 얼굴 전체가 시커매지고. 거길 계속 들락거렸더니 약품 냄새가 머릿속에 계속 맴돌았어요. 그 냄새가 아주 특이하더라고요. 진도체육관으로 돌아와서도 그 냄새에 사로잡혀 있었어요. "아들아, 엄마 여기 싫어…"

나는 잠을 자는 게 되게 좋았어요. 잠깐 잠을 자면 우리 아들이 꿈에서 환하게 웃고 있어. 친구들하고 같이 있는데 자기네들끼리 시끌시끌해. 여자친구하고 사과를 먹다가 여자친구가 사과를 달라고 하니까 우리 호성이가 쑥쓸한 미소를 지으면서 건네주는 그런 꿈. 그러면 나는 또 사과를 갖다 바다에 던져주고. 체육관에 드러누워 있으면 뭔지 모르게 묵직한 느낌이 들어요. 누가 옆에 있는 것 같은 그런 느낌. 그러면 나도 모르게 울면서 혼잣말을 해요. "아들, 옆에 와 있니? 우리 아들 끌어안았을 때 같은 느낌이 드네."

이건 꿈이야

5월 1일에 드디어 그 방을 수색했어요. 6반 애들이 우르르 나왔어요. 그런데 호성이는 없는 거예요. 우리 반 엄마들은 애 찾았다고 옷 챙겨 입고 떠났어요. 진도체육관 위에는 헬기가 계속 떴어요. 나는 그거 보면서 "아, 부럽다. 아들, 이제 엄마 혼자 남아. 엄마도 헬기 타고 집에 가고 싶어" 그랬어요.

그런데 5월 2일에 왠지 모르게 집에서 가져갔던 그 옷이 입고 싶은 거예요. 목욕을 하고 옷을 싹 갈아입었어요. 우리 반 엄마들이 팽목항에 가서 수속을 밟는다길래 나도 따라갔어요. 축하한다고 말해주고 "언니 잘 가" "호성이도 곧 나올 거야" 인사하고. 진도체육관으로 돌아왔는데 12시쯤 전화가 왔어요. "신호성 어머니시죠? 애가 나온 거 같아요. DNA가 맞아요." 그때부터 화가 치밀어올랐어요.

시신이 올라오면 사진을 찍어서 보여줬거든요. 애 아빠가 그걸 보고 왔었어요. 그 전날도 인상착의가 나오는 화면을 보면서 내가 "어? 우리 애 저런 옷 있었는데?" 그랬더니 아빠가 "아니야, 안에 입은 게 소데나시(민소매)라잖아", 나는 "그래도 저런 가디건이 있었는데…" 했어요. 그러니까 옷 몸통하고 팔 부분 색깔이 다른 옷 있잖아요. 그걸 소데나시라고 써놓았던 거예요. 우리 애는 겨드랑이 털 보이는 걸 싫어해서 나시를 안 입었거든요. 아빠가 "호성이한테 소데나시 있어? 없잖아"라고 해서 내가 "없지. 그래도 혹시 가족이 안 찾아가면 꼭 가봐" 그랬었거든요. 결국 그 애가 우리 호성이었던 거예요.

전화를 받은 그때부터 애 아빠한테 욕을 하기 시작했어요. "네가 아빠야? 네 새끼도 못 찾냐? 내가 그렇게 보고 오라고 했지! 그 애가 느낌이 있다고! 왜 애가 또 찾게 만들어?" 아빠는 애 찾았다니까 짐 챙기고 여기저기 전화하느라고 바쁜데 나는 애 아빠 쫓아다니면서 울기만 했어요. "다른 부모들은 다 알아보고 애 데리고 간다고 아침부터 수속 밟고 그러는데… 왜 내 새끼는… 친구들이랑 같이 나왔는데 아무도 못 알아봐서 애가 부모를 또 찾아…" 미안해서… 너무 미안해서 누가 뭐 하자고 그래도 나서지도 못했어요. 너무 창피해서.

다른 부모들은 배 타고 수색하는 데까지 찾아가서 사진 보여주면서 "우리 애가 이래요. 비슷한 애 있으면 연락주세요" 그러는데, 우리 애 아빠는 배 타면 멀미하고 마누라 옆에만 있으려고 하고. 막 짜증이 나고 속상하고 가슴이 아팠죠. 우리가 먼저 알아봐야 되는데 애가 또 부모를 찾게 만들어서…

애를 보러 갔는데 얼굴은 보여주지도 않고 거기 사람들이 애 얼굴에 하얀 가제수건을 덮고 자기 손으로 감쌌어요. 애 모습은 그냥 허예요. 진짜 아무 느낌 없이 허옇더라고요. 머리카락을 보니까 우리 아들이 맞아요. 늘 자던 그 모습. 보는 순간 눈물이 안 나고 웃음이 났어요. 지퍼 내려서 보여주는데 나도 모르게 내 몸은 뒷걸음을 치고 있더라고요. "어머, 왜 애한테 피가 묻어 있어요?" 애가 평발이라 "아빠, 발을 봐" 그랬더니 그분들이 지퍼를 내려서 보여줬어요. 아빠가 보더니 표정이 안 좋아요. 내가 다가가려고 하니까 나를 확 밀어버리더라고요. "이건 꿈이야. 이건 꿈이야. 이건 있을 수 없는 일이야. 나는 이렇게 안 살았는데 왜 나한테 이런 무서운 벌을 주지?" 애한테 '수고했다' '고마워' 말도 못하고 바닥에 주저앉아서 울기만 했어요. 숨도 못 쉬고.

그러고는 애를 관에다 넣고 애 아빠는 구급차를 타고 나는 다른 차를 탔어요. 진짜 희한해요. 어쩜 그렇게 빨리, 보따리만 하나 챙겨서 그 길로 바로 헬기를 탔는지. 관을 붙들고서도 '지금 이게 뭐하는 걸까' 하는 생각밖에 안 들었어요.

살려주세요, 살려주세요, 살려주세요

안산 왔더니 애 아빠가 다 연락을 해서 사람들이 벌써 와 있더라고요. 나는 장례식장에 멍하게 앉아서 애 사진만 봤어요. '차라리 다른 부모한테 태어나지 왜 나한테 왔니… 나는 너한테 받기만 하고, 아등바등 살기만 하고. 애도 부모 따라 간다고, 얼마 되지도 않는 용돈에서 2만원을 다시 주고, 나는 그걸 또 받아서 챙겨오고… 나는 왜 그런 부모였을까.'

그런데 그 새벽에 희한한 음성이 들리기 시작했어요. 멍 때리고 앉아 있으면 "엄마, 왜 그래?" 하는 호성이 목소리가 자꾸 들려요. 옆에 있는 것처럼. 그러니까 '어! 똑바로 살아야지!' 하는 생각이 드는 거예요. 발인해서 학교에 갔는데 어찌나 눈물이 나던지. 애가 아침 7시 반에 나가서 밤 10시 반에 돌아왔는데, 그 큰 덩치가 이 딱딱한 의자에 앉아서 하루 종일 지냈겠구나. 나는 뭐가 그렇게 힘들어서 학교 한번 못 찾아갔을까. 생각할수록 미안해서 통곡하며 울었어요.

애를 화장하는데 '인생이 도대체 뭔가' 하는 생각이 들었어요. 죽은 사람을 다 태우고 나서 믹서기에 갈더라고요. '저게 뭐야. 진짜로 아무것도 아닌 건가. 삶이 정말 이런 건가' 하는 생각에 멍하니 앉아 있으면 호성이 음성이 들려요. "엄마!" TV를 보다가 사람 죽는 장면이 나오면 나도 저렇게 죽어버리고 싶다는 생각이 들어요. 그럼 옆에서 또 "엄마!" 하는 음성이 들려. 큰애가 있으니까 집에서는 못 울고 밖으로 나가면 몸이 붕 떠 있는 것 같아요. 거리를 걸으면 애하고 같이 걷는 느낌이 들어요. 애 냄새도 나는 거 같고. 애가 옆에서 따라오는 거 같고. 휙 돌아보면 애는 없고 나 혼자 멍하게 거리 한복판에 서 있어요. 그러면 한참을 또 울어요.

49재 때 스님이 애 사진을 다 없애야 애가 좋은 데 간대요. 그렇게 엄마가 울고불고하면 애가 좋은 데 못 간다더라고요. 그래서 싹 정리했어요. 애가 열심히 공부했던 거, 필기한 노트들 가방에 넣어서 그대로 태워줬어요. 신발은… 아… 창피해요… 내가 호성이 엄마라는 게… 신발은 몇켤레 있지도 않았는데 그것도 다 신고 가버려서 남아 있는 게 없더라고요. 없어서 하나 사서 태워줬어요. 왜 그렇게 구질구질하게 살았는지…

수학여행 가기 전에 신발 하나 사달라는 거 사줄 걸. 가방만 하나 사줬더니 "엄마, 가방이 너무 비싸네? 신발은 갔다 와서 살게" 하는 아들한테 "그래, 새 신발 신고 돌아다니면 발 아플 거야" 그러면서 신발도 안 사주고 보낸 이 어리석고 답답한 엄마.

내가 자꾸 울고불고하니까 온마음센터에서 오더니 심각한 것 같다고 상담을 했어요. 그런데 갈 때마다 선생님이 바뀌고, 자꾸 나보고 얘기를 해보래요. 팽목항에서 그렇게 당했는데 여기서 또 나를 조사하나 싶어서 "나, 안 할래요" 그랬어요. 그때부터 가족대책위에서 오라는 대로 다니기 시작했어요. 똑똑한 엄마들, 아빠들이 앞장서서 잘하니까 나는 커피라도 타고 분리수거라도 하고, 밥 오면 도시락이라도 나르려고요. 뭐라도 도움이 되겠지 하는 마음으로. 뒤에 앉아서 누가 찾아와주면 고맙다고 눈물이나 흘리면서 따라다녔어요. 그러다가 서서히 너무 많은 걸 알아버린 거예요, 이 엄마가.

1인 시위를 한다고 청와대에 갔는데 눈물밖에 안 나요. '대통령은 안에서 뭘 하고 있을까. 자식 잃은 부모가 이렇게 밖에서 하염없이 울고 서 있다는 걸 알고는 있을까. 담벼락이 너무 높아서 모를 수도 있겠다.' 그런 생각 하면서.

그런데 거기는 중국 관광객이 왜 그렇게 많은지. 유가족이 청와대에 들어가려고 하면 신분증 검사를 세번이나 해요. 두명도 같이 못 들어가게 하고 한 사람만 들여보내줘요. 그런데 중국 관광객들은 안에까지 버스로 씽씽 들어가요. '무슨 돈을 얼마나 더 벌려고 저러나. 나는 대한민국 국민인데, 자식 잃은 부모가 진실을 밝혀달라고 이렇게 와서 울고 있는데.' 전혀 말도 안 통하는 낯선 사람들이 나를 쳐다보고 사진 찍으면서 자기네 나라말로 뭐라뭐라 하면서 지나가는 것이 참 서글펐어요.

얼마 전에 법회가 있어서 청운동에 갔을 때는 정말 죽고 싶었어요. 그날도 경찰들이 막았어요. 몸싸움을 하다보면 우리도 모르게 전경의 안경을 뺏을 때가 있어요. 보면 애예요. 그럼 다시 안경을 돌려줘요. 걔네들도 "아, 미안해요" 그래요. 가는 데마다 경찰하고 우리하고만 싸우고 있어요. 책임질 사람들은 쏙 빠지고 자식 같은 애들하고만 싸우게 만들어놨더라고요. '이 나라에서 이렇게 살 필요가 있을까' 싶어서 그날은 차라리 이 부모들도 다 죽여달라고 소리를 질렀어요.

10월 29일에는 대통령이 국회에 온다기에 이번이 진짜 마지막이라는 생각으로 찾아갔어요. 나는 이렇게 말하고 싶었어요. "약속했잖아요. 약속 지켜주세요. 진짜 잘못한 사람 잘못한 만큼 벌주세요. 우리처럼 힘없는 사람들, 우리끼리 싸우게 하지 마세요." 못 들어가게 할 것 같으니까 이틀 전에 들어가서 아예 바깥으로 안 나왔어요. 핫팩 차고 겨울잠바 입고서 이틀 동안 국회에서 노숙을 했어요.

대통령이 왔대요. 검은 옷 입은 사람들하고 경찰들이 좌악 서더라고요. 우리는 그뒤에 의자 놓고 아이스박스 딛고 섰어요. 우리가 쓴 글자 잘 보이게 하려고요. 고래고래 소리를 질렀어요. "살려주세요. 살려주세요. 살려주세요." 그런데 대통령이 우릴 슬쩍 보더니 그냥 가버리더라고요. 부모들이 찬바람 맞아가면서 이틀 동안 자기를 기다렸는데… '아, 대한민국엔 대통령이 없구나.' 그 허탈함이란… 나는 그때 더 강해졌어요. '죽을 때까지 이렇게 갈 거야.' 여기저기 다니면서 대통령이 어떻다는 말을 많이 들었어도 나는 믿어보려고 했었어요. 그런데 눈앞에서 그렇게 사라져버리니까 깨달은 거죠. '저렇게 감정이 메마른 사람한테 외쳐봤자 소용이 없겠구나.' 우리 시민들보다 못해요. 지방에서 쪼끄만한 애기 데리고 올라와서 같이 손잡고 울어주고 가는 그런 사람들보다 못해요.

우리 힘만으로는 안 돼요. 언론에서 다 막아버려요. 부모들이 외치는 거, 허허벌판에 메아리예요. 그래도 이것마저 안 하면 다 끝났다고 인정해버릴까봐, 그러면 내 자식한테 더 죄를 짓는 거 같아서 이렇게 소리치는 거예요. 그건 진짜 죄예요. 처음엔 내 자식 일이라서 돌아다녔지만 이제는 너무 많은 것을 알아버려서 포기가 안 돼요. 여기서 포기해버리면 나라가 버린 내 자식을 부모가 또다시 버리는 셈이니까. 죽어서 내가 우리 애를 어떻게 봐요. 그래서 이 말주변 없는 엄마가 전국을 다니면서 간담회를 하게 됐어요. 뭐라도 알려야 될 것 같아서. 잊히는 게 무서워서.

　　　　　　　　　　제2부 기억하는 사람들, 기록하는 사람들

안산이 너무 아파요, 안쓰러워요

전국을 다녀보니까 '제발 그만했으면 좋겠다'는 분위기가 안산이 더 심한 거 같더라고요. '안산' 하면 공단, 외국인 노동자, 사건 사고 많은 곳이라는 이미지가 강했는데 이제 거기다가 세월호까지 없어진 거예요. 여기 사는 사람들은 그게 싫은 거야. 그럴 수 있을 것 같아요.

그래도 여기가 우리 애들 시험 끝나면 조잘대면서 걸어다니고, PC방 가고, 노래방 가고, 떡볶이 사먹던 동네잖아요. 그럼 하다못해 단골집도 많았을 텐데, 우리가 이렇게 소리를 쳐도 그분들은 안 나오시더라고요. 그분들 나오면 손 잡고 '우리 애들 어땠어요?'라고 물어보고 싶은데. 그분들도 다른 지역 사람들처럼 이 일을 기억하고 싶지 않은 걸까요? 지금도 그 아이들이 혼이 되어 바글바글 돌아다닐 것 같은데, 여기는 하루하루 먹고 살기 바빠서 마음의 여유가 없어요. 안산이 너무 아파요. 안쓰러워요.

나부터가 아직은 힘들어서 동네 사람들하고 안 마주치게 멀리 돌아다녀요. 20년을 살았으니까 이 분들은 나의 모든 걸 알잖아요. 나를 안쓰러워하시죠. 나는 또 그런 시선이 싫어서 못 본 척하고, 전화도 안 왔는데 전화 받는 척하고. 마트를 두번인가 갔더니 주인이 갈 때마다 힘내라고 박카스를 줘요. 나는 그것도 싫은 거야. 그래서 멀리 돌아서 다른 마트에 가요.

호성이는 학교 갔다가 밤늦게 돌아와도 "엄마, 시장 볼 거 없어? 나 있을 때 가" 해서 마트에 같이 다녔어요. 그랬던 걸 뻔히 아는 분들이니까. 내가 우리 빌라 반장이라서 밤에 집집마다 관리비를 걷으러 돌아다녔는데 애가 뒤에서 손전등을 비춰주면서 졸졸 쫓아다녔어요. "엄마, 엄마, 조심, 조심" 그러면서. 사고 난 뒤에 동네 사람들이 나를 보면 "뒤에서 불 비춰주던 개야?" 그러면서 손 붙잡고 엉엉 울어요. 대화 자체가 안 돼요.

그래서 관리비도 계속 못 걷었어요. '오늘은 나가야지, 나가야지' 하다가도 '아, 오늘은 안 되겠다' 다시 돌아오고. 이번 달부터는 용기를 내야 할 텐데. 애 아빠는 회사를 다니다가 지금 사표를 낸 상태예요. 일 못하겠다네요. 지금 이걸 팽개쳐두면 나중에 후회할 것 같대요. 애들은 자꾸 잊혀져가고 부모들 이렇게 싸우는 것도 영원히 계속될 것 같진 않다고. 힘을 합칠 수 있을 때 같이 싸워야겠다는 생각이 드나봐요. 지금은 416TV(세월호 유가족 방송)에 들어가서 활동하고 있어요.

그날, 4월 16일 그날, 진짜 최소한의 노력만 보여줬어도 우리가 이렇게까지 안 해요. 그런데 한명도 안 구했잖아요. 그때 그 사람들 행동은 급한 게 하나도 없었어요. 의문투성이에요. 이제는 인양도 제대로 안 해줄 것 같아요. 그럼 다 우리 몫이에요. 인양해달라고 하면 통째로는 힘드니 반으로 쪼개서 인양하든가 바다 밑에 묻겠다고 하겠죠. 그럼 애들도 못 건지고 증거도 다 사라지고 돈만 없애는 거예요. 그럼 국민들이 또 뭐라고 하겠어요. '그만큼 건져줬음 됐지, 또 돈 들이게 하네', 그런 식으로 우리만 자꾸 몰아가요. 부모들이 어느정도 마무리를 짓고 사회활동을 하게 해줘야 되는데, 이 정부는 부모들까지 몰아붙여서 아무것도 못하게 만들어요. 그래놓고 '유족들이 보상금을 몇억을 받았다더라' 그런 식으로 말해요. 부모들을 너무 바보

취급해요. 너무 억울하고 답답해요. 이런 걸 얘기하고 다니는 거예요. 자식 보내놓고 이렇게 떠들고 다닌다고요. 저희를 미친 사람 취급해도 괜찮아요. 그래도 우린 알려야겠어요.

이번 주부터는 엄마들이 진도에 내려가고 있어요. 세월호 수색중단 후에 정부가 팽목항에서 철수하겠다고 해버렸잖아요. 우리는 그나마 애들을 찾았지만 못 찾은 부모들은 어떻게 해요. 저는 애를 찾았을 때도 애를 딱 보는 순간 '어머! 이 보고 싶은 아이를 평생을 못 보고 사는 거구나!' 하는 걸 실감하니까 너무 무서웠어요. 그리움이라는 게 엄청 무서운 것이더라고요. 한밤중에 일어나서 애가 보고 싶어서 사진을 보는데 그렇게밖에 볼 수 없다는 게 너무 가슴이 아파요. 너무 아파서 쪼그라들 것 같아요. 내가 뭘 그렇게 잘못했길래 이런 무서운 벌을 받을까. 언제까지 살지 모르지만 무서워요. 그런데 애를 찾지도 못한 부모들은 훨씬 더하겠죠. 나라면 진짜 미칠 것 같아요. 인양만은 제대로 해서 뼈라도 찾아 그 부모들 마음을 달래줬으면 해요.

호성아, 우리 꼭 다시 만나자

애 아빠하고 서로 없는 사람끼리 만나 월세부터 시작했어요. 처음에는 시어머니를 모시고 살다가 분가했어요. 그땐 어머니하고 관계가 힘들었어요. 어머니가 모든 주도권을 가지려 하고, 아들을 남편처럼 생각했어요. 그러니까 자꾸 트러블이 생기죠. 나는 따로 살았으면 좋겠는데 우리 어머니는 옛날 사람이라 '엄마는 하나지만 여자는 또

얻으면 된다'는 식이었어요. 나중엔 '어머니냐, 나냐, 한 사람만 선택해라' 그랬는데 남편이 저를 따라온 거죠. 월세부터 시작해서 악착같이 살았어요. 안 해본 것 없이.

융자 받아서 어머니 집을 얻어드렸는데 몸이 아프니까 맨날 나더러 오라고 하셨어요. 퇴근하고 나면 그 집에다 반찬 해서 나르기 바빴어요. 그러다 어머니가 암에 걸리셨어요. 여든이 넘으셨을 때였는데 수술받길 원하셔서 해드렸어요. 암 환자는 소식하면서 채소 같은 걸 먹어야 한다길래 그런 반찬을 해드리면 그것도 싫어하셨어요. 보신되는 것만 찾으시고. 결국 암이 폐로 전이돼서 가셨어요.

우리 어머니는 병원도 꼭 나하고만 갔어요. 애 아빠가 집에 있는데도 하루 종일 안 가고 있다가 나 퇴근할 시간 맞춰서 문 앞에 신발 신고 기다리고 계셨어요. 우리 큰아들은 그런 꼴을 아예 못 보는 성격이고 호성이는 자기가 따라 나서는 아이였어요. 어느 날은 호성이가 이렇게 말하더라고요. "엄마, 나는 어느 순간부터 할머니가 싫었어." "왜?" "할머니는 아들 손을 잡고 가야지, 왜 꼭 엄마 손을 잡고 엄마 팔에 몸을 기대실까. 엄마 힘들게." 나는 또 "아니야, 그런 말 하는 거 아니야" 그러고. 호성이는 그게 싫었던 거예요. '할머니는 우리 엄마를 힘들게 하는 사람.'

어머니가 나중에는 그러시더라고요. 아무것도 해줄 게 없으니까 당신 죽으면 나 잘살게 해주겠다고. 불교에선 부모한테 잘하면 자식한테 그 복이 다 간다고 하잖아요. 이제는 그 말도 화가 나요. 이번 추석에도 "나 상 안 차려. 이 할마시! 나 잘살게 해준다더니 내 자식도 하나 못 챙겨주고"라고 말했어요. 아버님 산소에 앉아서도 "아버님, 나한테 이럴 수 있어요? 이런 망나니 아들하고 살아주면 내 자식은 지켜줘야지" 하면서 엉엉 울었어요. 막 울다가 "휴… 거기서 만나면 애한테 잘해주세요. 추석 때는 밥 없어요. 내 자식 제사도 못 지내주는데요" 하면서 내려왔어요. 어느 순간 뭔가가 무너져버린 것 같아요. 가정 하나 잘 꾸리고 내 새끼 반듯하게 키워서 직장생활하고 결혼하고 그런 걸 꿈꿨는데. 그래서 이 힘든 세상 힘든 줄 모르고 살았는데. 월급 쪼개서 모으고 모으고 융자 끼고 집 조금씩 늘려가면서 그렇게 살았는데. 이제 좀 살 만하니까 내 자식이 이렇게 가버리다니. 인생이 참 허무하네요.

그래도 지금은 상태가 좀 나아진 게, 똑바로 살다가 내 새끼 봐야 하니까, 내 새끼 보려면 이렇게 멍청하게 살면 안 되는데 싶어서. 가서 원 없이 만져보고 끌어안고 싶어요. 그래서 이렇게 돌아다니는 거예요. 다른 가족들이 아마 그럴 거예요. 저 엄마는 여기 가도 있고 저기 가도 있는데 누구 엄마인지는 모르겠다고. 우리 아이는 너무 평범하고 다른 애들처럼 특별한 재주가 없어서 누가 뭐 하자고 하면 "아니야, 아니야" 그랬어요. 호성이에 대해서 특별하게 이야기한 게 없어요. 그런데 애가 국어선생님이 꿈이었으니까 TV나 기사에 나오는 것보다, 책에 한장이라도 남으면 애가 좋아하겠다 싶어서 인터뷰하겠다고 한 거예요.

내가 "호성이는 뭐하고 싶어?" 했더니 자긴 책도 좋아하고 말하는 것도 좋아하니까 국어선생님 하고 싶다고 그러더라고요. 나는 호성이한테 사회복지과를 가라고 했었어요. 내가 보기엔 그런 게 딱 맞는 애예요. 사람하고 앉아서 종알종알 이야기하는 거 좋아하고 오지랖이 넓어서 남 도와주는 거 좋아하고. 동네 공부방에 다녔는데 거기 선생님에게 상담도 해줬대요. "선생님도 힘드시죠?" 하면서. 그 선생님이 저번에 전화를 하셔서는 "그 시간만 되면 애가 오는 거 같아요" 그러시더라고요. 팽목에서 애가 한참 안 나왔을 때도 그 선생님이 "호성이가 선물 사서 돌아온다고 했으니까 금방 나올 거예요" 했어요.

호성이 동네 친구가 있는데 그 친구 아빠가 아이를 좀 억압했나봐요. 애를 '꼼짝 말아라' 하는 식으로 다루는 거죠. 어떤 때는 신발도 못 신고 쫓겨났대요. 그 친구는 우리 호성이를 좋아했는데, 걔 아빠는 호성이를 싫어했대요. 걔가 '내 친구 호성이가 아빠 보고 이상하다고 그랬다'고 한 모양이에요. 한번은 그 애가 또 쫓겨나서 우리 애를 찾아왔는데 그날따라 호성이가 전화를 못 받았나봐요. 우리 빌라 지하에서 밤을 새우고 갔대요. 그 아이가 호성이 장례식 때 한없이 엉엉 울다 갔어요.

호성이는 나 철들라고 보내준 선물 같아요. 애 때문에 힘든 세월도 많이 참았거든요. 지금도 멍하니 있다가 "엄마, 뭐해?" 소리 들리면 분향소든 어디든 내가 할 수 있는 일을 찾아서 돌아다녀요. 요즘은 우리 아들하고 하는 인사가 이래요. "호성아, 너도 거기서 열심히 착하게 살아야 돼. 엄마도 착하게 살아야 너 만날 수 있을 것 같아. 우리 꼭 다시 만나자. 나는 너를 꼭 다시 만나서 같이 살고 싶어. 엄마 열심히 살아볼게. 지켜봐."

누가 그러더라고요. 호성이 가고 나서 호성이 엄마는 만능이 됐다고. 이상한 병에 걸렸어요. 뭐라도 해야 편해요. 애가 힘들게 갔는데 부모가 편하면 안 되지 싶어서. 그래야 애한테 덜 미안하고 죄가 좀 가시는 거 같아서 정신없이 돌아다녀요. 아마 평생 갈 것 같아요.

_작가기록단 **홍은전**

나무•

신호성

새들의 보금자리가 되는 곳
식물들이 모여 살 수 있는 곳
이 작은 나무에서 누군가는 울고 웃었을 나무
이 나무를 베어 넘기려는 나무꾼은 누구인가
그것을 말리지 않는 우리는 무엇인가
밑동만 남은 나무는
물을 주어도 햇빛을 주어도 소용이 없다
추억을 지키고 싶다면
나무를 끌어안고 봐보아라

•글이 다 마무리되었을 즈음 어머님께서 연락을 해오셨다. "선생님, 호성이가 쓴 시가
있는데 실어주시면 안 돼요?" 책을 좋아했던 아들에게 선물을 주고 싶은 어머니의 마
음이 느껴졌다. 청을 하는 그는 씩씩한데 듣고 있던 나는 철철 울었다. '밑동만 남은
나무'가 어머니 같고, 호성이가 그 나무를 끌어안고 있는 듯했다.

제2부 기억하는 사람들, 기록하는 사람들

맨날 잔소리해서
가깝게 못 지낸 게
제일 후회스럽지

2학년 5반 이창현 학생의 어머니 최순화 씨 이야기

: 2014년 10월 29일 박근혜 대통령이 시정 연설을 마치고 국회를 빠져나갔다. 특별법 제정을 요청하며 '살려달라'는 유가족들의 외침이 손닿을 거리에서 들렸지만 대통령은 끝끝내 눈길 한번 주지 않았다. 창현 아버지 이남석 씨는 박근혜 대통령의 뒤를 이어 떠나려는 새누리당 김무성 대표를 향해 무릎을 꿇었다. 지켜보던 이들의 가슴도 철렁 내려앉았다. 애원하는 창현이 아빠를 김무성 대표도 차갑게 외면하고 차에 올랐다. 아들이 죽은 이유를 알겠다고 나선 아버지의 간절함은 팽개쳐져 바닥을 뒹굴었다. 그날 그 두 사람이 밟고 지나간 것은 붉은 카펫이 아니라 유가족들의 피눈물이었다. 잔혹한 풍경이었다.

창현이 어머니 최순화 씨는 남편의 모습을 뒤에서 지켜보았다. 그럴 가치가 없는 이에게 무릎을 꿇었다고 한마디 했지만 더이상은 뭐라 하지 않았다. 그녀는 남편이 왜 그런 행동을 했는지를 여러가지로 헤아려보았다. 둘 사이에는 오랫동안 함께 일하며 쌓은 이해와 신뢰가 있었다. 이남석 씨는 현재 가족대책위 안에서 진상조사위원회 간사로 활동하고 있으며, 최순화 씨는 유가족을 불러주는 자리라면 어디든 마다하지 않고 전국을 다니며 간담회에 참석하고 있다. 둘이 함께 진상규명 활동에 나서고 있지만 그것은 단지 부부라는 이유 때문은 아니다. 최순화 씨에게는 최순화 씨만의 싸움이 있다. 그녀는 늘 자신에게 닥친 상황이 왜 주어진 것인지 그 의미를 해석하고 삶의 방향을 찾아나가는 사람이다. 그것은 나날이 생생해지는 고통 속에서도 최순화 씨가 과거를 돌아보고 앞으로 걸어갈 길을 가늠하게 하는 힘이다.

처음에 사람들 앞에 나서서 이야기하는 것조차 어색하고 어려웠던 그녀는 이제 수십명 앞에서도 혼자서 거뜬히 몇십분을 술술 이야기하는 사람이 되었다. 솔직하고 꾸밈없는 목소리의 최순화 씨와 이야기를 나누는 동안 내가 오히려 많은 힘을 받았던 것 같다. 책에 실린 인터뷰는 모두 11월에 이루어졌다.

성경에 요나 이야기 나오잖아요. 요나는 고래 뱃속에서도 3일 동안 살아 있었어요. 그래서 '하나님, 그렇게 제 아이를 요나처럼 지켜주세요'라고 기도했어요. 온 식구들이 다 교회 다녔으니까 기도를 엄청 했지요. 그때 에어포켓 얘기가 계속 나왔던 터라 생존자가 있을 수 있다고 믿고 있었는데 우리 애가 너무 일찍 나와버린 거야. 일반인이랑 다 합해서 304명 중에 11번째니까.

16일에 진도 가서는 거의 지옥이었지요. 체육관이랑 팽목항에서 지옥 같은 하루를 보내고, 17일도 그렇게 보내고 저녁에 12시가 넘어서 창현이 누나가 잘 준비 한다고 양치하러 나갔어요. 체육관 밖으로 나갔는데 앰뷸런스가 한대 들어오더라구요. 밖에 엄마들도 있었고 봉사자들도 많았지요. 밖에 있던 엄마 몇명이 앰뷸런스로 가니까 딸아이도 그냥 아무 생각 없이 따라갔는데 그게 우리 창현이었어요. 창현이일 거라고는 꿈에도 생각하지 못했지요. 누가 다쳤나 하고 그냥 갔는데 창현이가 거기 있어서 딸은 바로 체육관으로 온 거야. 막 체육관이 떠나갈 정도로 "엄마! 아빠!" 하면서. 그게 TV에 나왔어요.

새벽에 출발했지요. 안산으로. 그래서 18일부터 21일까지 장례를 치렀어요. 우리가 체육관 떠날 때 다른 부모들은 '아 정말 안됐다. 우리 애는 살아 있을 건데 쟤는 죽어서 나왔네' 그런 시선으로 봤는데 아니었잖아요. 다 아는 것처럼 한명도 못 살아나왔고… 그 이후에 날마다 잠수사 들어가기 시작해서 건져나오는 거 보는 동안 점점 감각이 없어지더라고. 날마다 애들이 나오니까. 안산시 전체가 장례식장 분위기였으니까요.

창현이가 발견된 때가 17일 저녁 7시 45분. 배에서 200미터 떨어진 지점에서 흘러가는 것을 어부가 발견해서 해경에 인도한 건데, 그건 그냥 흘러나온 거예요. 그때 잠수사는 전혀 안 들어갔거든. 물이 배에 차오르니까 탈출을 시도했던 거 아닐까 싶어요. 구명조끼를 입었는데 보니까 굉장히 단단하게 다 매고, 주머니에도 휴대폰하고 빗하고 가지런히 넣어서 지퍼도 잠그고, 그런 거 보면. 근데 왜 살아나오지 못했을까. 탈출시도를 하다가 장애물에 막혔거나 배가 더 기울면서 막혔거나 아니면 배가 뒤집히려는 찰나 나왔거나… 그 부분은 아무도 모르는데 장례 치르는 동안 그 생각을 하면서 진짜 힘들었어요.

그때 김문수 경기도지사가 왔기에 따졌어요. 왜냐면 창현이가 너무 깨끗했거든. 이틀 동안 바닷물에 잠겨 있었는데 상태가 완전 깨끗했어요. 이마에 여드름 있고 그대로 자고 있는 거나 비슷한데 입에만 거품이 좀. 그게 익사의 표시래요. 입에 거품 있는 거 외에는 너무 깨끗해서 얘 17일까지 살아 있었던 거 아니냐고 김문수 지사한테 따졌더니 법의학자를 불러주더라고. 우리나라에서 유명한 법의학자라고. 장례식장에 와서 설명해주는데 이틀뿐만 아니라 삼일, 혹은 일주일까지도 바닷물에 잠겨 있으면 상태가 깨끗할 수 있대요. 실제로 일주일 후에 나온 애들은 바닷물에 잠겨 있을 때는 괜찮은데 꺼내놓으니까 그때부터 굉장히 부패속도가 빨라졌다는 얘기를 부모들한테 들었거든. 그래서 그냥 그런가보다, 아쉽지만 그렇게 넘겼어요.

이게 하나님의 뜻이다, 그렇게 말하는 사람도 있는데 난 절대로 그렇게 생각하지 않아요. 그래도 나는 기독교인이니까 우리 아들이 먼저 천국으로 간 상황에서 하나님하고 내가 풀어야 할 숙제가 있는 거지요. 제가 어떻게 살아야 해요? 도대체 저한테 어떻게 하라고 이러

제2부 기억하는 사람들, 기록하는 사람들

세요? 이 부분에 대한 답은 얻어야 해. 그 답을 얻을 준비를 하고 있었는데 가족대책위가 꾸려졌어요. 창현이 아빠가 진도에 있을 때부터 조금씩 관여했거든. 적극적으로 나서진 않았지만 발을 들여놓고 있었고, 안산에 와서도 아이가 먼저 나온 사람들이다 보니까 나중에 오는 사람들에게 장례절차도 안내해주고. 물론 그때 안산시 교육청에서도 직원들이 나와 있었지만 그래도 같은 가족들이 도움을 주는 게 좋겠다는 생각이었지요. 자연스럽게 창현이 아빠가 진상규명에 뛰어들었어요. 나는 안 나가려고 했는데 KBS 김시곤 보도국장이 막말을 해서 엄마들이 5월 8일에 KBS 앞에 갈 때 같이 올라가서 거기서부터 시작했어요.

"세월호 사고는 300명이 한꺼번에 죽어 많아 보이지만 연간 교통사고로 죽는 사람 수를 생각하면 그리 많은 것은 아니다." 공영방송의 보도국장이라는 사람이 그렇게 얘기를 한다는 건 말도 안 되는 건데… 처음에는 그런 분위기가 아니었잖아요. 온 국민이 슬퍼해주고 언론들도 가족 편에서 의혹을 낱낱이 밝혀줄 것처럼, 정부에서도 한 점 의혹 없이 밝혀줄 것처럼 떠들어댔는데, 채 한달도 되기 전에 수상한 모습들이 보인 거야. 오히려 우리를 음해하려는, 한쪽으로 몰아가려는 분위기가 감지되었던 거죠. 4월 16일, 17일 언론보도도 엉터리였다는 걸 알고 있는데 KBS사태는 그걸 직접 피부로 느끼게 한 거였어요. 가만히 있으면 안 되는 건가보다 생각이 든 거지요. 또 부모들이 같이 움직이니까 참여하게 됐던 것 같아요.

사실 창현이 아빠가 적극적으로 활동하고 있고 돌봐야 할 딸도 있고 하니까, 아빠만 하면 되지 이런 생각을 하고 있었거든요. 그런데 돌아가는 게 점점 우리는 더 고립되고, 고립시키려는 세력들이 있고… 서명도 받으러 다니게 되면서 반별 모임도 구성되어 전국으로 돌고, 부모들이 가야 할 자리가 국회, 광화문 등 도처에 있고. 창현이 아빠가 광화문에서 단식하고 있었으니까 나도 가만히 있을 수 없어서 창현 아빠 보러 가고. 그렇게 되면서 자연스럽게 이 정부의 태도가 어떤지 알게 되고 점점 우리가 바라는 것과는 다른 쪽으로 흘러간다는 게 눈에 보이니까 조금씩 조금씩 강해져서 이 일에 뛰어들게 된 거 같아요. 처음부터 나 이거 해야지 이런 건 아니었고 흘러가는 분위기가 그렇게 돼서 지금은 전국으로 다니고 있지요.

사이가 좋지 않다가 헤어진 게 너무 가슴 아파

창현이가 와동초등학교 5학년에 다닐 때였어요. 안산에 광덕초등학교라고 있어요. 거기 축구부가 있거든. 코치가 안산 시내 모든 학교를 다니면서 축구할 애들을 발굴해요. 운동장에서 뛰어노는 애들 보고 신체 조건이 괜찮다 싶으면 섭외를 하는 거야. 창현이한테까지 그 제안이 온 거지요. 창현이 아빠도 축구 좋아하거든. 그래서 창현이한테 "할래?" 물었더니 "네" 그러더라고. "그럼 하자." 그렇게 해서 축구 때문에 전학을 갔어요. 전학을 가서 1년 정도 축구를 하는데 그냥 축구만 잘하면 되는 게 아니라 부모가 따라다녀야 되더라고요. 선수단 뒤에서 해야 되는 게 참 많더라고. 우리는 몰랐거든.

주일에는 교회에 다니는데 주일에도 나가야 하고, 가서 밥해줘야 하고… 이런 일들이 참 많아갖고 그만 하자 그래서 또 전학을 시켰어요. 덕인초등학교로. 근데 이 과정에서 애가 좀 많이 힘들었던 거 같아요. 굉장히 신체적으로 힘든데도 따라서 하긴 했는데 스트레스를 많이 받은 것 같아요. 무엇보다 그때는 제일 좋아하는 게 친구인데 세번이나 전학을 하고 헤어지고 그러면서 정서적으로도 좀 안 좋았던 것 같아요. 그때는 몰랐는데.

와동중학교 올라와서는 육상부가 있는데 선생님이 시켜서 육상을 한 거야. 800미터 중장거리. 1학년부터 시작해서 2학년 때 수학여행 가기 전까지 했어요. 그것도 진짜 힘들거든. 애들이 일찍 나가야 돼. 아침에 수업하기 전에 두시간 운동하고 수업 다 받고 나서 또 연습하고. 방학 때도 강원도 태백으로 전지훈련 가고. 쉬는 날이 하나도 없는 거야. 애가 굉장히 힘들 텐데도 잘하는구나 싶었는데 2학년 때 수학여행을 2박 3일 갔다오더니 "엄마 나 이제 육상 안 해요", 선언하더라고. 알았다고, 하지 말라고 그랬는데 수학여행 가서 노는 친구들을 만난 거야. 걔네들하고 어울리느라 그때부터 나하고는 힘들어졌지요.

창현이 중학교 3학년 때 하루는 교회에서 예배 드리는데 전화가 왔어요. 예배 중이라고 문자 보냈더니 다시 문자가 왔더라고. 경찰서로 오시라고. 창현이가 친구하고 싸웠는데 친구 코뼈를 부러뜨려 놨다고. 창현이는 이미 집에 갔고 저쪽 아이는 병원에 있으니까 예배 끝나고 부랴부랴 병원으로 갔어요. 중학교 친구이기도 하고 학원 친구인데 핸드폰으로 서로 욕하고 다투다가 '너 체육공원으로 나와' 해갖고 만나서 싸운 거야. 낮이니까 주위에서 싸우고 피나는 걸 보고 신고한 거예요. 그때 하늘이 무너지는 줄 알았지요. 다친 아이가 고발하면 큰 문제가 되는 거잖아요. 다행히 합의가 잘 됐어요. 저쪽 부모님이 '그냥 애들 싸우다가 그런 건데' 하면서 이해를 잘해주시더라고요. 그래서 병원비 물어주고, 아직 성장이 덜 된 때라 고등학교

2학년 때 재수술을 해야 한다고 해서 해주기로 하고 그렇게 넘어갔어요.

창현이한테 별로 뭐라고는 안 했어요. 개도 담담해. 미안하다고 편지를 써놓긴 했는데 그냥 그렇게 넘어갔던 거 같아요. 아빠도 그냥 넘어가고. 근데 나는 속이 문드러지지요. 지금 생각해보면 그냥 애들끼리 싸운 거예요. 별 거 아니고. 화가 나니까 서로 치고 받고 한 거고 서로 맞고 한 거는 비슷한 건데 얘는 육상도 했고 몸이 튼튼하다보니까…

그때 썼던 편지는 아주 짧아요. 세 줄 정도. '죄송합니다. 앞으론 말 잘 들을게요.' 그때 창현이가 써놓은 편지들을 보면 내용이 거의 다 똑같아요. '앞으로 말 잘 들을 게요. 누나하고 안 싸울 게요. 엄마 속 안 썩일 게요.' 초등학교 때는 안 그랬는데 사춘기 되면서 무뚝뚝해지더라고. 창현이 키우면서 사춘기를 혹독하게 겪었어요. 너무너무 힘들었어요. 부모가 바라는 대로 전혀 따라주지 않아서. 그래도 누나하고는 비슷한 나이 때라 그런지 통하는 게 있었어요. 내가 말하는 건 다 잔소리지요. 애가 듣기 싫어하면 얘기하지 말아야 하는데. 아무리 타일러도 잔소리로 인식되면 효과가 제로고 엄마에 대한 점수는 오히려 마이너스더라고. 그걸 느끼면서도 당장 어떤 상황이 닥치면 또 하게 되더라고요.

중학교 3학년 때 교회 가다가 저녁 7시쯤인가, 8시쯤인가 사고가 있었어요. 저녁에 아빠랑 일하고 있는데 창현이한테 "엄마, 나 사고 났어. 병원이야" 하고 전화가 왔어요. 교회가 좀 멀어서 자전거 타고 다녔거든. 안산에 중앙로라고 굉장히 큰 도로인데 횡단보도에 대기하고 있다가 신호가 떨어져서 조금 살피고 출발하자마자 어떤 승합차가 달려와서 부딪힌 거예요. 붕 떠서 떨어지니까 지나가던 사람이 경찰에 신고한 거야. 여기 교통사고 났는데 죽은 거 같다고. 운동을 한 탓인지 애는 다행히 멀쩡했어요. 그러면서 얘가 좀 나아질 줄 알았는데 그대로더라고. 그렇게 죽을 고비를 넘겼는데도…

창현이가 담배 피우는 걸 중3 때 알았어요. 착실히는 아니지만 항상 교회에 다녔고 아빠도 담배를 전혀 안 피우거든. 그러니 얘가 담배 피울 거라는 생각을 못했어요. 라이터가 책상에 있고 주머니에 있고 이런 걸 내가 몇번 봤거든. 그래도 생각지도 못했어요. "너 담배 피우냐?" "아니요." 믿었지요. 근데 담배를 피웠더라고. 고등학교 올라와서는 학교에서 걸렸어요. 단원고는 1년에 세번인가 흡연하다 걸리면 정학이야. 창현이가 1학기 때 걸리고 2학기 때 또 걸린 거야. 두번째 걸리면 금연학교 가는 순서거든요. 그래서 1학년 겨울방학 때 서울로 금연학교를 보냈어요. 2014년 1월에. 금연학교 다니는 5일 중에 첫날 들어가서 소변검사를 해요. 니코틴 수치 측정하고 끝나는 날 검사를 또 해. 그 사이에 피웠나 안 피웠나를 보는 거죠. 그런데 끝나는 날 검사를 했는데 수치가 또 나왔어요. 또 피운 거야. 그때도 속이 문드러졌지요.

그렇게 사이가 좋지 않다가 헤어진 게 제일 가슴 아프고 안타깝고 그래요. 창현이 아빠랑 나랑 밤 늦게까지 일하거든요. 4월 14일 밤 12시가 넘었는데 창현이한테 전화가 왔어요. 15일 새벽이지요. 15일 낮에 학교수업을 하고 저녁에 수학여행을 떠났거든. "엄마, 나 친구한테 옷 빌리러 가야 하는데 그래도 돼?" 이러는 거야. 또 화가 나지요. 그때까지 뭐하고 자야 할 시간에 전화한 건지 화부터 나는 거야. 그래서 집에 왔더니 짐을 싸고 있어요. 새벽 1시가 넘었는데. 그래서 나도 잔소리하고 아빠도 그러고 기분 안 좋게 해서 애는 잠이 든 거야. 아빠는 그게 창현이를 본 마지막 모습이었어요.

짐 챙겨서 학교 보내야 하니까 나는 아침에 한번 더 봤고. 학교 보내면서 기도해주거든요. 기도해서 보내줬는데 15일 오후 4시 넘어서 창현이한테 전화가 왔어요. 애가 책가방에 짐을 싸가지고 갔거든. 근데 선생님이 캐리어 있는 사람은 그걸로 바꾸라고 했다고 집에 있는 캐리어 가져다달래. 그래서 부랴부랴 캐리어 갖고 가서 짐을 옮겨담고 잘 가라 인사하면서 한번 더 본 거지요. 새벽에 싸운 거에 대해 괜찮나 상태를 보니까 괜찮더라고. 애는 금방금방 풀어져요. 마지막 헤어질 때 모습은 그렇게 나쁘지 않아서 그나마 다행인데, 아빠는 저녁에 잔소리하다가 기분 안 좋게 재운 그게 마지막 모습이어서 더 안타까울 거예요.

다른 유가족 어머니들 말 들어보면 굉장히 착한 애들이 너무너무 많더라고. 엄마하고 사이도 좋고 공부도 잘하고 말썽도 안 피우고. 그렇게 아들하고 딸하고 사이가 좋아서 헤어지는 사람들도 너무너무 가슴이 아프지만 나처럼 사춘기 때 사이가 안 좋다가, 서로 대치하다가 떠나보낸 그 아들과 딸에 관한 아픔도 정말 크거든. 후회가 굉장히 많이 남아요. 사이가 좋았던 부모나 나빴던 부모나 그 아픔이라는 건 똑같은 거 같아요.

다정한 창현이를, 잊고 있었어

장례식 끝나고 창현이가 좋아했던 친구들 챙기자고 아빠하고 나

하고 얘기를 했어요. 일고여덟명 되더라고. 그래서 좁은데도 우리 집 불러서 치킨, 피자 사주고 그런 걸 몇번 했거든요. 너무 미안한 마음에 그랬던 것 같아요. 창현이 친구들을 내가 안 좋게 생각하고 그래서. 그 애들도 친구를 한두명 잃었어야지요. 엄청 많은 친구들을 잃어버려서 미안해하고, 더 정신 차려서 먼저 간 애들 몫까지 하겠다고 그런 다짐들을 해. 어버이날 때도 꽃 사들고 와서 주고 그러니까 나도 되게 미안하더라고요. 그 친구들을 그렇게 싫어했는데… 그러면서 더 애들하고 가까워진 거 같아요. 걔네들 친구관계에 대해서 완전히 이해는 못하지만.

친구들이 예전에 우리집에도 오고 그랬는데 좀 아웃사이더 애들이더라고요. 중학교 때 수학여행 갔다와서 어울리다보니 우리 애도 그렇게 된 거야. 학교도 같이 갔거든. 배에서 같이 사진 찍은 네명 중에 다 죽고 한 아이만 살았어요. 살아나온 아이가 한두달 전에 우리 집에 찾아왔어요. 창현이가 꿈에도 나타나고 너무 보고 싶어서 왔다면서. 우리 없을 때도 자주 왔었더라고. 차마 얘기는 못하고 집에 앉아 있다 가고. 근데 얘가 하는 말이 1학년 때 창현이 아니었으면 학교 그만둘 뻔했다고 해요. 그만두려고 했는데 창현이가 자꾸 말려서 학교를 다니게 됐다고, 그런 얘기를 해주더라고.

학교 그만둘 뻔 했는데 창현이 덕분에 학교를 계속 다니고 있는 친구가 또 한명 있더라고요. 내가 특히 안 좋게 생각했던 아이였는데… 그 집에서 잔다고 그러면 싫어했어요. 그렇게 하면 안 되는 건데… 그 친구는 1학년 때 다른 고등학교 갔거든요. 다니다 그만둔 것 같아요. 근데 창현이가 잘 다독여서 단원고 1학년으로 다시 들어왔어요. 애들 말로는 "야, 씨, 너 학교 안 가면 나 너하고 안 놀아" 그랬대요. 말투가 그랬을 거 같아요.

창현이가 그렇게 나쁜 애는 아니었구나, 내가 생각했던 그런 애는 아니었구나, 오히려 친구들을 다독여주고 우리 창현이가 그랬구나, 싶어져서 생각이 달라졌어요. 내 기대에 못 미치니까 나는 항상 창현이를 안 좋게 봤지요. 그러니까 잔소리만 나가는 거고, 칭찬보다는 잘못하는 것만 지적하게 되는 거고. 내가 지적하면 할수록 애는 나한테서 멀어지고.

친구들 하고 있으면 전혀 잔소리 안 듣고 맘대로 놀잖아요. 친구들 하고 노는 거 보면 그냥 공원에서 술래잡기를 해. 자전거 타고 여기저기 돌아다니고. 담배 피우면서. 지금 생각하면 아무것도 아니었는데 그때는 내가 교회 다니는 입장이니까, 아빠도 담배를 일평생 피우지 않은 사람인데 애가 담배를 피운다는 게 너무 충격적이었거든. 지금은 그게 아무것도 아닌데 애한테 맨날 잔소리해서 가깝게 못 지낸 게 제일 후회스럽지요.

많이 배운 거지요. 사는 게 그게 아닌데. 사람이 제일 중요한 건데. 당장 보이는 모습이 전부는 아닌데, 현재 모습만 보고 창현이 친구들을 나쁘게 판단하고 놀지 말라 그러고. 창현이가 했던 행동들을 내가 내 잣대로만 바라보고 판단해서 그렇게 잔소리했던 건데, 다 그럴 수 있는 나이고 그게 애들 재미고 그런 거였는데… 남들과 비교하니까 그렇게 되는 거 같아요. 교회에서 잘하는 친구들, 모든 면에서 너무너무 잘하는 애하고. 창현이는 교회 활동을 별로 안 했거든요. 그냥 예배만 참석하고 와버리고. 창현이 친구들이 교회에서 활동 잘하는 이 친구 같은 애들 같으면 좋을 텐데 하는 바람이 있었어요. 그런 비교 때문에 애들에 대해서도 안 좋게 말하고 창현이 마음을 아프게 했던 것 같아요.

창현이 아빠가 얽매여서 하는 거를 잘 못해요. 그 자유로운 성향을 창현이가 닮은 것 같아요. 먹는 걸 제일 좋아하지요. 게임도 좋아했고. 제일 중요하게 생각했던 건 역시 친구들. 여행도 좋아했던 거 같아요. 어렸을 때부터 동물 키우자고 그렇게 졸랐어요. 초등학교 때는 펭귄 때문에 남극으로 이사 가자고도 했고요. 하도 졸라서 실제로 펭귄을 키워야 하나 이런 생각까지 했을 정도니까. 펭귄 대신 햄스터, 고슴도치, 기니피그를 키워봤지요. 친구들하고 놀러갔다가도 밥 안 준 게 생각났다 하면 들어오고. 학교 갔다오면 제일 먼저 챙기고. 강아지 키우자는 거는 안 들어줬어요. 강아지는 왔다갔다 하잖아요. 우리 생활권을 휘젓고 다니니까. 그런데 키우게 해줄 걸, 후회스럽고. 애기들도 참 예뻐했어요. 다정한 아이였던 것 같아요. 사춘기 겪으면서 내가 싹 잊어버렸지요. 아이였을 때의 이미지를. 어렸을 때 귀여운 모습들을 다 잊어버리고 힘든 거만 생각했던 거 같아요. 그런 아이가 아니었는데.

5학년 때인가 창현이가 나한테 시를 하나 줬어요. 제목이 방석. 내용은 "아주 방석이 비싸더라도 우리 엄마 무릎 밑에 얹고 싶어요"였어요. 아, 애가 국어실력이 좀 나쁘구나 하고 간직하고 있었는데 창현이 유품 정리하다가 그걸 또 발견했어요. 창현이 장례 치르고 나서 두주 지나고 교회에서 예배드리는데 그 시가 딱 떠오르는 거야. 깨달아지는 게 있었어요. 창현이 5학년 때 40일 새벽기도를 가족이 다 같이 했거든. 애들은 그냥 가서 자는 거야. 그래도 어쨌든 40일 동안 새벽에 한시간씩 참석했어요. 나는 제일 오랫동안 기도하는 사람 중 한명이라 내가 앞에서 무릎 꿇고 기도하고 있으면 창현이가 와서

"엄마, 가자. 사람들 다 갔어요. 엄마, 가자", 이랬거든. 기도하는 엄마 무릎이 아파 보였는지 방석을 깔아주고 싶었구나라는 게 떠올라서 엄청 울었어요. 애가 그런 애였는데 내가 몰랐고, 잊어버렸던 거예요.

나나 창현 아빠나 공부하라고 안 했거든요. 창현이는 학원도 안 다녔고 그냥 놀게 했어요. 학원 다닐래라고 물으면 싫대. 이게 다였어요. 와동초등학교는 나가면 친구들이 많이 있었어요. 그래서 많이 놀았던 것 같아요. 맨날 여기저기 다쳐오고 롤러블레이드 타다가 무릎 깨져오고 깨진 데 또 깨지고 그런 모습들이 참 많았어요. 아빠가 장례식 끝나고 하는 말이, 그렇게 미안하지 않은 이유가 공부하라고 압박하지 않아서, 실컷 놀게 해서 얘는 후회는 없을 거라고 그러더라고. 고등학교 때 야간자율학습도 안 했거든요. 시험기간 되면 "공부해야지" 그러면 "내가 알아서 할게요" 이게 다야. 이건 '더이상 얘기하지 마세요. 말하기 싫어요'라는 뜻이거든요. 우리한테 어떤 철학이 있어서나 그런 건 아니고 애가 싫다고 하니까. 창현 아빠도 애가 정신 차릴 때 되면 차린다고 내버려두라고 그랬고요. 난 교회를 다니니까 공부보다 더 중요한 것은 사람 됨됨이라고 생각했어요.

2006년부터 며칠에 한번씩 창현이를 위해 쓴 기도집이 있어요. 창현이가 장가갈 때 주려고 그랬어요. 자기 생활을 시작할 때 주려고. 어려운 일이 예기치 않게 닥치잖아요, 인생은. 부모가 그 인생을 대신 살아줄 수 없잖아요. 그 대신 하나님이 옆에서 더 좋은 길로 인도해주실 거니까. 너를 위해 엄마가 이렇게 기도했으니까. 엄마가 하나님에 의지했던 것처럼 창현이도 어떤 환경에서든 하나님에 의지하기를 바라면서 썼어요. 만약에 하나님을 떠났다가도 혼자가 아니고 내 옆에 하나님이 있다는 걸 깨닫고 다시 돌아오지 않을까 생각하면서.

다시 보니까 잔소리만 무지하게 했구나 그런 생각이 들더라고. 걱정이 많았던 것 같아요. 나쁜 친구들하고 어울릴까봐. 열심히 하려고 했는데 결과는 그렇게 안 나타났지요. 내 말투가 문제가 많았나봐. 친정 엄마한테 배운 게 그대로 나도 모르게 나왔던 거 같아요. 내가 습관적으로 하는 말들이 기분 나쁘게 들리고 애들 마음을 상하게 했다더라구요. 창현이 아빠는 그걸 많이 지적해줬어요. 처음에는 인정을 안 했지요. 그러고 나서 곰곰이 생각해보면 창현 아빠 말이 맞아요. 창현이 아빠도 얘기하고 애들도 얘기하니까. 그런데 인정한다고 그게 금방 고쳐지는 게 아니지요. 조금씩 조금씩 고쳐간다 그럴까.

기도문을 쓰면서까지 애들 잘 키우고 싶었던 마음이 굉장히 컸거든요. 근데 오히려 그런 엄마를 보고 모순된 모습을 보고 그 모습을 따라한다니. 애들은 부모가 앞에서 말하는 것이 아닌 뒷모습 보고 배운다고 하잖아요. 행동으로, 삶으로 배운다고. 애들이 그런 지적들을 하면 화가 났다가도 슬펐지요. 공든 탑을 쌓아놨다가 무너지는 느낌. 그렇게 느껴졌던 것 같아요. 느낀다고 해도 하루아침에는 안 변하는데, 어쨌거나 열쇠는 내가 쥐고 있는 거였어요. 창현이가 가고 나서는 쉬워졌어요. 그렇게 했던 것들이 아무 쓸모가 없어져서.

갈등이 증폭되는 가족을 보면 안타깝고 슬퍼

직장은 올 스톱. 일이 손에 안 잡히지요. 어떻게 손에 잡히겠어요. 창현 아빠랑 같이 10년 정도 사업을 했어요. 대리운전. 아빠가 손님 태우고 여기저기 이동하잖아요. 그럼 나는 차로 뒤따라가서 아빠를 데려오는 거야. 자유롭게 할 수 있는 일이라 창현이 아빠가 그래도 적응하더라고요. 술 먹은 사람 상대하는 일인데 잘하더라고. 직장 다니다가 처음에 투잡으로 했는데 나중에는 이것만 하게 됐어요.

다른 대리기사들은 혼자 잘하거든요. 창현 아빠는 처음부터 나랑 같이해서 혼자 하는 걸 싫어하더라고요. 내가 쫓아가면 내린 데서 바로 움직여서 계속 일이 진행되는데 혼자 하면 능률이 안 오른다고. 혼자도 한두번 해보긴 했는데 하기 싫은지 일찍 들어오더라고요. 나는 안 편했지요. 엄청 싸웠어요. 남편이 집에 있을 때와 일할 때가 다르더라고. 일할 때는 프로가 되어서 그 일에만 집중하길 원해요. 그런데 나는 라디오도 듣고 티비도 보다가 실수도 하니까. 엉뚱한 차 따라가기도 하고. 일할 때는 일만 열심히 하라는데 거의 7, 8시간을 운전만 하려니 지루하지요.

그러면서 서로에 대해 더 알게 된 것 같아요. 부부가 같이 살아도 서로 잘 모르거든. 30, 40년 같이 살아도 따로따로 일하면 잘 모를 것 같아요. 근데 우리는 10년 가까이를 24시간 붙어서 치열하게 싸웠으니까 서로에 대해 알게 됐고, 그래서 지금은 결과적으로는 괜찮은 것 같아요. 낮에도 밤에도 붙어 있으니까 얼마나 싸웠겠어요. 일하면서 더이상 싸우지 않게 된 건 한 4년 전쯤. 5, 6년 전에는 싸웠던 것 같아요. 싸우면 내가 일하다 말고 집에 가버려. 그럼 창현 아빠 혼자서 헤매는 거지요. 한두시간 정도 지나면 이 사람은 금방 풀리더라고. 정말 신기하대. 씩씩거리다가도 한시간 지나면 되돌아오니까. 나는 아니거든. 오래 가거든.

확 어디로 나가고 싶어도 애들이 있으니까 못하겠더라고요. 애들 놓고는 어디 못 가겠어요. 어디 가본 적이 없어요. 겨우 간 데는 찜질

방 한번. 갈 데는 없고 집에 와서 화내기는 싫고… 애들 학교 보내야 되니까 얼마 있다 들어왔지요. 창현이 아빠는 크게 걱정은 안 했던 것 같아요. 나를 아는 거지요. 어디 갈 사람이 아니라는 거를.

같이 일하고 싸우면서 서로 건드리지 말아야 할 상처 같은 것도 알게 되고, 얘기를 많이 하게 되지요. 애들 교육에 대해서도. 나는 어쨌거나 신앙적으로 이끌어가야 하니까 많이 참았고. 아무리 부부싸움을 해도 넘지 말아야 할 선이 있잖아요. 그 선은 서로 안 넘으려고 노력했던 것 같아요. 창현이 아빠가 착해. 나보다 착해. 내 말을 잘 들어준다고 그럴까. 애들도 아빠를 더 좋아하고. 나는 따지는 편인데 창현이 아빠는 따지지 않고. 무조건은 아니지만 웬만한 건 다 들어주는 편이야.

창현이 아빠가 밖에 나가기 좋아하는데 마흔 넘으면서는 더 집안으로 파고들고, 가족을 제일 중요하게 여기고 그런 게 보였던 거 같아요. 그러니까 나도 고마워하고. 지금은 친구 같은 사이가 되었다고 할까. 나는 애 아빠 편이 되고 애 아빠는 내 편이 되고. 서로에 대해서 더 많이 아는 거지요. 이 사람은 이런 사람이구나. 말해서 안다기보다 서로 저절로 알게 된 거 같아요. 그래도 표현해주면 더 좋아하지요.

남편이 진상규명에 뛰어든다고 했을 때, 당연히 해야 한다고 생각했어요. 누군가는 해야 할 일이고 애들을 위한 거니까 더 열심히 하기를 바랐지요. 내가 창현 아빠 가는데 항상 따라가는 게 아니고 다른 엄마들하고 일하게 되면 전혀 예기치 않게 문제들이 발생할 여지가 있어서 처음부터 주의를 많이 줬어요. 엄마들하고 있을 때 조심해야 할 부분. 말이나 태도나. 왜냐면 보는 눈들이 워낙 많고 기자들도 항상 있고 정부쪽 감시자들도 따라 다니는데 요만큼의 틈이라도 보이면 그 틈을 파고들어 대리기사 폭행사건처럼 큰일 만드는 건 일도 아니니까. 그런 여지 보이지 말라고 많이 얘기했고, 창현이 아빠도 잘하는 것 같아요.

같이 활동하면서 응원해주는 같은 편이니까 서로 의지가 되지요. 사람들이 욕해도 나는 창현 아빠 편들어주고 당신이 잘하는 거라 얘기해주고. 속상한 거 있으면 남편이랑 얘기해서 풀고 욕할 사람 있으면 같이 욕도 하고. 서로 못할 얘기는 없어요. 다 해. 남편하고 관계도 예전보다 더 노력한다고 그럴까. 예전 같으면 잔소리 할 부분도 불쌍해 보여서 안 하게 되고 더 서로를 위해주는 것 같아요. 나는 집에서 자고 창현 아빠는 청운동에서 자거나 그럴 때도 당연히 챙기지요. 어디서 자는지 확인하는 게, 못 믿어서가 아니라 배우자로서 남편이 어디 있는지 당연히 알아야 하니까.

다른 부부들 보면 안타까운 부분이 참 많더라고요. 서로 위해주기보다는 옛날부터 쌓아온 갈등이 이 일로 인해 증폭되는 게. 난 오히려 서로 더 좋아져야 한다고 생각하는데 더 안 좋아지는 사람들을 많이 보게 돼요. 그게 제일 슬픈 일 같아요. 애도 잃었는데 가족 간에도 사이가 안 좋아지고… 그러면 더 비극이잖아요. 가족이 풍비박산되는 거잖아요. 그런 부분을 서로 인식해서 잘했으면 좋겠는데 잘 안 되는 모습 볼 때면 참 안타까워요.

창현 아빠가 김무성한테 무릎 꿇었을 때는 많이 화가 났지요. 그때는 지푸라기라도 잡고 싶은 심정이었나봐. 내가 몰랐던 면 중에 하나였던 거 같아요. 아빠가 저렇게까지 할 수 있구나. 나처럼 자주 울지는 않는데 우는 모습을 몇번 봤거든. 아빠랑 창현이랑 잠을 같이 잤어요. 1학년 때 잠을 늦게 자고 잘 못 잔다고 하길래 라텍스 침대를 샀어요. 그래서 같이 잤어요. 낮에는 안 그러는데 잠잘 때만 끌어안고 이래. 서로 다리 올리고. 주로 창현이가 올리고 아빠가 봐주는 거지요.

초기에 트라우마센터에서 왔었어요. 그때는 우리 상태가 어떤 상태인지 몰랐어요. 지금 시간이 가면 갈수록 애가 없는 빈 자리가 더 커져서 갈수록 아프거든. 점점 더 아픔이 느껴져. 아이의 빈 자리가 정말 말도 안 되게 큰 거야. 애가 있었는데 없어졌어요. 있다가 없어진 게, 그냥 둘 중 하난데⋯ 17년 동안 같이 있었던 애가 하루아침에 없어진 이 사실이 뭐 어떻게 감당이 안 되는 거예요. 모든 부모들이 그래요. 시간이 갈수록 그 아픔이 점점 커져가고 있어요. 갈수록 태산인 것 같아요. 광주 오월어머니회 분께서 "죽어야 잊지 그걸 어떻게 잊느냐"고 하신 그 말이 맞는 것 같아요. 절대로 잊는다고 잊히는 것도 아니고 죽을 때까지 갖고 가야 할 그런 거 같아요.

한 사람의 생각이라도 바꿀 수 있다면

진상규명에 적극적으로 뛰어들게 된 이유 하나가 또 있어요. 예은이 엄마가 다니는 교회 목사님이 나무로 손에 쥘 수 있는 십자가를 손수 만들어서 유가족들을 초대한 일이 있었어요. 기독교인이라 나도 갔어요. 그때 같이 준 책이 있는데 받은 그날 읽어봤거든. 그 책의 내용은 '하나님이 예수님을 이 땅에 보내신 것은 예수님 말씀을 잘 듣고 그대로 따르길 원했던 것이지 십자가에 죽이려고 보낸 게 아니다.' '예수님이 십자가에 못 박히신 것은 악의 세력이 너무 커져 악의 세력이 저지른 범죄이지 하나님의 뜻이 절대 아니다' '하나님은 아픈 아이들 편에 있다. 낮고 천한 사람들, 고통 당하는 사람들, 이런 사람들 편에 있다'라는 거였어요. 다 읽지 못하고 잤는데 꿈을 꿨어요. 우리 창현이가 집에 왔더라고. '어? 얘가 못 오는 앤데 어떻게 왔지' 하면서도 말도 안 걸었고 창현이를 아는 모든 사람이 와서 확인하고 그렇게 이틀 정도 지나는 꿈을 꿨는데, 딱 눈을 뜨면서 드는 생각이 있었어요. '이건 절대로 하나님의 뜻이 아니다', 창현이가 이렇게 말하는 것 같았어요. 엄마, 엄마가 하는 일이 맞아요. 엄마가 진상규명을 위해서 그렇게 애쓰는 게 맞아요. 그러니까 엄마 더 열심히 해줘. 그렇게 말하는 것 같았어요. 확신이 들었어요.

처음부터 정부에서 우리를 정직하게 대해줬으면 안 그랬을 거야. 사고였는데 최선을 다해서 구했는데 못 구했다 그러면 우리도 받아들이지요. 그런데 그런 모습을 본 적이 없고 진실을 말해주지 않았으니까. 하다못해 교통사고가 나더라도 그 원인을 밝히는데 이건 304명이 죽은 대형사고잖아요. 처음부터 투사가 되어 이걸 밝히고 말거야라는 생각으로 뛰어든 부모, 한명도 없어요. 그렇게 정부가 우리를 끌고 온 거지요. 너무 얕본 거지, 우리를. 이렇게까지 잔인하게 가족들을 몰아붙일지는 정말 몰랐어요. 우리는 국민도 아닌 것 같아요. 대통령이 국회에 연설하러 왔을 때는 거의 경악 수준이었어요. 엄마들이 새벽같이 올라가서 대통령 눈길 한번 사로잡으려고 살려달라고 그렇게 외치는데 눈길 한번 안 주더라고. 그러면서 웃으면서 지나가더라고. 그게 사람인지요. 정말 그럴 줄은 몰랐는데… 대통령이 그러니 그 밑에 사람들은 어떨까 싶고.

지금 상황은 참담해. 배 안에 아직 아홉명이나 갇혀 있잖아요. 아홉명밖에가 아니라 아홉명이나 갇혀 있는 거야. 그런데 수색을 중단했고, 그러면 배라도 인양할 줄 알았는데 정부에서는 어떻게 하면 인양을 안 할까를 생각하고 있는 거 같아요. 아홉명 모두 찾아야 하고 배도 인양해서 도대체 어떻게 된 일인지 증거를 찾아야 하는데, 정부에서는 돈 얘기 하면서 어렵다니. 앞으로 무슨 얘기 하면서 인양을 안 하는지 지켜봐야지요. 부모들은 팽목항에서 진도에서 자식의 흔적이라도 찾겠다고, 지금은 형체도 어떻게 됐는지 모르겠지만 그거라도 좀 찾아야겠다고 거의 7개월을 그러고 있었는데. 그 희망을 그렇게 한마디로 잘라버리는 거 보면서, 또 열다섯명의 선장, 선원들 재판하는 걸 보면서 정말 많이 절망했어요. 유가족들끼리도 많이 힘들어하고 뭘 해야 할지도 잘 모르겠고, 정부에 어떤 식으로 대응해야 하는지도… 서로 힘든 가슴 붙잡고 위로하면서도 마음속으로 엄청난 충격과 아픔에 사로잡혀 있어요. 부모들 거의 모두가. 이런 상황에서 그나마 간담회라는 형식으로 많은 분들 만날 수 있어서 좋아요.

간담회 가면 현재 가족대책위 상황 이야기 하고 창현이 얘기도 조금 하고, 앞으로 이어질 일들이나 바라는 것들을 이야기해요. 간담회에 오는 사람들 대부분이 세월호에 대해 관심있는 사람들임에도 더 열심히 알려야겠다는 생각을 하게 돼요. 나는 우리 애 얘기라 있는 사실 그대로 얘기하는 건데 듣는 분들이 굉장히 마음 아파하고, 정말 이거는 놓치면 안 되는 거구나, 세월호까지 유야무야되면 안 되는 거구나 하는 마음들을 더 단단하게 다지게 되는 것 같더라고요. 유가족 아닌 사람이 얘기하는 거하고 제가 이야기하는 것하고 다른가봐요. 그래서 간담회가 더 필요한 거고 이 일은 유가족이 해야만 하는 일이고. 말하는 나도 더 열심히 해야겠다는 생각을 항상 하게 돼요.

제2부 기억하는 사람들, 기록하는 사람들

대전의 어느 교회에서 끝날 때 인사하는데 어떤 사람이 자기는 정부에서 하는 것만 믿고 있었다고 해요. 유가족들 말하는 게 거짓말이라고 생각했고 전혀 이런 상황인지 몰랐다는 거야. 간담회에서 얘기 듣고 너무나 미안하다고. 그 얘기 듣고 너무 반가워갖고… 그런 사람 한 사람만 있어도 너무 반가워요. 그래서 계속 가게 되는 것 같아요. 어디든지요.

속은 많이 단단해지고 있어요. 정말 세상에서 처음 듣는 별의별 소리를 다 듣다보니까. 길이 워낙에 험난하고 어려운 과제를 풀다보니까 비난받는 건 어쩌면 당연한 걸지도 모른다는 생각도 들고. 앞으로 수많은 비난들이 있을 텐데. 당장 내 눈앞에 대고 뭐라고 하면 나도 막 그럴 거지만 하루만 지나고 나면 '저 사람은 그랬구나' 이렇게 넘어갈 수 있게 됐다고 할까. 수많은 비난들에 대해서 무뎌지는 것 같아요. 그렇게 격하게 반응하지도 않고. 좀 불쌍해 보이고.

앞으로는 두려울 게 없다고나 할까요. 그냥 있는 그대로 보여주고 숨기는 게 없으면 두려울 게 없을 거 같아요. 지금은 욕도 많이 해. 전에는 욕 안 하고 살았는데, 속에서는 욕이 나와도 기독교인이니까 하면 안 되지 하는 계산에서 안 하게 됐지요. 그런데 지금은 욕하고 싶을 때 해요. 나 자신에 대해서도 솔직해지고 남들이 보는 눈도 그렇게 두렵지 않고 대담해졌다고 할까.

어쨌든 진실이라는 목표 하나 보고 달려가다보면 목적지에 다다를 수 있을 거 같아요. 그렇지만 내가 끝장을 봐야 해, 내가 결과를 내야 해 그런 생각은 아니에요. 전에는 저쪽 길로 갔다면 지금은 방향을 틀어서 이 길로 가는 건데, 그냥 끝까지 갈 뿐이지요. 어쨌든 내가 할 수 있는 만큼 최선을 다해서 간다. 그거예요. 이 길 가다보면 또다른 사람들이 있으니까. 우리 가고 난 뒤에 다른 사람들이 언젠가는 밝혀줄 거다, 그건 확신해요. 우리가 앞서서 얼마만큼 가졌으니까 다음 사람들이 거기에서부터 출발하면 되니까.

_작가기록단 **박희정**

제2부 기억하는 사람들, 기록하는 사람들

대통령과의 5분간의 통화 그리고 헤아릴 수 없는 긴 고통

2학년 1반 문지성 학생의 아버지 문종택 씨 이야기

: 9월 24일, 자정을 넘은 경기도 미술관 안은 고요했다. 기념품 가게 앞에 놓인 검은 철제의 현대식 의자에 앉아 416TV(세월호 유가족 방송)에서 활동하고 있는 지성이 아버지 문종택 씨를 기다렸다. 벌써 약속 시간인 밤 11시에서 한시간 반이나 지나고 있었다. 유가족들이 고려대에서 학생들과 만나 대화를 나누었던 장면을 촬영하고 오느라 늦는다고 했다. 격론 속에 밤늦은 회의를 마친 2학년 1반 부모들은 집으로 돌아가고 몇분만 대책위 회의실에 남아 세월호의 CCTV 영상을 보면서 자식들의 흔적을 찾고 있었다. 그날은 매우 긴장된 날이었다. 유가족들이 바라는 특별법이 여야의 타협으로 무산될 수도 있다는 것을 이미 온몸으로 감지하던 때였다. 다양한 색의 분노와 무거운 침묵이 부모들 사이에 감돌았다. 아이를 잃어 절망하던 부모들이 사회에 대한 절망감으로 더 큰 고통을 겪고 있었다. 그 즈음 나는 아버지들의 울음소리를 많이 들었다. 참고 참다가 울음을 터뜨린 것이다. 지성이 아버지는 새벽 1시 반이 넘어서야 도착했다. 무거운 방송

장비가 든 배낭을 메고 비를 머금은 축축한 바람과 함께 미술관으로 들어섰다. 촬영이 끝나고 아버지는 편집문제로 서울 신촌의 전문가들을 만나고, 함께 일하는 박보나(희생학생 박성호의 누나)와 단원고 출신 최승환을 집까지 바래다주고 이제야 도착했던 것이다. 피곤하면 인터뷰 시간을 다른 날로 옮기면 어떠냐는 내 말에 그는 요즘 지성이에게 너무 미안해 잠을 잘 수가 없다고 했다.

"시간이 아까워요. 해결된 게 아무것도 없잖아요. 일을 계속해야 하는데 계속 달려야 하는데 잠을 자면 또 하루가 지나가버리잖아요. 이 모든 상황이 미치겠어요." 자식을 위해 죽을힘을 다해 노력했지만, 세상은 아무것도 변한 것이 없고 자식만 잃었다는 억울함과 분노, 이 세상에 대한 절망이 가득했다. 처음으로 만났던 5월에 비해 원래 마른 그의 몸은 더 반쪽으로 메말라 위태로워 보였고 햇볕에 그을린 얼굴은 마음이 타들어가서인지 더 새까맸다. 몸도 여기저기 아팠고 장모상을 당한 이후에는 혹독하게 앓기도 했다. 하지만 검은 얼굴빛에 비해 정신은 너무나 생생하고 예리하게 살아 있었다. 3시간 넘게 그의 이야기를 듣다가 다른 인터뷰와 달리 처음으로 내가 먼저 조심스럽게 인터뷰를 끝마쳤다. 간간히 터지는 지성이 아버지의 진하디 진한 울음이 곧바로 나에게 전달되어 가슴에 통증이 밀려왔다. "내가 무얼 도와주면 좋겠는지 한가지만 이야기를 해라, 그러면 들어주겠다." 사고 이후 말없이 분향소만 왔다갔다 하는 내가 안타까웠는지 그가 했던 말이다. 두려움에 떠는 내 마음을 읽고 가장 먼저 손을 내밀어준 것이다. 자식을 잃은 고통 속에서도 타인을 배려하는 마음을 가진 분이었고 천성으로 누군가의 마음을 깊게 감지해내는 분이었다. 유머감각도 뛰어났다. 그의 말에 내가 얼마나 큰 용기를 냈는지 모른다. 그런 분이 그 날은 헤아릴 수 없는 고통 속에 있었다. 인터뷰가 끝난 새벽 5시, 밖에는 비가 내리고 있었다.

4월 16일 오전 9시 4분에 전화가 한통 왔어요. 모르는 번호더라고요. 저는 원래 입력된 번호가 아니면 잘 받지 않습니다. 안 받을까, 하다가 느낌이 이상해서 받았는데 지성이였어요. 그 전날 지성이에게 문자가 3~4개 왔는데 제가 그날은 좀 일찍 잠이 들어서 배가 떠나지 못한다는 메시지 하나만 확인하고 나머지는 확인 못 했거든요. 그 전화는 나중에 확인해보니 같은 반 친구 전화기였어요. 친구 전화를 복구했는데 거기에 있는 몇초짜리 짧은 동영상 맨 마지막 장면에 지성이가 친구에게 "야, 핸드폰 좀 빌려줘. 아빠에게 전화하게…"(울음) 지성이 핸드폰이 2G였거든요. 고3인 지성이 언니가 그래요. "아빠, 지성이 밖에 나가면 핸드폰을 가방에 넣어버려." 2G폰이라 부끄러웠던 거예요. 나는 그런지 전혀 몰랐어요.(울음)

"아빠, 배가 기울었어요" 그래요. "인마, 배가 기울면 얼마나 기울었겠냐." 제가 제주도에서 살았기 때문에 세월호 그 배가 얼마나 큰지 알고 있었거든요. 부산에서 제주도, 목포에서 제주도로 운행하는 카페리호보다 훨씬 큰 배였어요. 쉽게 넘어갈 배가 아닌 거죠. "아냐, 아빠 배가 많이 기울었어." 그 말을 듣고 제가 놀라서 누워 있던 몸을 일으켰어요. "얼마나 많이 기울었니?" 그랬더니 "아빠, 많이 기울었어요." 애한테 차분하게 설명했어요. "지금 9시 4분이니까 시간은 있다" 그러면서 제일 먼저 구명조끼 이야기를 했어요. "구명조끼 입었니?" 입었대요. "구명조끼를 앞으로 채웠니, 뒤로 채웠니? 뒤로 채웠으면 친구하고 서로 확인을 더 해라." 지성이가 내 얘기를 다 듣고 행동해야 하는데 확인해라 하니까 확인하느라고 목소리가 점점 멀어지는 거예요. 한마디에 행동하고 한마디에 행동하니까. 저는 마음이

급해지는 상황이었어요. "인마, 아빠가 이야기를 하면 다듣고 움직여!" 성질을 냈어요. "비상구가 어디 있는가 봐." "아빠, 비상구가 안 보여." "그러면 문이 보이지 않냐" 물어보니까 문도 안 보인대요. 그래서 제가 더 성질을 냈어요. "어딘가로 들어오는 문이 있었으니까 니가 거기 앉아 있지 문도 없이 어떻게 들어왔냐." 그러니까 "아빠, 거기는 갈 수 없어" 그러는 거야.

아, 그 소리를 들으니까 배가 상당히 많이 기울었다는 느낌이 확 오면서 가슴이 쿵 거리더라고요. 나중에 생각해보니 아이들이 배가 기운 쪽인 내리막이 아니라 배가 올라가 있는 곳에 전부가 서로 붙어 있는 상황이 아니었나 싶어요. 그쪽으로 붙어 있으니까 비상구나 문 쪽으로 갈 수가 없었던 것 같아요. 소화기 보이냐고 물어보았어요. 들고 깰 수 있는지 확인하려고요. 소화기도 안 보인대요. 소화기가 무엇인지 못 알아듣는 것 같아 "불 끄는 것, 빨간 것!" 하니까 그것도 없다고 하더라고요. 그럼 옆에 들고 깰 만한 것 없냐, 망치나 이런 것. 그런 것도 없다는 거예요. 너 친구 핸드폰이니까 아빠가 확인을 해서 다시 전화할 테니 핸드폰을 비닐로 싸라, 그랬더니 비닐도 없다는 거야. 또 한번 짜증이 나는 거야. "야, 인마 너희 저녁에 과자를 먹었을 것 아니야." 지성이가 학교에 갈 때부터 과자를 가져간 걸 제가 알고 있거든요. 과자 든 비닐 가방, 학교 가방, 캐리어 이렇게 3개를 가져갔어요. 과자 가져가지 말라고 했거든요. 배 안에도 매점이 있어 살 수 있다고. "과자 봉지라도 있으면 핸드폰을 싸놓아라. 혹시 물이 들어와서 핸드폰 망가지면 연락 못 할 수도 있으니까." 전화를 끊고 TV를 켰어요. 평소 뉴스에 관심이 많아 YTN을 트니까 나오더라고요. 앵커들이 생방송을 하고 있었어요. 처음에는 세월호도 아니고 인천에서 출항한 배라고만 나왔어요. 단원고생들 이야기도 안 나오고. 초반이죠. '아, 배에 문제가 생기긴 생겼구나. 이 정도 사건이면 아마 지상파에서도 보도를 할 것이다' 하고 KBS, MBC, SBS를 틀었더니 사고소식이 나오지 않고 아침방송을 그대로 하고 있는 거예요. 아침방송 하는데 자막도 없었어요. 그래서 신고해야겠다고 생각했어요. 지성이하고 통화하면서 제가 "배 안에서 움직이지 마라, 가만히 있어야 안전하다"라는 방송을 다 들었거든요. 나도 그 방송을 듣고 속은 사람이지, 일종에. 다시 친구 핸드폰으로 전화를 했더니 이제는 안 되는 거예요. TV를 다시 켜니까 헬리콥터도 뜨고 배도 막 들어가고… '아, 이제 괜찮겠구나.' 단원고 수학여행 나오고 아마 한시간 이상을 지상파에서 보도했을 거예요. 제가 인천 119에 신고를 했어요. 그랬더니 계속 통화중인 거예요. TV에서 생방송할 정도면 다 알겠거니 생각했어요.

진도로 달려가야 할 상황이어서 학교로는 가지 않았어요. 내가 볼 때 학교에서 받을 수 있는 정보라는 게 내가 지금 TV에서 받는 정보 수준밖에 안 되겠더라고요. 신혼여행 갔다온 지 이틀밖에 되지 않은 둘째 사위하고 각자 차를 갖고 진도로 달렸어요. 사위는 젊으니까 아무래도 차 속도가 빠르고 저는 늦죠. 집사람은 충격으로 꼼짝도 못하고 정신도 가물가물 했어요. 진도대교도 아직 도착하지 않은 상황인데 사위에게 팽목항에서 전화가 왔더라고요. "아버님, 여기 지성이 없습니다. 진도체육관으로 가고, 병원으로 다 갔대니까 찾아보겠습니다." 그래서 진도체육관에서 만나기로 했어요. 진도체육관에 가보니 사위가 먼저 와 있더라고요. 빨리 간다고 갔는데 늦게 도착했어요. 도착하니까 생존자가 나오기 시작했고 지성이가 살아 있다는 소식이 들렸어요. 생존자 명단에도 지성이가 있었어요. 저희는 일단 안심을 했죠. 생존한 아이들이, 체육관 들어가면 왼편 복도 쪽에 보면 운동선수 대기실에 있었어요. 그 안에 생존 아이들이 다 있었어요. 부모님들이 오시면 선생님 두분인가가 아이들을 확인해서 자녀들을 보여주고 데려가게 하는 거예요. 제가 갔을 때는 6~7명밖에 남지 않았더라고요. 그런데 지성이가 없는 거예요. 아이들한테 물었어요. 어떤 아이는 지성이가 자기랑 같이 나왔다고 하고. 지금 생각해보니까 나왔다는 게 배 밖으로 나온 게 아니고 복도까지 나왔던 그 모습을 보고는 정신이 없으니까 밖으로 나왔다고 한 게 아닌가 하는 생각이 들어요.

체육관에 없으니 아이들이 갔다는 병원으로 가서 계속 확인해봤어요. 그 당시 병원이 네군덴가 다섯군덴가 그랬는데 병원 이름이 다 비슷비슷했어요. 진도 한국병원, 한국병원, 목포 한국병원… 그래도 지성이가 없길래 체육관 뒤로 가면 운동장이 있는데 나무들도 있고 주차장도 넓어요. 그곳까지 다 찾아봤어요. 혹시 밖에서 아빠 오기를 기다리다가 만나지 못한 건 아닐까 하고요. 밑에 도로에 심어진 벚꽃나무 쪽으로 해서 싹 다 뒤졌어요. 나왔다는 아이가 없으니 미칠 지경이었어요. 생존자 명수도 제대로 된 게 아니고. 명단도 틀린 학생들이 있고, 저희 말고도 2명이나 더 있대요. 처음부터 실종자 명단에 있었으면 이렇게 미치지는 않았겠지만 살아 있다는 아이가 없으니까 더 미치는 거죠. 나중에 인터넷에 올라와 있더라고요. 지성이 아빠, 하수구까지 다 뒤졌다고. 다 찾아봐도 없으니까 그 순간 하나의 생각이 퍼뜩 떠오르는 거예요. '아, 애를 찾으려면 뭔가 수를 찾아야 되겠다.' 그래서 제가 퇴근할 때마다 들었던 방송이 있었거든요. 예전에

김미화가 진행했고 지금은 왕상한이 진행하는 〈세계는 우리는〉이라는 방송이요. 거기에 알리면 혹시 지성이가 직접 들을 수도 있고 지성이 옆에 있는 사람이 알려줄 수도 있으니까 거기에 지성이 찾는다고 말해보면 어떨까 했어요. 거기에 문자를 남겼어요. 내가 뭘 생각을 했는지 답이 올 거라는 확신이 들었어요. 사실 저 같은 평범한 사람들이 방송프로그램에 참여하면 당첨되기가 굉장히 어렵잖아요. 근데 그날은 확신이 오는 거예요. 메시지를 보냈더니 바로 PD한테서 연락이 왔어요. 상황을 직접 전달해줄 수 있냐고 하더라고요. 사실 연락을 받고 조금 놀랐어요. 왜냐하면 라디오 프로그램도 캐스트(배역)가 다 정해져 있고 구성해놓은 게 있는데 생방송을 하려면 그걸 다 미뤄야 하는 상황이잖아요. 쉽지가 않았을 텐데 즉시 답이 오니까 좀 놀랐지요. 지금 상황을 다 이야기했어요. 수학여행 간 아이를 찾으러 왔는데 아이가 없다, 답답한 심정에 방송을 하면 누구라도 듣고 아이를 찾아주지 않을까 싶어서 연락했다, 하고요. 진행자가 그러더라고요. "지성이 아버님, 온 국민이 지금 다 듣고 있어요. 너무 많은 분들이 응원의 글을 올려주시고 계세요. 아이들이 다 살아오기를 빌게요." 나머지 시간 동안에도 많은 이야기를 했어요. 자식을 찾는 저희들을 지켜봐달라는 말까지 기억 나는데.

지성이를 못 찾는 상황에서도 지성이 이름이 계속 생존자 명단에 있었어요. 방송국에서 계속 생존자 명단으로 올려놓았어요. 이틀인가 지나서 제가 지성이가 없는 것을 확실히 확인하고 생존자 명단을 반복해서 내보내는 방송국에 전화를 했어요. 지성이를 찾으려면 실종자 명단에다 올려놓아야겠더라고요. 계속 생존자 명단에 올라 있으면 애를 찾을 길이 없겠더라고요. 그 당시까지만 해도 제가 제일 신뢰한 방송국, '국민의 방송' KBS에 전화해 제 딸 문지성을 생존자가 아닌 실종자 명단으로 올려달라고 부탁했어요. 그랬더니 안 된다고 하는 거예요. "아, 여보쇼. 제 새끼가 생존자 명단에 들어 있으면 나도 좋고 애도 찾는 게 되는데 부모가 오죽하면 제 새끼가 실종됐다는 명단에 이름을 올려달라고 하겠수. 이걸 안 된다고 하는 게 어디 있어" 그랬더니 그 담당자가 하는 말이 숫자는 해경에서 결정한다면서 해경에 전화해보라는 거요. "여보시오, 내가 지금 정신이 하나도 없는데 부모가 해경한테 연락을 해야 하나." 그랬더니 해경에 해야 한대. 그럼 해경 전화번호를 알려달라고 했더니 모른대.

각 방송국마다 똑같은 상황이었어요. "그러지 말고 내가 지성이 아빠니까 내가 지워달라고 하면 해경을 무시해서라도 물려. 뒷일은 내가 책임을 질 테니까. 해경에다가 내가 나중에 '왜 지성이를 실종자 명단에서 뺐냐' '없는 새끼 생존자 명단에 올렸다'고 따져물을 테니 일단 내려. 내 새끼 찾을라니까." 그래서 겨우겨우 내가 다 움직여서 내렸어. 그래서 그날은 지성이 이름이 실종자로 나간 거야. 근데 그 다음날 되니까 당직이 바뀌더라고 방송국에서. 자막을 만들어놓으면 화면에 계속 생방이 나오면서 이름이 올라가잖아요. 바뀐 친구가 지웠던 자막이 아니라 처음에 나온 자막을 그대로 쳤는가봐. 또 다시 지성이 이름이 생존자 명단에 올라온 거야. 또 전화를 해갖고 난리를 쳤어요. 그래서 다시 실종자 명단에 올려놓았어요. 올라갔다 내려갔다 그걸 세번이나 반복했어요.

대통령과 5분 동안 통화했는데
그후로 변한 게 하나도 없었어요

사고 다음날인 4월 17일 오후 5시 쯤에 체육관 2층 관중석에 경호원들이 쫙 깔리더라고요. 그 전날 국무총리가 진도 왔을 때도 경호원들이 깔렸기 때문에 금방 눈치챘죠. 그보다 수가 더 많았어요. 그래서 VIP가 오는갑다, 그랬어요. 아니나 다를까, 대통령이 오더라고요. 가족들이 대통령과 대화를 시작했어요. 저는 그냥 듣고만 있었어요. 근데 부모님들이 대통령에게 질문을 하는데 답답하더라고요. 부모님들이 아이들에 대한 이야기만 집중적으로 하는 거예요. 아이들 살려내라는 말만이요. 이게 부모님 마음으로서는 정상인데 뭔가 부족함을 느꼈어요. 그런 이야기만 해서 될 상황이 아니었어요. 구조작업 이야기를 해야 하는데 그런 구체적인 이야기를 하는 사람이 없었던 거죠. 그래서 막판에 제가 나섰어요. 대통령에게 가까이 다가가서 이 나라 주인이 누구냐고 물었죠. 대통령이 국민이라고 대답을 하더라고요. 그러면 이 나라 미래는 누구냐고 재차 물어보았어요. 청소년, 학생들이라고 대답을 했어요. 제가 대통령에게 아이들을 구하지 못하면 이 나라 미래가 없다는 것을 알려주기 위해 그렇게 물은 겁니다. "잠수부가 배에서 구조활동을 하고 있다는 헛소리 하지 말고, 구조하는 배가 수백척, 비행기가 수십척, 잠수부가 수백명 그런 헛소리 하지 말고 지금 바다에 떠 있는 배(선수는 그때까지 떠 있었다)에 잠수부들이 올라가 작업하는 모습만이라도 보여달라. 대통령이 그런 명령을 내려달라. 그 모습을 확인하시고 주무시기 전까지 나한테 전화를 주실 수 있겠느냐"하고 내 전화번호를 줬어요. 우리가 보기에 지금 작업을 안 하고 있는데 대통령이 스스로 확인해서 우리들에게 전달해 주기를 바란 거죠.

그날 밤에 국번 없는 번호로 전화가 왔어요. 직감적으로 대통령한 테 온 줄 알았죠. 기자들이 저에게 집중하고 있는 상황이었기 때문에 다른 사람에게 온 것처럼 의자에 앉아 평소처럼 자연스럽게 전화를 받았어요. 대통령이 "팽목항에서 작업하는 모습을 볼 수 있는 대형 백스크린을 진도체육관에 설치했다" 하더라고요.

저는 마음속으로 갈등하고 있었어요. 아직도 구조자(생존자) 명 단에는 찾지 못한 지성이가 있었어요. 말하고 싶었어요. 우리 딸 찾 아달라고. 무릎 꿇고 읍소라도 하고 싶었어요. 하지만 그 말은 못하 고 대통령이 대형 스크린을 설치했다고 하길래 "이런 것들을 설치하 는 것보다 귀중한 생명이 단 한명이라도 살아나오면 학부모들이 얼 마나 좋아서 환호하겠냐" "해경, UDT(해군특수전부대) 중에 최정예 요 원을 투입해서 단 한 사람이라도 살려달라" "다른 건 원치 않는다, 단 한 사람만이다" 했지요. 저는 한명을 살려내면 그뒤로 다른 아이들 도 연이어서 구할 수 있을 거라 믿었어요. 그래서 그렇게 말하고 말 았어요. 지성이 이야기를 끝내 못했어요. 희생된 아이들이 전부 우리 아이들이라고 생각했기 때문에 내 아이에 대해서만 요청하기가 부 담스러웠어요. 더군다나 대통령 앞에서. 공적으로 일을 처리해야 하 니까. 대통령이 알았다고 최선을 다하겠다고 하더라고요. 결국 대통 령은 스크린 설치는 약속을 지켰지만 제가 말한, 배 위에서 작업하는 장면을 저에게 보여주지는 못했어요. 내 핵심은 작업이었는데 거기 에 대해서는 어떤 말도 없었던 거지요. 그때만 해도 대통령이 진도체 육관에 왔다가고 명령까지 했는데 설마 안 될까 하는 마음도 있었어요. 이렇게 안 될 줄 알았으면 대통령 바짓자락이라도 붙잡고 바지선에 같이 올라갔지. 대통령이 해수부장관을 나무라고 그랬잖아요. 일 제대로 안 했다고. 그래서 조금은 믿었지요. 그렇게 말한 대통령이 약속을 안 지킬 줄 몰랐던 거죠.

대통령과 통화한 걸 거의 아무한테도 이야기 못했어요. 아마 옆자리 부모들 몇몇만 알고 있었을 거예요. 전체 가족이 있는 자리에서 공개질문을 한 것이니까 공식적으로 이야기하려고 했는데 그날 사회를 보던 어린 친구가 막더라고요. 그래서 말을 못했어요. 그랬더니 청와대에서는 애가 끓는 거예요. 유가족과 약속을 지켰다는 홍보수단으로 사용해야 하는데 이야기가 안 나오니까 그 다음날 민경욱 대변인이 직접 전화를 했더라고요. 대통령 전화 안 받으셨냐고. 자신도 통화한 줄 다 알면서도 이렇게 물어봐요. "통화했다" 했더니 대통령이 약속 지켰다고 진짜 언론에 도배가 되더라고요. 저는 애 찾느라고 정신이 없어서 그 방송을 보지 못했어요. 사위가 "아버님, 뉴스에 나왔어요"라고 알려줘서 알았어요. 그래서 제가 4~5시쯤 돼서 민경욱 대변인에게 연락했어요. "될 수 있으면 그 방송 내보내지 말아달라." 직장인들이 일 끝나고 오면 8시, 9시 뉴스 많이 보잖아요. 그거라도 못 보게 막아달라고 했어요. "나 이 일 끝나면 다시 사회로 돌아가서 일해야 하는 사람이다. 다 알려지면 곤란하다" 그랬어요. 그때는 일이 해결돼서 곧 사회로 돌아갈 거라 생각했어요. 이렇게 지금까지 못 돌아가고 있을 줄 몰랐어요.

지성이를 찾았는데 얼굴이 없었어요

사고 난 날로부터 4~5일 만에 안산에 다시 올라왔습니다. 지성이가 죽었다는 걸로 판단했고 (시신을) 찾으려면 상당히 시간이 오래 걸릴 것 같았어요. 겨울 점퍼까지 챙겨가면서 가족들을 전부 모이게 하곤 솔직히 이야기했습니다. 지성이는 살아 있을 확률이 거의 없다, 사실 못 찾을 수도 있다, 하지만 알다시피 아빠가 바다를 잘 아니까 너희들에게 한가지는 약속한다, 지성이를 꼭 찾아오겠다, 못 찾으면 아빠 이 세상에 없는 걸로 알아라, 찾지 말아라.

사위하고 같이 다시 팽목항으로 내려왔어요. 대기업에 다니는 형님도 회사에 휴가를 내고 일주일 동안 함께해주셨어요. 승용차 석대를 바다를 향해 세워놓았어요. 애가 나오면 볼 수 있게. 누가 나왔다 하면 셋이서 무조건 달려갔어요.

지성이가 배 안 B21에 있었던 것 같아요. 1반 아이들이 37명 정도 되었는데 두 방에 나눠서 잠을 잤어요. 한 방은 좀 커서 25~30명 정도 들어가는 방이었고 한 방은 7~8명 들어가는 방이었어요. 지성이는 큰 방에 있었던 듯해요. 저는 지성이를 찾기 전까지 지성이가 그 방에서 못 나온 줄 알았어요. 4월 16일 아침 전화에서 지성이가 출구를 찾을 수 없다고 했기 때문에 그렇게 믿고 있었던 것이죠. 15일 전인가 우연히 생존학생 부모 대표를 만났는데 그분도 1반 아이 부모더라고요. 저는 그 방에서 못 나온 아이들이 꽤 많이 있는 줄 알았어요. 근데 그분이 그 방에서 애들이 다 나왔다고 하는 거예요. 거기는 수색할 필요조차 없었대요. 지성이와 친한 생존자 아이가 저희 집에 오고 싶어 해서 한번 온 적이 있는데 그 아이 말이 복도로 애들과 다 함께 나왔고 그때 예은이와 지성이도 등을 잡아 끌어냈다는 거예요. 다른 아이들은 복도에서 끄집어내어 살아나왔는데 지성이는 어디 갔나 이거예요. 생각하는 게 두가지예요. 지성이가 조금 의리파예요. 방에 있는 아이들을 끄집어내려고 다시 들어갔던가, 아니면 예은이랑 다른 방으로 달려가서 합류했던가 그건 알 수가 없는 일이죠. 또 다른 가능성은 복도에서 배 위로 올라오다가 물에 휩쓸릴 수도 있었어요.

저는 배에서 죽은 아이들이 대부분 구명조끼를 입고 있었기 때문에 물 위로 떠오를 거라고 판단했어요. 들물과 썰물은 하루에 6시간 단위로 네번 일어나기 때문에 휩쓸리다보면 죽은 아이들이 떠오르지 않을 수 없어요. 건진 시신의 상당수도 배 안에서 수습됐다기보다는 이런 식으로 떠오른 아이들 건진 것에 불과하구요. 그래서 지성이가 유실될 확률이 많다고 판단했어요. 이런 이유로 제가 해수부장관과 서해청장에게 배 주위에 그물을 설치해달라고 요청한 겁니다. 그물을 촘촘히 안 싸도 된다, 고등학생이면 다 체격이 작아도 1미터 50은 된다, 자망도 있고 노구리 그물도 있다, 큰 그물은 우리나라가 삼면이 바다이기 때문에 목포에서 부산까지 어느 바닷가 지역에서나 그물을 가져와 연결하면 얼마든지 배를 감쌀 정도는 된다, 그렇게 설명해주었어요. (해수부와 해양경찰들에겐) 매뉴얼이 없었어요. 매뉴얼을 제가 다 설명해준 거예요. 우리가 이제 해군이고 해병이고 UDT였어요. 그러다가 배에서 오일이 샌다는 방송이 나오기 시작해서 결국 그물 치는 일을 못하게 됐어요.

그 대신 오일 닻을 설치하기 시작했어요. 그 닻을 설치한 다음날인가 다다음날, 역시나 제 예상대로 지성이가 첫번째 유실된 시신으로 올라왔어요. 이건 기적 중에 기적이었습니다. 망망대해에서. 그물을 쳐놓으면 그물에 걸릴 수가 있지만 닻줄이란 건 운동회 줄다리기 할 때 그 줄보다도 작은 줄이에요. 그런 닻줄에 걸린 거예요. 그것도 어부가 발견했어요. 물살이 센데 너무 작은 걸 설치하면 닻이 떠내려갈까봐 다음날 조금 굵은 닻으로 교체하려고 갔다가 닻줄을 건져올리는 과정에서 지성이가 걸린 거죠. 배에서 나온 첫날부터 지성이가 그 닻줄에 걸리지는 않았을 거예요. 밀물 때 저쪽으로 갔다가 썰물 때 이쪽으로 갔다가 그렇게 돌아다니다가 용케 그 닻줄에 걸린 거겠죠. 그래서 지성이가 얼굴이 없어요.(울음)

시신이 나오면 A4용지에 신상명세서를 써갖고 발표를 하는데 보통 신상명세서에는 머리카락 길이, 이, 점과 상처나 꿰맨 자국 등 특이사항을 적어서 공고를 합니다. 어느 시점(열흘)에 가니까 치아라고 쓰여 있는데 그 란이 비어 있었어요. 치아가 없다는 말을 못하고 그냥 비워놓은 거죠. 처음부터 나온 아이들을 다 봤어요. 지성이와 인상착의가 안 맞아도 봤어요. 일주일 정도 지나면서는 '아, 지성이가 나왔으면' 하는 마음이 계속 들었어요. 죽었다는 걸 확신하니까. 그런데도 보고나서 지성이가 아니면 안심이 되는 거예요. 우리 애가 아니니까. 어딘가에 혹시 살아 있을 수도 있으니까요. 10일 정도 지나고 아이들이 절반 정도 나온 시점부터는 좀 마음이 조급해지더라고요. 처음에는 소독약 냄새가 안 났는데 날짜가 흐르니까 팽목항 일대에 소독약 냄새가 진동했어요. 들이부었어요.

지성이가 올라왔을 때 신상명세서에 머리카락은 30센티미터고, 치아란이 비어 있었어요. 지성이의 가장 큰 특징이 뭐냐면 앞니가 시옷자 형태로 올라타 있는 거예요. 그것 때문에 금방 찾을 거라 생각했는데 그 란이 비어 있더라고요. 근데 빨간 아디다스 운동복, 키 160으로 되어 있는데 그 종이가 나를 부르더라고. 렌즈를 줌으로 쑥, 당기면 미끄러지듯이 따라오는 그런 모습으로 오는 게 아니라 '쿵! 쿵! 쿵!' 그렇게 점점 다가오는 거야.

처음엔 얼굴을 안 보여주더라고요. 내가 물었지. 키가 자그마한 과학수사대 실장인가 책임자한테 머리카락 길이를 다시 확인해달라고. 지성이가 60센티미터였는데 30으로 나오니까. 다시 길이를 재어보니까 58인 거야. 애 머리를 누가 잘못 재서 올려놓은 거예요. 사고난 지 16일이 지났는데 그 모양이야. 지성이 특징을 다섯개 적어놓았는데 두개 정도만 맞는거야. 우리 부모들이야 정신이 없어도 해경이나 공무원들은 적응이 되었을 시점이잖아요. 근데 그 사람이 그러는 거야. "아버님, 머리카락이 몇개 없습니다." 얼굴을 안 보여주면서 그런 소리를 하기에 이 사람이 말을 안 할까봐 직접적으로 물어봤어요. "이 아이 얼굴 없죠?" 수사관처럼 치고 들어가니까 말을 안 하더라고요. "얘기해요, 괜찮습니다. 얼만큼? 전혀?" "오분의 일 정도는 확인할 수 있습니다. (이마 한쪽면) 보시겠어요?" "놔두세요. 한가지만 더 확인할게요. 어렴풋이 지성이가 생리하고 있다고 들었어요." 그건 바로 답이 나오는 거야. "예, 생리하고 있습니다." 안에서 검사를 해본 거야. 딱 그 말이 떨어지는데 '쿵!' 하고 심장이 떨어지더라고요. 아, 지성이가 맞구나. 지성이의 모습을 안 보면 지성이의 아름다운 모습을 끝까지 가져갈 텐데, 이 모습을 보면 밤마다 그 모습이 떠오를 것 같고 애들한테도 함께 놀러갔던 즐거웠던 기억들이 다 날아갈 것 같아서 고민을 많이 했어요. 사위하고 밖으로 나와서 "네 생각을 한번 이야기 해봐라" 그랬더니 망설이다가 "아버님이 결정해주세요" 그러더라고요. "그럼 너하고 나하고만 보자" 하고 들어갔는데 "너하고 나하고만 보는 것도 좀 그런 것 같다" 해서 다시 나왔어요. "서로가 묻자, 다 안 보는 걸로 하자." 우리가 보면 애 엄마도 분명히 보여달라고 할 테니까. "누구도 얼굴을 볼 수 없게끔 얼굴을 싸매서 봉해라" 그랬어요. 날이 더워서 헬기를 타고 안산 비행장에 내려서 운구차 타고 한사랑병원으로 갔어요.

지성이는 개성이 강한 아이였어요

지성이는 굉장히 눈에 띄는 아이였어요. 지성이 몸매가 나를 닮아서 날씬해요. 유일하게 몸매가 나를 닮았어요. 딸 넷 중에 가장 예뻤죠. 정말 예뻤어요. 어딜 가면 꼭 기획사 같은 데서 사진 찍어도 되느냐고 물어봤어요. 맨날 집에서 "아빠, 나 경기도에서 4대 얼짱이야" "4대 얼짱은 인마, 아빠가 있는데…" 그러면서 농을 주고받고 그랬어요. "누가 봐도 너는 예쁜데, 웃지는 마라." 웃으면 시옷자 앞니 때문에 좀 허당으로 보였어요. (웃음) 요즘은 그 허당기를 4차원이라 부르더라고요. 지성이가 여러가지 면에서 좀 4차원이에요. 처음에는 야단을 많이 쳤는데 고1 겨울방학 때부터 지성이가 이상하지 않다는 걸 알았어요. 지성이는 나하고 다른 아이였어요. 나는 어떤 일을 하면 저절로 다음 일을 하게 몸에 밴 사람인데 지성이는 한가지 일을 하다가 다른 일에 빠지면 앞일을 잊어버려요. 내가 뭐라고 그러면 "아빠, 그게 문제되는 게 없잖아요" 그래요. 지성이를 통해 우리 아이들이 나와 다르다는 걸 배운 거죠.

애가 스튜어디스 된다고 작심을 한 지 한달도 채 안 되었을 거예요. 처음으로 우리 지성이가 "아빠, 나 공부 좀 해야겠어", 제 스스로 그러더라고요. 얼마나 기특해요. "아빠가 무슨 일을 해서라도 공부시켜줄 테니까 열심히 해" 그랬어요. 지성이가 처음으로 친구와 함께 선부동에 있는 학원을 다녔어요. 제가 두어번 정도 실어다준 적이 있었는데 "아빠, 저기야" 그래서 봤더니 아파트에 있는 학원이더라고요. 15명 정도 하는 스터디그룹 같은 거. 정말 열심히 했는데 그렇게 가버렸어요.

지성이를 강남의 기획사에서 하도 오라고 해서 한 세번 정도 데리고 갔어요. 지성이는 얼굴은 괜찮은데 춤도 뻣뻣하고 재능도 별로였어요. 바로 위 언니는 연예인 기질이 있어서 리드미컬하게 춤을 참 잘 춥니다. '소프트'라는 학교 댄스팀에 들어가서 활동했는데 경기도에서 1, 2등 할 정도로 춤 솜씨가 좋았어요. 끼도 많았어요. 몸이 좀 토실토실, 엄마 닮아서 안 날씬하지만 몸은 굉장히 유연해요. 우리 지성이는 오로지 얼굴이야. 노래도 보통. 근데 기획사는 보는 시선이 달라서 그런지 지성이 같은 애들을 선호하더라고요. 카메라테스트를 받았는데 합격했어요. 근데 나중에 계약을 했는데 계약조건이 웃기더라고요. 그래서 그만두었어요.

사실, 다른 학생들은 이번 수학여행이 제주도를 보러 가는 길이었다면 지성이는 친구들을 보러 갔다는 게 맞는 말일 거예요. 제주도에 있는 친구들 만날 꿈에 무지 부풀어 있었어요. 지성이는 제주도에서 태어나서 열살까지 살다왔어요. 그래서 제주 시절 교회에 함께 다닌 친구들이 있어요. 제주시 도두동의 작은 교회였어요. 제주도가 바닷가니까 잡신들이 200이 넘어요. 바위신, 동굴신, 별신, 촛불신… 용왕

님부터해서 하여간 동네마다 절이 크고 시내 쪽에는 교회들이 크죠.

제가 성가대 예배찬양을 하는데 사람들이 없다보니까 숫자가 많은 우리 아이들을 다 동원하는 거예요. 아이와 어른이 섞여 다 함께 노래를 하는 거예요. 그런 분위기에서 자랐어요. 지성이가.

진상규명을 위해 섬들을 찾아헤맸어요

지성이를 건진 어부가 동거차도에 사는 분이었어요. 이름이 여자 이름이에요, 옥령이. 당연히 인사드려야 할 것 같아서 그 섬으로 내려갔습니다. 저보다 여섯살 아래로 보이는데 얼마나 좋은 분이었는지 가자마자 형님, 동생 하고 그랬어요. 지성이가 내게 왔을 때는 겁나고 두렵고 그랬는데 형님하고 인연 맺어서 살으라고 그랬던 것 같습니다. 저에게 형님, 형님 그러면서 참 잘해주었습니다. 그분과 이야기하고 있으면 말을 올렸다 내렸다 그래요. 동생처럼 여겨질 때는 말을 내렸다가도 지성이에게 해줬던 걸 생각하면 감사해서 말이 저절로 올라갔어요. 감사드리고 평생 그분에게 은혜의 빚을 졌어요.

제가 그분을 비롯하여 아이들을 구해줬던 섬주민들을 만나러 다녔습니다. 진상규명에 도움될까 해서. 조도, 동거차도, 서거차도를 돌아다녔어요. 그외에 들어가보고 싶은 섬이 6개인가 있었는데 그중에 대마도도 있습니다. 사실은 잘 알려지지 않았는데 대마도 배가 가장 아이들을 많이 태웠어요. 어선은 선단이 높은 것도 있고 낮은 것도 있는데 신형은 대부분 선단이 높습니다. 구형은 배가 작지만 선단이 낮아 TV화면에서 보듯이 세월호로 바짝 붙여 들어가서 애들이 올라타게 되어 있었어요. 대마도 배들이 대부분 선단이 낮아 아이들을 많이 태웠습니다.

아이들은 선단이 낮은 배들이 다 실어 날랐던 거죠. 해경들이 이제는 자기들이 구했단 말을 안 하고 있잖아요. 민간 선주들이 구하는 장면이 TV에 다 나오기 때문에 이제 할 말이 없는 거죠. 이 사건의 포인트는 민간 선주들도 애들을 살릴 수 있었다는 겁니다. 해경이 처신만 잘했다면 많은 아이들을 살릴 수 있었습니다. 왜냐면 섬의 모든 선주들이 다 무전기를 공유하고 있었기 때문이죠. 사고가 났다는 것을 다 들었어요. 그래서 섬에 있던 모든 배들이 세월호로 집결했거든요. 문제는 뭐냐면 애들을 구하려면 민간 선주들이 끌고 온 배에 두 사람은 타고 있어야 해요. 한 사람이 세월호에 올라가 애들을 구하는 동안 배가 떠나가지 않도록 잡아주는 사람이 있어야 해요. 그걸 닻거지라고 하는데 닻을 내려서 배가 안 밀려나가게 당겨야 합니다. 혼자 아이들을 구하면 배가 가버리기 때문에 구할 수가 없어요. 그리고 배가 세월호 바깥에 있지만 세월호가 침수하면 함께 빨려들어가 버리기 때문에 누군가는 그걸 살펴야 하고요. 전부 다 사고소식만 듣고 최고 속도로 달려가보니까 모두 혼자 타고 있는 상황이어서 세월호에 올라탈 수가 없었던 겁니다. 민간 선주들이 그걸 모를 사람들이 아니죠. 연락을 받고 들어간 민간 선주들이 상황에 대한 자세한 정보도 받지 못했던 거예요.

배에는 전부 앙카라는게 있어요. 그걸로 유리창을 깨면 그 방 아이들은 다 살아서 나올 수 있었던 거예요. 민간 선주들 전부가 하나같이 다 그 이야기를 하는 거예요. 내가 섬에 내려갔을 때 선주들이 나를 보자마자 하는 첫마디가 "해경 개새끼, 죽일 놈의 새끼들. 저 새끼들이 안 구했어"였어요. 나보다 성이 더 나갖고 '살릴 수 있었는데 안 살렸다'고 욕을 하는 거죠.

섬에 있는 동생 옥령이가 그래요. "형님, 나 정말 힘듭니다." 선원들 중에는 학생들이 유리창을 손톱으로 긁어대고 얼굴을 유리에 대고 숨을 거둬가는 그 현장을 목격한 사람들이 많습니다. 섬에도 트라우마가 있었던 거예요. "형님, 저희 선원들은 그 세월호 선원들을 사람으로 취급하지 않습니다. 선주는 배가 생명입니다. 우리는 4톤짜리 고깃배도 안 버립니다."

저희가 섬 주민들에게 정말 도움을 많이 받았어요. 어느 센터나 기관, 사랑의열매니 하는 곳에서 성금을 모아놓은 것으로 섬주민들 배라도 만들어주라고 하고 싶어요. 주민들이 배를 안 타요. 섬 사이를 돌아다니는 도항선의 상태가 어떤지 잘 아니까요. 하나같이 상태가 굉장히 안 좋아요. 그래서 안전법을 만들어야 해요. 언제, 어디서, 어떤 배가 어떻게 될지 정말 대한민국 국민들 전혀 몰라요. 나도 몰랐던 사람이지만. 그래서 제가 세월호에 대한 일이 다 끝나면 하고 싶은 일은 초·중·고등학교와 대학에서부터 구청·시청·도청 등 기관과 예비군 훈련장까지, 어른에서 아이들까지 안전교육을 시키는 일입니다. 배에 대한 사고에 대해선 세월호 유가족만큼 전문가가 없습니다. 아무리 뒤져봐도 해군도 아니고, 해경도 아니고, 앞으로 배에서 사고가 나면 제일 먼저 나를 데려갔으면 합니다.

화성휴게소에서 정말 많은 분들의
따뜻한 마음을 받았습니다

섬을 돌아다니면서 모은 진상규명 자료는 언젠가 우리의 동력이 떨어질 때 써먹으려고 모았던 겁니다. 진상규명을 위한 자료조사를 어느정도 마치고 나니 특별법을 위한 서명을 받아야겠더라고요. 한 명 한명에게 서명 받으면 총알이 모아지는 거고, 서명용지 한장을 받으면 수류탄이고, 백장이면 폭탄이고, 백만장이고 천만장이면⋯ 누구를 불러내도 불러낼 수 있겠다 싶었죠. 그래서 시작했어요.

화성휴게소로 갔어요. 화성휴게소는 사람들의 순환이 빠른 곳이었어요. 제가 전국에 사람이 많이 드나드는 휴게소를 검색해보니 22개가 나왔어요. 그중 18개에 전부 다 전화했어요. 서명작업이 가능한지. 저는 화성휴게소를 선택했어요. 제가 자주 들렀던 곳이고 안산에서 가까운 곳이기도 해서였죠. 아이들에게 문제가 있으면 안산으로 바로 뛰어와야 하니까. 저는 찾아서 일을 잘합니다. 무슨 직책이 없어도 잘해요. 지금도 직책이 없어요.

처음에 휴게소 소장이 사장인 줄 알았어요. 집사람이랑 같이 가서 서명대를 놓으려고 했더니 소장님이 도로공사에 협조공문요청을 좀 해줄 수 없냐고 하시더라고요. "갑을관계입니까?" 하고 물었어요. 그랬더니 "그건 아닌데 개인들이 하다보니까 일정 시기가 지나면 계약기간을 연장해야 하기 때문에 영향을 좀 받습니다" 하더라고요. 그래서 제가 경기도에 있는 도로공사에 허락해달라고 했어요. 금방 해줄 것 같더니 계속 안 해줘서 삼일째 되는 날 답답해갖고 담당자한테 "당신이 직접 결재 올리지 말고 이 사안을 결재하는 담당자 번호를 달라" 했지요. 그래도 개인번호라고 안 줄 것 같아서 "내 번호를 그 사람한테 주라"고 했어요. "지금 결재를 안 하면 내가 지금 도로공사로 간다고 분명히 전해라. 세월호 유가족 아빠가 도로공사 사장을 만나러 간다고 연락을 취해라. 내가 지금 당신과 대화한 내용을 허락 안 받고 녹음한다" 그랬더니 차장인가한테서 전화가 왔더라고요. 딱 잘라 말했어요. "당신이 협조를 안 해주면 도로공사 본사로 올라간다. 이 과정을 당신 손에서 해결할 수 있으면 하고 아니면 도로공사에 보고해라. 12시 넘으면 이 모든 과정이 언론에 나간다. 법적인 책임을 물으려면 나를 고발해라." 이렇게 말했더니 바로 공문이 왔더라고요. 공문 하나 받는 데 일주일 걸렸어요.

화성휴게소 소장이 정말 좋은 분이었어요. 그분이 휴게소를 여러 개 운영하는데 직접 지방에 다 돌아다니면서 200명이 넘는 직원들의 서명을 다 받아서 주시더라고요. 또, 화성휴게소에는 노래하는 가수들이 항상 있어요. 앰프와 마이크를 잡고 노래하는데 그분들이 쉬는 시간에는 한번씩 제가 마이크를 썼어요. "단원고 2학년 1반 엄마, 아빠가 서명을 받고 있습니다." 제가 겪었던 여러가지 심경도 이야기하고 부모님들의 이야기도 전하면 지나가는 분들, 호두과자 만드는 분들, 감자 굽는 분들, 커피 파는 분들이 다 내 목소리 듣고 눈물을 흘리시는 거예요. 가수들도 노래해야 하는데 눈물, 콧물 흘리고 있는 거예요. 그렇게 우는데 무슨 노래를 할 수 있겠어요. 가수들이 노래를 못하겠는지 어떤 때는 그냥 집으로 가기도 하더라고요.

한번은 대구에서 오신 어떤 분이 뒤에 대고 일갈을 하셨어요. 그만하라고요. 그러면 '당신도 자식 키우지 않냐' 소리가 목구멍까지 올라오지만 그저 참고 이렇게 이야기했어요. "어르신 가시는 길 편안히 가시길 바랍니다. 어머님의 아들, 사위, 손자, 며느리가 오늘도 도로 위를 달릴 텐데 어머니, 대한민국 도로가 그렇게 안전하지 않습니다. 차 타고, 비행기 타고 배 타고 오늘도 안전하게 집으로 돌아갔길 바랍니다. 그게 지금 서명하는 안전법입니다."

어떻게 보면 일반 시민들이 이런 데서 서명작업을 하고 저희 유가족들에게 서명해달라고, 함께해달라고 요청하는 게 맞는 겁니다. 저희는 이미 죽은 자식들 돌아오지 못합니다. 산 자식들이 있는 일반 시민들이 '이런 사고 다시는 안 나게 해달라'고 서명해야 하는 것 아닙니까.

서명하고 있으면 많은 분들이 2천~3천원짜리 커피, 홍삼 음료수를 사다주셔요. 비싼 것들만. 내가 또 눈물이 나… 그러면 서명을 못 받아. 참 어려운 분들이 많잖아요. 장애인분들이 오셔갖고 휠체어 타고 떨리는 손으로 서명하시고 어떤 어머니는 초등학생하고 같이 와서 "아이가 서명해도 돼요?" 하고 물어봐요. "한국 국적이면 됩니다, 어머니. 한국 사시는 거 맞지요?" "그럼요."(웃음) 그러면서 어린 손으로 서명하고 가요. 어떤 젊은 친구들은 나보다 더 눈물을 뚝뚝 떨어뜨리면서 서명을 해요. 서명용지 글씨가 번지는 거예요. 대다수 국민들이 그랬어요. 그때까지만 해도. 아내가 국회에서 단식 들어가고, 함께 단식 들어가는 분들 도와야 하는 상황이 돼서 간간히밖에 서명작업을 못했어요. 제가 단식하기로 했는데 그날 아침 하필 배탈이 나갖고 아내가 대신 들어갔어요. 이제는 중간중간 화성휴게소에 가면 부스도 망가져 있고, 국민들의 반응도 예전 같지 않아요.

첫 마음을 잃지 않아야 침몰하지 않습니다

세월호 유가족이 하는 416TV 방송을 시작할 때 제가 그랬어요. 이 방송은 어설프고 망가져야 한다고요. 그러니까 마음이 편해지더라고요. 어설픈 TV로 시작했고 지금도 어설프고 앞으로도 어설퍼야 한다고 생각합니다. 그래야 부모님들의 순수성이 지켜집니다. 우리 부모님들이 겪었잖아요. 공공방송이나 정치판에서 똑같은 장면을 두고도 어떻게 말들이 달라지고 뒤집히는지를요. 가슴 뼈저리게 겪었잖아요. 똑같은 내용도 말을 어떻게 하느냐에 따라 백명이 죽고 천명이 죽어요. 무죄가 살인죄가 되고 살인죄가 무죄가 돼요. 그래서 이 방송만은 고난도 기술 따지지 말고 순수하게 가자, 진실만을 바라보자, 이렇게 생각했어요. 우리가 머리를 굴리고 아이디어를 내는 건 좋은데 자꾸 세상 권력의 흐름에 끼어들어 똑같이 머리를 굴리면 안 돼요. 우리는 순수해야만 침몰하지 않습니다. 순수성을 잃어버린 순간 다 말려듭니다. 우리는 그동안 평범하게 자식 키워온 부모이지만 그 사람들은 평생 동안 술수를 써가며 권력을 유지해온 사람들인데 그들의 방식으로는 우리가 이길 수 없는 것이죠. 그런 식으로 싸워서 이긴다 해도 이긴 게 이긴 게 아니라고 생각해요. 그래서 우리 카메라 방송은 자꾸 틀리고 어설프고 망가져야 한다고 생각합니다. 틀리면서, 어설프면서, 망가지면서 답을 찾아가는 것이죠. 우리가 하는 방송 작업은 단순한 (수동적인) 기록 작업이 아니라 기록을 새로 써가는 작업이기 때문입니다. 지금 내가 찍는 방송들은 세월호가 안 빠지게 하기 위해 달려야 하는 방송이기 때문입니다. 외부 사람들은 기술을 갖고 있지만 이건 사명감 없이는 못하는 일이니까요. 이게 늦는 것 같지만 가장 빠른 길이라고 생각해요. 기계를 다루고 일을 할 줄 아는 걸 떠나서 사명감, 416정신을 가지고 있느냐. 왜냐하면 하루이틀 그칠 일이 아니기 때문입니다. 그게 초심이에요. 초심을 잃지 않아야 유가족 방송입니다.

이번에(10월 1~3일) 진도에서 페스티벌이 열려요. 그 과정을 찍을 거예요. 하지만 내가 가장 마음에 두는 곳은 팽목항이에요. 페스티벌 하기 전에 팽목항을 보여드릴 거예요. 더할 것 없이 팽목항 그것 그대로. 노선을 따라 쭉 보여드릴 겁니다. 될 수 있으면 멘트 없이, 고요한 바다 그 자체로. 아이들이 아직도 나오지 않는 팽목항 그 자체로. 우리들의 수많은 이야기들이 숨어 있는 팽목항 그 자체로. 내가 비추는 그 모습 그대로. 일베가 보면 일베가 느끼는 감정 그대로, 유가족이 보면 유가족이 느끼는 감정 그대로, 일반 시민이 보면 일반 시민이 보는 감정 그대로.

우리가 도로를 비추면 그곳에 스며 있는 수백만가지의 부모님들의 이야기가 흘러나와. 바다를 비추고 있으면 부모님들이 팽목항에 있는 동안 바다를 보며 아이들과 나눴던 피눈물 나는 이야기들이 피어올라. 그거를 방송을 해야 되는 거지.

우리를 제대로 아시는 분들은 그걸 아십니다. 이 아버지가 왜 멀쩡한 좋은 그림 놔두고 왜 팽목항의 길바닥과 어둠이 내린 바다를 비추고 있는지…

(10월 2일 지성이 아버지는 찍었다, 팽목항을. 지성이 아버지는 우시지 않겠다던 처음 약속과는 다르게 촬영하면서 계속 우셨다. 어두운 바다에 조그마한 달이 떴고 파도는 거세게 출렁거렸다.)

세월호는 전부 '왜'라는 물음에서 시작해서
'왜'라는 물음으로 끝납니다

세월호는 전부 '왜'라는 물음에서 시작해서 '왜'라는 물음으로 끝납니다. 왜 한 아이도 살리지 못했을까, 왜 안개 낀 인천항에서 배는 떠났을까, 왜 배는 급선회했을까… 왜 왜 왜. 사람들은 지겹다고 그만하라고 해요. 그런 사람들을 나는 좀 즐기고 싶어요. 나는 왜 그런 사람들을 못 만날까. 많이 만나고 싶어. 당신들 말대로 나 애새끼 팔아서 돈 벌고 싶은데 이 한 글자 왜라는 이 말에 답을 좀 줬으면 좋겠어. 그 답 들은 후에 돈을 벌게. 왜 아직도 아이들이 바닷속에 있는데 안 건지냐고 묻고 싶어.

예전 직장동료들 만나서 가끔 저녁을 먹거나, 내가 안 좋아하긴 하지만 술도 마셔요. 정말 평범한 대한민국 보통사람인 친구들이죠. 예전에는 그 친구들에게 "야, 요즘 어떻게 사냐" 그러면 "죽지 못해 산다" 그랬어요. 세월호 사건 이전에는 다 이러고 살았어요. 요즘 되는 게 없다, 대통령 바뀌어 뭔가 좀 되는 줄 알았는데 더 힘들다. 친구들 전부 다 죽겠다고 했어요. 그럼 농담으로 "그려 그럼 딱 죽어버리자" 하면 다른 친구들은 "야, 죽지 말고 살아야지" 이렇게 이야기하면서 살았어요. 지금은 그런 말 했던 것 다 잊어버리고 세월호 때문에 힘들대.

저희 유가족들은 지금 세월호를 두번 타고 있습니다. 그런 유가족들에게 국민이고 정치인이고 언론인이고 할 것 없이 모두 컨테이너를 얹고, 쇳덩어리를 얹고, 쌀가마니를 얹어요. 선원들보다 해경보다 더 나쁜 사람들이 되어가고 있어요.

세월호 때문에 잘사는 사람들도 많습니다. 광화문에 저희 때문에 줄서서 돈버는 사람들 많습니다. 시·도·국가 공무원들 수당 얼마나 많이 나오고, 사건 전에는 일하는 매뉴얼도 없었는데 어떻게 일해야 하는 것도 세월호가 얼마나 가르쳐주고 있어. 국민들을 위해 어떻게 일해야 하는가, 이 사람들도 느끼는 게 많겠지. 그 공부 값만 따져도 이 나라 대한민국은 세금도 아깝지 않을 겁니다.

상황이 자꾸 안 좋아지니까 지성이한테 제일 미안합니다. 저는 수사권, 기소권 달라고 목매달지 않았어요. 전 생각이 좀 달라요. 저희에게 기소권까지 다 줘도 진상규명은 안 된다고 봐요. 이 정권이 무너지기 전에는. 대통령이 '본인 스스로까지 조사해서 문제가 생기면 이 정권을 내놓겠다'는 이야기를 하면 진상규명이 되겠지만, 대통령이 이처럼 성역없이 수사하라고 해도, 국회의원이 세월호특별법 100퍼센트 인정해줘갖고 제가 모든 것을 요구하는 자료를 싹 다 내놓고 묻는 말에 그대로 대답했다고 하더라도 안 밝혀집니다. 왜냐? 정권이, 이 진실이 제대로 규명되는 순간 이 정권이 무너집니다. 그러니까 절대로 밝힐 수 없는 겁니다. 그래서 저희가 기록을 중요하게 여기는 겁니다. 다음 세대들에게 자료를 남겨주려면 우리가 할 일은 최대한 밝혀야 하는 거죠. 알다시피 우리 부모들이 국정원이잖아요. 우리가 국정원이고 조사원이고. 우리처럼 열심히 일하는 국정원이 어디 있겠어요.

우리, 진심으로 밤낮을 가리지 않고 국회에서 일했어요. 밤낮 가리지 않고 청와대에서 일했잖아요. 밤낮을 가리지 않고 진도바닥에 앉아서 잠수부들하고 생활하고 있잖아요. 생명수당까지 다 줘야 해. 무

제2부 기억하는 사람들, 기록하는 사람들

슨 보상을 해주려면 그동안 우리 일한 것 다 쳐서 제대로 해줘야 해. 보상 이야기 하는 사람들에게 나는 계산을 못하겠으니 당신들이 해보라고 권하고 싶어. 어떻게 계산할 수 있어. 어떻게 계산이 돼. 자식 잃은 게 계산이 돼? 정신 없이 쫓아다니며 하는 우리들 이 일들을 어떻게 계산할 수 있냐고. 건강 잃으면서 하는 이런 일들을 어떻게 계산할 수 있냐고. 우리가 지금 만들려고 하는 안전법과 그걸 위해 하는 우리들의 모든 행동은 숫자로 계산할 수 없는 것들입니다.

_작가기록단 **김순천**

진상규명은 우리 아들이
내준 숙제인데
안 할 수 없잖아요

2학년 4반 박수현 학생의 아버지 박종대 씨 이야기

: 수현이 아버지의 말에는 흐릿한 구석이라곤 없었다. 말투는 딱딱하고 이야기는 짧게 끊겨졌지만, 내용만큼은 뚜렷했다. 그가 늘 분명한 표현을 사용했기 때문이다. 지나간 일을 떠올릴라 치면 '그날 오전에'가 아닌 "그날 오전 11시 7분에"라고 말했다. 4월 16일 이후 "망가진 기억이 많다"고 입버릇처럼 되뇌면서도 그랬다. 조금이라도 뚜렷하지 않을 때는 "나중에 다시 확인해보라"고 꼭 덧붙였다. 그 철저함만큼 집과 가족대책위원회 사무실에는 온갖 서류가 쌓여가고 있었다. 언론보도에서부터 세월호 선원들의 재판 기록에 이르기까지 확인해야 할 것들이 차고 넘친다고 했다. 그와 마주 앉은 자리에서는 펜과 다이어리, 서류 뭉치가 눈에 들어왔다. 항상 손에 닿을 수 있는 거리였다.

박종대 씨는 감정을 잘 드러내지 않았다. 수현이 이야기를 하다가 북받쳐오를 때에도, 떨리는 목소리를 내거나 눈물을 보이는 일이 드물었다. 한참 동안 말없이 허공을 응시하거나, 고개를 젖힌 채 한숨을 내쉬는 것만으로 감정을 추스르곤 했다. 그는 "감정적으로 굴어선 안 될 때다"라며, 스스로를 누구보다 몰아붙이고 있었다. 수현이 아버지의 그런 성격을 알아서인지, 주변에서는 그가 혹여 마음을 다칠까봐 걱정하는 이가 많았다. 오래된 고향친구 한 사람은 "너만 다친다. 그만 나대라"며 독한 말을 써가면서까지 막아섰다. 수현이 아버지가 그 친구에게 답했다. "나, 우리 아들 사랑한 만큼만 나댈 거다."

지난 9월 21일, 박종대 씨가 4·16세월호참사 가족대책위원회 진상규명분과 부위원장으로 선출됐다. 오랫동안 공전해온 '특별법'이 국회를 통과하면서, 법률의 집행과 진상조사위원회 활동을 감시해야 할 그의 어깨도 더 무거워졌다. 분명 지난하고 고단한 싸움이 될 것이다. 늦은 밤 인터뷰를 끝마쳤을 때, 수현이 아버지는 "매일매일 할 일이 너무 많다"며 자리를 일어섰다. 휴대전화는 인터뷰 내내 10분이 멀다 하고 울려대고 있었다. 밤거리로 나서는 그의 뒷모습이 퍽 고단해 보였다. 우리 사회가 수현이 아버지의 짊어진 무게를 조금이나마 나눌 수 있기를 바라본다.

남겨진 동영상, 그리고 진상규명을 향한 아버지의 사명

수현이는 참사 일주일 만인 4월 22일 오후 6시 43분에 뭍으로 돌아왔다. 전체 희생자 중에서는 117번째였다. 현실이 되어버린 아이의 죽음 앞에서 슬픔과 분노보다는 답답함이 앞섰다. 그건 수현이 아버지 스스로를 향한 답답함이었다. 아무것도 하지 못했다는 죄책감이 온몸을 짓눌렀다. 하지만 버텨야 했다. 그는 아이가 자신에게 남긴 것이 있으리라 확신하고 있었다. 그건 막연한 기대감 따위가 아니었다. 수현이는 수영을 잘했다. 구명조끼까지 입었다면, 바다라고 해도 한시간쯤은 거뜬히 견뎌낼 수 있는 아이였다. 또 영특한 아이였다. 일찍부터 어른스러워 사춘기에도 속을 썩이거나, 친구들과 투덕거리는 법이 없었다. 그가 평소에도 "아들이기 이전에 내 삶의 친구이자, 동지"라고 자랑할 정도였다. 그런 수현이가 배에서 빠져나오지도 못했다면 그건 보통의 사고가 아니었다는 뜻이고, 가족들에게 그 "진실의 조각"이나마 남기지 않았을 리가 없었다.

"아이가 올라와서 처음 확인을 했을 때, 배 위에 휴대전화가 놓여 있었거든요. 근데 해경이 안 주더라고요. 이전에 올라온 아이들 때도 그런 경우가 종종 있었어요. 휴대전화가 아이들 주머니에서 함께 나와도, 그것만 늦게 주거나 부모가 달라는 말을 해야 주는… 나는 일부러 달라는 말도 안 했어요. 저걸 주나 안 주나, 어떤 상태로 주나 확인해보려고 가만히 있었죠. 심지어 검안하러 갔을 때도 주지 않기에 이상하다 싶었어요. 염하고 나니까 그제야 휴대전화를 주더라고요. 결국 아이와 같이 올라왔는데 4일을 안 주고 있었던 거죠. 받자마자 열어갖고 메모리 칩이랑 유심 칩만 따로 빼서 보관했어요. 젖은 상태로 두면 망가질까 싶어서요. 27일에 새벽에 다들 자고 있을 때, 내 휴대전화로 옮겨 넣고 확인해봤죠. 혹 남들이 보면 그런 내용이 있을까 싶어서… 동영상 3개, 사진 40장 정도가 들어 있었어요. 내 생각이 틀리지 않았던 거죠. 동영상을 플레이 해보니까, (사고 당시 세월호 내부상황 중) 우리가 알고 있던 것과 다른 내용이 나오는 거예요. 그때 고민을 많이 했죠. 이걸 제보해야 하는데… 팽목항에 있으면서 안 좋은 것을 너무 많이 봐서, 동영상 내용을 이슈화하는 게 맞는가도 싶었고요. 그래도 나름대로 (공개 여부와 방식에 관해) 선택할 수밖에 없으니까… 결국 그때 선택한 것이 JTBC하고 뉴스타파예요."

그날, JTBC 〈뉴스9〉은 수현이의 휴대전화에서 나온 동영상 중 하나를 공개했다. 동영상에는 침몰 당시 세월호 내부 모습이 담겨 있었다. 어지러운 화면 속에서도 아이들 목소리만큼은 또렷하게 흘러나왔다. 두려움이 들이닥쳤을 상황이건만, 아이들은 침착함을 잃지 않고 있었다. 엄마 아빠를 찾으면서도 선생님을 걱정할 줄 알았고, 옆 친구에게는 선뜻 구명조끼를 양보했다. 배가 점차 기울어가긴 했지만, 움직이지 못할 정도까지는 아닌 듯 싶었다. 그때까지만 하더라도 아이들에게는 배에서 탈출할 만한 시간이 충분히 남아 있었다.

"현재 위치에서 절대 이동하지 마시고 대기해주시기 바랍니다."

문제는 연이어 울려퍼진 안내방송이었다. 아이들은 어른들을 믿고 그 말을 곧이곧대로 따랐다. 승객들을 내팽개친 채 도망간 선장의 지시는 동영상이 끝날 때까지도 계속됐다. 아이들은 15분 동안 여전히 제자리에 묶여 있었다. 우리 사회는 커다란 충격에 휩싸였다. 이 미증유의 참사가 단순한 안전사고가 아니라는 사실이 분명해졌기 때

botong

문이다.

"그렇게 생각해요. 그 동영상이 휴대전화 안에 들어 있었던 건 아빠가 나서서 어떤 형식으로든지 이 일(진상규명)을 담당하라는 의미라고요. 동영상을 처음 본 순간부터 저는 그랬어요. 그건 우리 아들이 내준 숙제인데 안 할 수 없잖아요. 생각해보세요. 정부나 수사당국이 유가족과 국민을 무시해도 보통 무시하는 것이 아니잖아요. 사실상 뚜렷한 수사결과가 없어요. 안 한 거예요. 방송도 유병언 잡는거나 중계해댔고… 이쯤이면 정부에서 적어도 '이 사건이 이래서 일어났고, 저래서 일어났고'는 설명해줘야죠. 유가족들이 진상을 규명하겠다고 나서야 할 상황이니까요. 굉장히 답답합니다. 그냥 지켜봐서 안 될 거라면, 내가 개인적으로라도 해야죠."

진도에서 올라온 이후, 수현이 아버지는 아이가 남긴 숙제에 뛰어들었다. 세월호 국정조사부터 시작해 진상규명과 관련된 곳이라면 어디든지 그의 발길이 닿았다. 처음에는 일말의 믿음도 있었다. 팽목항과 안산 합동분향소를 찾았던 정치인들마다 진상규명을 약속했기 때문이다. 하지만 모두 공허한 약속이었다.

"국정조사라고 가서 보니까 이게 정말 수준 이하로 뒤죽박죽이에요. 장관이라는 사람들도 고작 '검토해보겠습니다'만 반복하고 앉았고요. 조사의 방향 자체도 잘못됐어요. 진상규명을 하려면 사고 이전에 무슨 일이 벌어졌느냐가 중요한 거잖아요. 그런데 보세요. '김기춘 비서실장을 증인으로 세운다, 안 된다' 하면서 제대로 진행조차 못했어요."

수현이 아버지는 국정조사를 "결국 스스로 해야 한다는 것을 알려줬을 뿐"이라고 돌이켰다. 결국 7월부로 다니던 일자리를 내려놨다.

그는 체계화된 과정과 정리된 숫자를 바탕으로 일을 하는 사람이었다. 1년에 다이어리를 3권씩은 쓸 정도였다. 그래서 다른 것은 몰라도 부하직원의 일처리가 꼼꼼하지 못하게 하면 크게 야단을 쳤다. 회사 안팎에서 '칼 같은 일처리를 한다'라는 평도 받아왔다. 하지만 참사 이후에는 일을 하려고 해도 좀체 머릿속이 정돈되지 않았다.

"지금 상태로는 회사에서 예전처럼 일을 못하니까요. 머리에서 생각들이 막 뭉개지더라고요. 숫자 같은 건 제대로 떠오르지도 않고… 특히 회사일과 관련된 기억들이 망가져서 사고 이전보다 절반도 해내지 못했거든요. 회사에 나가도 하루종일 병 걸린 사람마냥, 휴대전화로 세월호와 관련된 내용을 검색만 하고 앉았고요. 진상규명을 나 혼자는 할 수 없어도, 어느 한 부분이라도 거들어야죠. 그렇게 안 하면 평생 후회할 거 같아요."

"사랑해, 사랑해"란 말을 달고 다니던 아이

수현이는 웃음이 많은 아이였다. 갓난아기 때도 하루 종일 배시시 웃곤 했다. 가만가만히 잠이 잘 들었고, 보채지 않아 부모를 힘들게 하지 않았다. 네다섯살부터 업어달라는 소리 한번 안 했다. 누군가 손만 잡아주면, 씩씩하게 먼 거리도 곧잘 걸어갔다. 오히려 한살 터울의 누나가 울며 보채고, 늘 어리광을 부렸다. 그래서 수현이 아버지는 누나에게는 '찡얼이' 수현이에게는 '째보'라고 별명을 붙였다.

"수현이는 항상 입이 찢어질 정도로 잘 웃고, 조금 간질이기만 해도 웃어서 고마운 아이였어요. 그래서 째보라고 부른 거예요. 항상 입이 찢어질 듯 잘 웃는다고… 애교도 많았어요. 가족들에게 사랑해, 사랑해라는 말을 달고 다녔을 정도로요. 매년 우리 결혼기념일도 챙겨주고… 특히 수현이는 자신보다 어린 동생들에게 살갑게 굴었어요. 안산 근처에 사는 사촌동생들은 수현이만 만나면 졸졸 쫓아다닐 만큼 따르고 좋아했거든요. 동네에는 수현이를 좋아하는 꼬마도 한 명 있었어요. 아파트 같은 동 1층에 사는 초등학생인데, 꼭 우리 집에 시집오겠다는 거예요. 학교 갈 때면 수현이가 내려오길 기다리고 있기도 했어요. 그럼 수현이가 손 붙잡고 같이 등교하고 그랬어요."

아버지와 아들은 죽이 잘 맞았다. 휴일에는 곧잘 카메라 한대씩 메고 나들이를 나섰다. 1년에 한번씩은 단둘이 꼭 설악산에 올랐다. 그에게 수현이는 아들 그 이상이었다. 아버지는 아들의 친구가 되어주었고, 또 아들은 아버지의 친구가 되어주었다. 냉철한 이성을 강조하는 아버지와 따뜻한 감성을 지닌 아들은 함께하는 것으로 서로를 '완성'시켰다.

"나는 성격이 좀 칼같고, 차가운 면도 있으니까… 남을 배려하는 마음 씀씀이도 그렇고, 아버지인 제가 수현이에게서 배우곤 했어요. 저랑 반대되는 수현이를 보면 저는 그 친구에 비해 나만 생각하고 살지 않았나, 그런 생각이 들 때가 많았으니까요."

덕분에 그는 보통의 아버지들과 달리 아들에 대해 모르는 것이 없었다. 수현이와 친한 친구들의 이름부터, 취미생활에 이르기까지 떠올리는 것마다 모두 또렷했다.

"자기가 좋아하는 건 푹 빠지곤 했어요. 초등학교 들어가기 전에는 공룡에 관한 책만 들여다봤어요. 그 다음은 사슴벌레… 여기저기서 많이 사들이기도 하고, 밤에 뒷산으로 올라가 사슴벌레를 잡아오고 그랬어요. 그렇게 하나 빠지면 정말 열심히 하더라고요. 중학교 때부터는 이 녀석이 음악에 빠졌는데, 친구들하고 ADHD라는 밴드도 만들었어요. 나중에 알고 보니까 그게 병(주의력결핍 과다행동장애) 이름이더라고요. 노래는 못했는데, 또 작곡은 하는 거예요. 애들끼리 악보도 그리고, 악기로 연주해서 녹음도 하대요. 그렇게 만든 것을 '아빠, 이거 어때? 내가 만든 거야'라면서 나한테도 몇번 들려주곤 했어요. 그 밴드가 총 7명이었는데, 이번 사고로 4명이 가고 3명만 남았어요."

수현이 아버지는 장례를 치른 뒤, 아이가 사용하던 노트북을 뒤적거렸다. 사소한 것 하나라도 아이의 흔적은 다 간직하고 싶었다. 거기에는 친구들과 웃고 떠들며 만들었을 음악의 몇마디가 남아 있었다. 생각보다 훨씬 양이 적었지만 미완성된 소리들 사이에서조차 아이의 흔적이 묻어났다. 아이가 가졌던 정서와 아이가 고민했던 시간들이 거기에 있었다. 수현이 아버지는 혼자서 아주 오랫동안 그 흔적에 귀를 기울였다고 했다.

"집에 있는 카메라가 동영상을 찍을 수 있는 기종이거든요. 근데 한 사오십만원하는 마이크를 사주면, 녹음하는 걸 찍겠다는 거예요. 못 사줬거든요. 아마 그걸 사줬으면 음악을 더 많이 담아났을 텐데…"

수현이 아버지는 언젠가 수현이가 마이크를 사달라고 했던 일을 떠올렸다. 그런 사소한 일조차 이제는 온통 후회로 남는다.

블로그, 그리고 수현이의 '버킷리스트'

말은 품어내지 못하는 것이 많다. 이를테면 누군가에 관한 기억이 그렇다. 내뱉자마자 사그라지는 이야기 속에서 기억은 쉬이 흩날린다. 음절과 음절, 어절과 어절이 끊고 매조지는 동안에도 흔적은 조금씩 희미해진다. 결국 말은 쌓여갈수록, 기억되는 이를 그만큼 가라앉힌다. 애당초 기억은 온전하지도 않다. 바람, 감정, 판단은 매순간 기억하는 이의 머릿속을 마름질한다. 그 와중에 기억하고 싶은 것과 기억하고 싶지 않은 것, 기억해야 한다고 믿는 것과 기억하면 안 된다고 믿는 것이 엇갈린다. 결국 말이 반복되고, 시간이 흐를수록 남겨지는 것은 두루뭉술한 잔상뿐이다.

수현이 아버지는 아이의 기억을 그렇게 떠나보낼 수 없었다. 그래서 5월 10일 '고 박수현이 체험했던 세상'이란 이름의 블로그(http://blog.naver.com/suhyeon1053)를 열었다. 참사 25일째이자, 장례를 치른 지 15일째 되던 날이다. 이름 그대로 수현이를 기억하기 위한 사진, 영상 그리고 수현이를 기억하는 가족들과 친구들의 글이 모아졌다.

"수현이를 가족들이 잊지 않았으면 했어요. 시간이 지나가면서 자꾸 기억도 사라질 수밖에 없으니까요. 그리고 아이 엄마는 엄마대로, 누나는 누나대로, 나는 나대로 기억을 하다보면 결국 서로 다른 기억이 되잖아요. 뭔가 공통된 기억의 저장소를 만들어두고 싶었어요."

블로그는 수현이를 향한 더 큰 기억을 만들어내기도 했다. 7월 4일 SBS 〈궁금한 이야기 Y〉를 통해 블로그에 담긴 내용들이 사람들에게 알려졌다. 특히 수현이의 '버킷리스트'가 사람들의 주목을 끌었다. 버킷리스트는 죽기 전에 꼭 해야 할 일이나, 하고 싶은 일을 적어놓은 목록을 뜻한다. 버킷리스트는 수현이 어머니가 아이의 유품들을 정리하다가 발견한 수첩에서 나왔다. 수첩에는 수현이가 언젠가 적어놨을 25개의 버킷리스트가 적혀 있었다. '아빠 수제 기타 만들어 드리기' '자서전 내보기' '재즈 피아노로 사람들에게 인정받기' '진정으로 남을 위해 봉사하기' '고등학교 졸업 전까지 책 2000권 읽기' '유명한 뮤지션들 싸인 받기' '나 혼자서 세계여행'… 수현이가 긴 세월을 살아나가며 차차 이루려 했던 바람들이었다. 수현이의 가족들은 그것들을 대신 해나가기로 결정했다.

"버킷리스트를 써놓은 것은 몰랐지만, 이런 것들에 관심이 있는 것은 알고 있었어요. 할 수 있는 만큼은 다 해주고 싶어요."

수현이의 버킷리스트는 조금씩 실현되어가고 있다. 책 2000권 읽기는 온 가족이 틈틈이 해나가는 중이고, 세계여행은 곧 대학생이 될 누나가 맡았다. 자서전은 진상규명이 이뤄진 뒤, 수현이 아버지가 그 과정을 정리한 것에 수현이의 일기를 묶어서 대신할 계획이다.

방송을 통해 수현이의 버킷리스트가 알려지자, 이곳저곳에서 따뜻한 마음들이 모이기도 했다. YB 윤도현, 국카스텐, 김민기, 박효신 등을 비롯하여 백여명도 넘는 뮤지션들이 버킷리스트 중 '유명한 뮤지션들 싸인 받기'를 실현해주기 위해 각자의 싸인을 전달해왔다.

그뿐만이 아니다. 부활의 김태원은 싸인과 함께 수제 기타 한대를 수현이 아버지에게 보내왔다. 수현이가 남달리 좋아했다는 국카스텐은 장례식에 조문을 왔고, 그 자리에서 녹음 중인 미공개 음원 2곡이 담긴 CD를 전해주었다. 아이가 영면을 취한 하늘공원에도 아무도 모르게 두차례나 찾았다. 자신들의 복귀공연에도 초대해 지난 8월 15일에는 수현이 가족들이 공연을 지켜봤다.

제2부 기억하는 사람들, 기록하는 사람들

"버킷리스트가 많은 분들의 도움으로 실현되어가는데 한편으로는 서글펐어요. 본인이 직접하고 싶어 남겨둔 리스트잖아요. 부모가 대신 해주는 게 위안은 될지 몰라도, 아이가 살아 있을 때 진짜 원하던 모습은 아닐 테니까요. 그래도 적극적으로 도와주시는 분들이 있어서 그저 고마울 뿐입니다. 가족들끼리만 했었다면, 결코 이루지 못했을 것들도 많잖아요."

사람에 대한 기본적인 예의조차 없던 언론들

참사 당일, 황망한 소식을 접한 가족들은 단원고로 발걸음을 재촉했다. 수현이 아버지 역시 회사에서 일하던 중 오전 10시 7분에 아내로부터 소식을 전해들었다. 급하게 학교로 향했는데, 도착했을 무렵 세월호 승객들이 전원 구조됐다는 보도가 들려왔다. 다행이라고 생각했지만, 혹시나 몰라 가족들은 진도로 방향을 돌렸다.

"(자동차를 운전하며) 막 160에서 170킬로미터를 밟았던 것 같아요. 수현이 엄마, 딸, 그리고 같은 동네 사는 10반 슬기 엄마랑, 이렇게 넷이서 진도로 내려갔죠. 휴대전화 DMB로 MBC를 보고 있었거든요. 군산 정도 지나니까, 갑자기 이전하고 말이 달라지더라고요. 뭔가가 이상하다는 식으로 나오고…"

그때까지만 해도 희망을 잃지 않았다. 수현이 이모가 YTN에서 구출된 단원고 학생들을 비춰줬다며 갈무리한 사진을 보내줬다. 그중에 수현이와 꼭 닮은 뒷모습이 있다고 했다. 정말이었다. 한 아이가 모포를 어깨까지 뒤집어쓴 채 뒷모습만 나왔는데, 그가 보기에도 분명히 수현이가 맞았다. 고개를 숙이고 있었지만 확실했다. 왼손으로 종이컵을 잡는 모양새까지 똑같았다. 엄마도 수현이가 구출됐다고 안도의 한숨을 내쉬었다.

"오죽했으면 그때부터는 우리가 같이 차에 탄 슬기 엄마를 위로하고 있었어요. 걱정 말아라, 수현이도 구출이 됐으니 슬기도 분명히 구출이 됐을 거다… 그런데 진도체육관에 도착해보니까 수현이가 없는 거예요. 생존자 명단에도 이름이 없고요. 그래서 구출된 아이들이 있다는 한국병원하고 목포병원에도 전화를 돌렸는데, 안 받더라고요. 다시 수소문해보니 구출된 아이들을 태운 배가 팽목항으로 온대요. 그래서 팽목항으로 달려갔는데… 달려갔는데, 배 들어오는 것은 없다고…"

그렇게 가족들이 도착했을 무렵에는 항구가 온통 취재진으로 가득한 상황이었다. 애타는 마음에 울부짖는 가족들 머리 위에 연신 카메라 플래시가 쏟아졌다. 그곳에는 사람에 대한 기본적인 예의조차 사라지고 없었다.

"진도 팽목항에 도착했을 땐 언론이 다 와 있었어요. 난리도 아니더라고요. 근데 아무데나 카메라를 막 들이대는 거예요. 우리가 울든, 소리를 지르든… 아니 양해라도 구해야 할 거 아니에요. 그런 게 전혀 없었어요. 나중에 가니까 결국 어떤 부모님들은 카메라를 막 뺏어버리고 그랬었죠. 심지어는 전화통화라도 할라치면, 또 유가족들끼리 이야기라도 나누려고 하면 무슨 내용인지와 관계없이 옆에서 다 찍고 물어보고… 아니, 그럴 수도 있다고 쳐요. 그럼 보도라도 똑바로 해야 하잖아요."

하지만 정작 언론은 그 기본적인 역할에 충실하지 못했다. 사건 초

기부터 사실 확인조차 제대로 이루어지지 않아 '전원 구조'란 오보로 가족들의 마음에 상흔을 입혔다. 심지어 어떤 언론은 "전원 구조가 가능했던 까닭"이라며, 해경 함정이 근처에 있었고 선장이 재빠른 퇴선 명령을 내렸다는 이야기까지 보도했다. 16일 저녁부터는 '대대적인 구조활동 시작'이라는 타이틀이 언론보도를 메웠지만, 이는 가족과 시민들을 우롱한 거짓이었다.

"그날(4월 16일)에는 구조 수색을 아예 안 했죠. 〈뉴스타파〉에서 나중에 보도했잖아요. 전혀 탐색이 없었다고. 거기에 나오는 내용이 정확히 맞는 거예요. 제가 실제로 경험한 바로는 그래요."

심지어 언론의 무책임한 취재활동으로 인해 구조 수색이 늦어지는 일까지 벌어졌다. 팽목항으로 진입하는 도로가 중계진의 차량으로 가로막혀, 장비 투입이 지연된 것이다.

"팽목항에 길이 안 났어요. 심지어는 세월호 내부에 산소를 주입한다고 에어콤프레셔가 도착했는데, 이게 교행이 안 되어서 들어가지를 못하는 거예요. 보다 못해 골든타임이 끝나는 마지막 날(4월 18일)에는 저랑 아내랑, 우리 동서랑 아주 난리를 쳐서 길을 뚫었어요. 그 상황에 열이 확 올라와서 내가 소리를 지르고 난리를 쳤거든요. 그걸 보고 아내도, 동서도… 하여튼 난리를 쳤어요. 그제야 소방본부인가 어디서 사람이 (취재진들에게) 차를 빼라고 하고, 경찰에게도 폴리스라인 확보하라고 지시가 내려오고 그랬어요. 그렇게 차들이 다 빠지고 나서야, 길이 확보가 되더라고요. 내가 진도에서 한가지 뭔가를 했다면, 바로 이거예요."

아직 밝혀진 진실은 2퍼센트도 안 돼

11월 7일 '특별법(4·16세월호참사 진상규명 및 안전사회 건설 등을 위한 특별법)'이 국회 본회의를 통과했다. 가족대책위원회에서는 조건부 수용 의사를 밝혔다. 더이상 법률제정이 늦어지면 진상규명의 기회를 놓칠 수도 있겠다는 판단 때문이다. 수현이 아버지 역시 특별법 자체는 "누더기 특별법"이라고 못을 박았다. 그에게나, 모든 유가족에게나 특별법은 끝이 아니고 시작일 뿐이다.

"여하튼 특별법은 만들어졌습니다. 특별법에 관한 우리의 입장은 언론을 통해서도 많이 알려졌으니까… 사실 앞으로 가장 시급한 부분은 시행령 제정에 관한 거예요. 시행령에 따라서 실제로 법률 내용의 적용과 집행이 이루어지기 때문에, 그 부분에 대해서는 특별법을 요구할 때만큼 투쟁을 전개해나가렵니다. 제대로 된 시행령이 안 만들어지면, 특별법은 아무 의미가 없어요."

수현이 아버지는 시행령에서 가장 중요한 부분으로 법률에 따라 만들어질 '진상조사위원회'의 인적 구성을 꼽았다. 위원회는 총 17명을 선출해(유가족 추천 3명, 여당과 야당 추천 각 5명, 대한변호사협회 추천 2명, 대법원 추천 2명) 최소 18개월, 최장 21개월 동안 진상규명 활동을 펼친다. 위원회와 별개로 특별검사에 의한 조사도 따로 두 번 추진된다.

"만약에 사건을 덮으려는 사람들이 진상조사위원회에 들어오면 안 되니까… 특별검사보다는 사실상 이쪽이 더 중요하거든요. 대한변호사협회가 회장 선출을 앞두고 있어서, 어떤 분이 회장이 되느냐에 따라 인적 구성 결과가 달라질 수 있을 거 같아요. 일단은 지켜봐

제2부 기억하는 사람들, 기록하는 사람들

야죠. 또 시행령을 만들고 진상조사위원회를 구성하는 과정에서 우리(유가족)를 참여시키지 않으려고 차단막을 칠까 걱정이에요. 하지만 우리는 진상규명이란 절체절명의 과제가 있잖아요. 지금 상황에서는 어떻게든 물고 들어가야 하는 수밖에 없어요. 첫번째가 진상조사위원회의 인적구성이라면, 두번째는 그 발족 시점입니다. 특별법자체에는 진상조사위원회가 언제부터 활동을 시작하는지 명시되어 있지 않아서, 시행령이 제정될 때 빠른 시일 내에 가능하도록 확실하게 해야죠. 그리고 세번째는 진상조사위원회 1년 8개월과 특검 2번에 이르기까지 최소 2년 동안은 진상규명 과정을 감시할 필요가 있어요. 유가족이 과정에 직접적으로 참여할 수는 없지만… 가만히 지켜볼 수는 없잖아요. 그걸 시행령에서 가능하게 만들어줘야죠. 지금당장은 이 세가지가 시행령 만드는 데서 가장 중요한 방향입니다."

벌써부터 일부 언론에서는 특별법이 제정됐으니 그것으로 참사가마무리되는 마냥 이야기하고 있다. 한 종합편성 채널에서는 시사 프로그램에 출연한 패널의 입을 빌려 "(진상규명이) 98퍼센트 됐다"고까지 했다. 하지만 수현이 아버지에게, 그리고 유가족에게 4·16세월호참사는 아직 납득할 만한 진상규명이 전혀 이뤄지지 않은 상태다.

"저는 거꾸로 이야기해서 진상규명이 2퍼센트도 안 됐다고 생각해요. 선원들의 재판 과정에서 나온 이야기 중에서도 덜 밝혀진 부분이 많고요. 예를 들어 15명의 선원이 있었으면서도 일사분란하게 자기들만 퇴선을 했는데, 그 사람들이 어떻게 그런 결정을 내렸고, 과정은 어떻게 진행됐는지 재판 과정에서 규명이 잘 안 됐어요. 해경 같은 경우에도 이 사건과 관련해서는 엄청난 피의자 집단인데, 제대로 책임지는 놈은 없잖아요. 보세요. 해경 차장은 죄가 있다고 기소가 됐는데, 해경 청장은 죄가 없다고 하고… 책임 소재조차 명확하게 안 밝혀졌는데, 그게 무슨 진상규명입니까. 다시 판을 짜야죠.

근본적으로는 침몰 후에 어째서 그런 부실한 구조작업이 이루어졌는지, 또 정부가 유가족에게 제대로 알리지 않은 것은 없는지 모두를 다시 조사해야죠. 생각해보세요. 진상규명이 제대로 됐다면, 정부가 내놓은 대책이라는 게 저렇게 엉성할 수 있겠는가."

유가족들은 참사 이후, 304명의 억울한 죽음 위에서 우리 사회가 조금이나마 나아지기를 하나같이 소원하고 있다. 수현이 아버지 역시 진상규명이 끝마쳐지고, 거기에 따라 개선책들이 만들어진다면 아이의 죽음이 헛되지 않을 수 있다고 생각한다. 하지만 우리 사회가 보여준 지금까지의 모습은 그의 바람을 철저히 외면한 것이었다.

"지금 정부가 내놓은 대책이라는 게, 사실은 부처를 저기서 빼다가 여기에 갖다붙이는 수준이잖아요. 그게 어디 모양새만 바꾼 거지, 씨스템을 고쳤다고 할 수 있나요? 그럼 이런 참사가 생겨나도 결과는 똑같을 거예요. 공청회도 열어서 뭐가 문제였는지 이야기도 좀 들어보고, 이원화돼 있는 것이 문제라면 일원화하고, 교육·훈련이 필요하다면 정부가 나서서 좀 도와주고, 뭔가 종합적인 변화가 있어야 하잖아요. 근데 그런 게 전혀 보이지 않아요. 5월 19일에 대통령 대국민담화에서 해경 해체라는 말이 처음 나왔을 때, 제가 CBS랑 인터뷰하면서 문패 바꿔달기로 끝나는 거 아니냐고 한 적이 있었거든요. 지금도 생각이 똑같습니다. 근원적인 문제 해결이 안 된 건, 진상규명이 허술했기 때문이에요."

앞으로도 이어질 수현이 아버지의 싸움

어쩌면 숙명일지도 모른다고 생각했다. 그저 불운한 일이라고, 이제는 큰아이를 잘 보듬어야 할 때라고도 여겼다. 주변에서도 그렇게 말하는 이가 많았다. 하지만 수현이 아버지는 그렇게 넘어갈 수 없었다. 사랑하는 아이가 억울하고 원통하게 죽었는데, 그걸 숙명으로 그냥 받아들여야 한다는 걸 견디기 어려웠다. 아무리 생각해도 그건 도무지 아버지가 할 일이 아니었다.

"저만 그렇게 생각하겠습니까. 다 같은 마음이니 부모님들이 국회에서 광화문에서 청운동에서 밤을 지새우고, 비를 맞아가면서 싸우셨죠. 유민이 아버지께서 46일씩이나 단식을 하면서 버티셨던 것도 그거 이상이 있겠어요. 사람에 따라서 죽은 아이들을 위해 싸우는 방법이 다를 뿐이지, 그 동기는 다 마찬가지일 거예요. 처음에는 가족대책위에 들어올 생각을 못했어요. 근데 지금 같은 상황에서 더 빠진다고 하면 비겁한 거 같더라고요. 그래서 새로운 집행부를 선출할 때 나서게 됐고… 선거에서 부모님들이 반수 넘게 지지해주셨어요."

물론 여전히 상황은 녹록지 않다. 무엇보다 특별법이 제정된 이후로 사회적 관심이 점차 멀어지는 게 걱정스럽다. 때때로 혼자서 높고, 가파른 벽에 둘러싸여 있는 듯한 막막함조차 느껴진다.

"사실상 우리 유가족들이 지금까지 겪어왔던 어려움들은 특별법 제정을 위해서였잖아요. 근데 진상규명 과정은 최소한 2년 동안, 어쩌면 그보다 더 어려울지 몰라요. 기관과 직접적으로 부딪쳐야 하는 부분도 있고, 참사 발생 이후에 시간이 꽤 지나간 만큼 증거가 얼마나 남아 있을지도 불투명하고요. 다 포기하고 싶다는 생각도 한 적 있어요. 그렇잖아요. 지금은 삶 자체가 산산조각나버렸으니까. 저도 그렇고, 아내도 그렇고 집에 있을 때면 혼이 빠져나간 거 같아요. 그냥 물하고 단백질로만 결합된 존재마냥… 가정 자체가 파괴되어버렸잖아요. 한동안은 판단력도, 기억력도, 집중력도 온전하지 못했어요. 우리도 진상규명에 나서야겠다고 독하게 마음먹지 않았다면, 또 큰아이가 없었다면 더 극단적인 생각을 했을 지도 모르겠어요. 아마 다른 집들도 그런 문제는 심각할 거예요.”

진상규명 자체의 어려움만이 아니라, 현실적인 문제들도 수현이 아버지의 걱정거리가 됐다. 그가 당분간 진상규명에 매달리게 되면서, 당장 봄이 돌아오면 수현이 어머니가 생계를 위해 집 밖으로 나서야 할 상황이다.

“정확히 세어보지는 못했지만, 상당수 가족이 생계에 어려움이 있을 거예요. 원래 다니던 회사에서 기다려주는 것도 한계가 있을 거고… 특히 우리 나이면, 그것도 사무직이었던 사람들은 직장 그만뒀다가 새로 구하는 게 쉽지 않거든요. 우리도 노후 준비한다고 마련해놨던 거 갖고 버티고 있는데 그것도 곧 한계가 올 거예요. 그렇다고 하더라도 아이들 죽음을 이대로 묻을 수는 없잖아요. 고생하더라도… 해야죠.”

지난한 시간이 되겠지만, 수현이 아버지는 언젠가 아들이 내준 숙제를 끝마칠 수 있으리라 믿는다. 제대로 된 진상규명 결과를 받아드는 날이 오리라고, 그는 믿고 있다. 그러기 위해서는 수현이와 친구들, 선생님들 그리고 평범하게 살아갔던 사람들에게 정확하게 무슨 일이 벌어졌는지, 어디서 어떻게 비롯되었는지를 밝혀내야만 한다. 그 모든 게 끝날 때까지 수현이 아버지의 싸움은 계속 이어질 터다.

"진상규명이 다 끝나고 나면, 희생된 304명의 모든 유가족과 국민, 그리고 대통령에게 보고서를 하나 올릴 거예요. 이 사건에 대해서 도대체 어떤 일이 있었고, 어떻게 마무리가 됐는지… 우리 수현이에게도 보여줘야죠. 숙제 검사는 꼭 받아야 하니까."

_작가기록단 **박현진**

엄마 없는 세상을 살아갈
딸을 걱정했는데
딸을 먼저 보냈어요

2학년 2반 길채원 학생의 어머니 허영무 씨 이야기

: 몸무게가 40킬로는 될까. 작고 깡마른 몸집이었다. 항암치료를 받느라 빠졌던 머리카락이 고르지 않게 새로 자라나고 있었다. 암과 씨름하던 허영무 씨의 인생에 난데없이 딸의 죽음이 먼저 찾아왔다. 아깝게 놓쳐버린 딸을 마른 눈물을 삼켜가며 이야기하는 어머니의 시계는 여전히 4월 16일 직후에 멈춰 있는 듯했다. 잔인했던 봄을 지나 여름, 가을을 넘기고 초겨울 바람이 차갑게 몰아치던 11월의 끝자락이었다. 그날은 세월호 범정부사고대책본부가 해체된 날이기도 했다. 세월호는 이제 끝났다는 분위기가 사회 전체를 휘감고 있었다. 그럼에도 어머니에게는 여전히 딸이 없는 세상이 꿈처럼 느껴진다. 딸 채원이가 쓰던 방은 어릴 적 아빠가 사다준 커다란 곰 인형과 함께 마치 주인이 금방이라도 "엄마, 나 왔어" 하며 돌아올 것처럼 그대로 간직되어 있었다. 영정사진으로 쓰였음직한 커다란 액자 사진만이 주인의 부재를 알려주고 있었다. 그날 이후 어머니의 세상에는 지독한 슬픔과 세상에 대한 두려움이 들어찼다.

어머니는 "나가서 한 일도 없는 사람이 유가족 구술 작업에 함께해도 되는지 모르겠다"고 했다. 결국 첫 인터뷰 직후 자기가 이 작업에 끼는 건 옳지 않은 것 같다며 고사하는 전화를 걸어왔다. 딸의 이야기를 책으로 남기고픈 욕심이 왜 없었을까. 그런데도 어머니는 앞장서서 일하셨던 분들의 이야기가 먼저 담겨야 한다고 생각했단다. 인터뷰 내내 자기의 고통이나 딸에 대한 사랑을 드러내어 이야기하기보다 '다른 부모님들도 다 그랬을 거다' '사고 난 아이들이 다 그렇다'라는 말을 잊지 않고 덧붙이곤 하던 그의 마음이 새삼 느껴졌다. 길채원의 어머니, 허영무는 그런 사람이었다. 간신히 다른 유가족의 설득으로 어머니는 마음을 되잡았고, 그렇게 그와 그의 딸 채원이의 이야기가 이 책의 한 자락에 담겼다. 그의 이야기는 통곡이 아니라 흐느낌조차 새어나오기 힘든 억눌린 슬픔에 가까웠다. 부모로서, 신앙인으로서, 시민으로서 끝도 보이지 않는 고통과 혼란의 터널을 지나고 있는 그의 이야기를 듣고 있노라면, 철이 지났다며 부랴부랴 짐을 싸는 이들이 보여준 애도의 깊이가, 잊지 않겠다던 약속의 호흡이 얼마나 얄팍한 것이었나 돌아보게 된다. 슬픔 속에서도 어머니는 한걸음씩 내딛고 있는 중이다. 그에게는 슬픔을 멈추지 않을 권리가 있다.

제가 유방암 3기 말이에요. 우리 아이 사고 났을 때 마지막 8차 항암치료 중이었어요. 수술은 작년 10월에 했고요. 조직검사를 해보니 전이가 많이 되었대요. 주변에 말은 안 했지만 수술하기 전에 이것저것 대비를 하고 갔어요. 영정사진으로는 무얼 써야겠다, 보험처리는 이렇게 해야겠다, 죽으면 화장해야지 그런 것들. 스물아홉에 결혼하고 1년 있다가 저희 엄마가 담도암으로 3개월 만에 돌아가셨거든요. 살면서 어렵고 힘들 때 부모 그늘이 있어야 하는데… 아버지가 계신다고 해도 엄마가 없는 거에 대한 아쉬움이 있잖아요? 우리 애들은 미성년자인데 저랑 똑같은 걸 겪어야 하는 거잖아요. 그게 안타까웠을 뿐, 암은 두렵지 않았어요. 암이 왜 힘드냐면 오늘도 아파 죽겠는데 내일은 더 아프다는 거. 그 끝도 없는 통증이 어떤 건지 우리 엄마 아프실 때 봤거든요. 근데 요즘은 통증을 줄여주는 게 많더라고요. 통증 없이 남은 생을 잘 정리해야겠다 했었는데, 아이 사고가 났어요. 제가 아픈 건 두렵지 않았는데 아이가 이렇게 되리라곤… 준비가 안 돼 있었기 때문에 더 어려운 것 같아요.

유방암이 '착한 암'이라고 해도 앞으로 제게 어떤 일이 있을지 모르니까. 저희는 가족 셋 추스르는 것만으로도 너무 버거워, 나가서 가족 대책위 같은 활동을 하고 그러질 못했어요. 그러다보니 우리 아이는 존재감이 없잖아요. 여기서라도 우리 아이가 이렇게 살다 갔다는 이야기를 남기고 싶어요. 우리 아이도 소중하다는 걸, 우리 아이도 정말 사랑스럽고 예쁜 아이였다는 걸, 그런 아이가 세상에 왔다가 갔다는 걸. 저는 그거 하나예요. 사건의 단추가 어디서부터 끼워졌고 어디서 끝날지 모르지만, 그 과정에서 잘못한 사람들이 제발 미안해하는 마음이라도 가졌으면 좋겠어요. 미안하다는 말을 듣더라도 우리 가족이 달라지는 건 하나도 없겠지만… 아, 그래도 미안해하기는 해야죠.

가족이 모두 병들어 있어요

그냥 4월 16일 이전으로 돌아갔으면 좋겠어요. 그날 이후 모든 시간이 꿈 같아요. 채원이가 간 다음에는 순간순간이 다 새롭고 처음이니까. 그 처음을 시작하는 게 너무 어려웠어요. 제일 힘든 게 주말이에요. 식구들이 다 함께 있으면 사람이 하나 빠진 상황을 어쩔지 못하겠는 거예요. 어디다 화를 내야 하는지 모르겠고. 이번 추석 때도 죽는 줄 알았어요. 식구들 셋이 아무데도 못 가고 우리끼리 있는데 정말 신경이 날카로워지는 거예요. 그때 폭발할 것 같더라고요. 아직도 실감 안 나요. 우리 애가 어떻게 됐다는 게. 채원이랑 많이 다니던 동네를 다시 가게 되거나 예전엔 넷이 타던 차를 셋이 탔을 때나 뭐든지 그 생경한 첫 느낌. 그 아이랑 함께했던 공간과 시간을, 아이 없이 모두 다 새로 시작해야 하는 거더라고요.

사람들이 나보고 속에 있는 얘기를 하라고, 혼자 있으면 안 된다고 얘기를 하지만, 새로운 사람들을 만나고 새로운 관계가 만들어지는 게 너무 피곤해요. 나 자체로도 힘들고 가족끼리 있는 것도 너무 힘들고… 트라우마라는 뜻이 그런 건지 모르겠지만 공포감이 떠나질 않아요. 나가서 사람들 만나면 웃으면서 얘기하기도 하는데 제자리로 돌아왔을 때 그 두려움이란… 내일 일이 너무 무서워요. 작은애가 하다못해 자전거를 타고 나가도 너무 무섭고. 내가 알던 국가라는 게

이런 건지도 몰랐고. 내가 이렇게까지 세상을 모르고 살았구나. 영화 속 세상만 앞서가지, 진도에서 일어난 일은 정말 미개한 수준이고. 내가 그 속에 끼어 있는 것도 너무 힘들고…

감정을 느낄 수가 없어요. 누가 아프거나 다쳤다고 하면 마음이 아파야 하는데 아무 생각 없이 멍해요. 그러고 조금 뒤로 물러나서 생각하면 '아, 이건 아픈 거구나. 아파해야 하는 거구나'라고 머리로 생각하고 그제서야 감정을 개입시키더라고요. 얼마 전에 저희 성당 자매분이 교통사고가 났어요. 다행히 많이 안 다쳤지만, 사고가 크게 났거든요. 그 얘기를 듣고 놀라야 하는데, 놀라는 게 아니야. 그 상황이 그냥 언어로서 내 귀에 들어오지 감정으로 전달이 안 돼요. '어머, 내가 이러면 안 되는데', 이러면서 하나하나씩 단계를 밟듯이 감정을 느끼는 거예요.

애 아빠는 장례식 끝내놓고 보름 있다가 바로 직장 복귀했어요. 당시엔 저도 병색이 더 심했거든요. 집안 살림을 전혀 못했어요. 살림을 조금씩 다시 시작한 게 한달밖에 안 돼요. 그러니까 퇴근하고 오면 애 아빠가 살림을 할 거 아니에요. 그러니까 분향소 일을 도와줄 수도 없고. 한두번 분향소에 나갔다 오면 자기 아이들을 위해 적극적으로 뛰어다니는 부모들을 보며 미안해하기도 하고 그렇게 하지 못하는 본인의 처지 때문에 많이 힘들어했어요.

작은아이는 전혀 반응이 없어요. 아빠가 처음에 살고 싶어 하지 않았어요. 제 항암치료 끝나고 방사선 치료 갈 때 차에서 그러더라고요. 내가 건강해져서 작은애를 책임질 수 있으면 자기는 채원이 따라가고 싶다고. 많이 이뻐했어요. 채원이와 아빠 관계가 저보다 훨씬 가까웠어요. 거의 모든 1순위가 채원이었으니까. 그래서 저는 애 아빠 걱정만 하고 있었죠. 그런데 누가 작은아이는 어떠냐고 묻는데 '그러게. 한번도 누나 이야기를 한 적이 없네. 누나 이름도 꺼낸 적이 없네' 싶은 거예요. 또 어떤 분이 장례식장에서도 작은아이가 한번도 안 울더라고 그러시는 거예요. 저는 제 생각에 빠져서, 제 아픔만 생각하느라 작은애를 전혀 보지 못한 거죠. 몇달 지나고 나서야 아이 마음에 두려움이 많았겠구나 싶더라고요.

몇달 동안 우리 식구들은 채원이라는 이름도 서로 꺼내지 못했어요. 간혹 꺼낼 때도 심호흡을 한번 하고 간신히… 작은애를 돌보려면 나한테 먼저 에너지가 있어야 하니까 상담을 한차례 받았어요. 상담을 받고 나서 누나 이야기를 의도적으로 꺼냈어요. 생활 속에서 누나 얘기를 한두마디라도 나오게 해야 한다고 하더라고요. 내가 뭘 찾느라고 어디 있냐고 물어보니까 작은애가 한참이나 머뭇거리다가 대답하더라고요. "누나 방에 있어." 그게 처음 한 누나 얘기였어요. 걔가 "누나 방에 있어" 그 한마디를 하기도 힘든 상황이었구나. 그러고 나서 누나 방 책상에 앉아서 뭘 뒤적거리며 앉아 있었던 게 딱 한번. 그게 다예요. 그러고 난 뒤 조금 나아지는 것 같기는 하더라고요. 그래도 아직까지 누나 상황은 외면하고 있어요. 세월호 이야기도 알고 싶어 하지 않고… 갑자기 욱 하면서 화를 내는 일이 잦아졌어요. 애가 중2라서 주변사람들이 말하는 질풍노도여서 그런 건지, 누나 사고 때문인지 잘 모르겠지만. 제가 '나는 갱년기이고 너는 중2병이라서 우리 둘이 부딪친다'고 그랬어요. 근데 나중에 알았어. 얘는 지금 누나 일도 그렇지만 엄마가 아픈 게 되게 두려운 거구나. 얼마 전까지만 해도 제가 항암치료 받느라 머리가 다 빠진 상태였거든요.

가족이 병들어 있는 게 맞아요. 애 아빠가 어느 순간부터는 물을 못 마시는 거예요. 마셔도 한두모금. '아, 저 사람이 물을 못 마시는 구나.' 6개월이면 숨 쉴 구멍이 생긴다는 사람도 있고, 3년 걸린다는 사람도 있고, 아이가 살아온 만큼 걸린다는 사람도 있더라고요. 그런 말을 듣고는 약간 기대를 했었어요. 근데 아니더라고요. 아니니까 더 힘들더라고요. 어떤 분이 그래요. 애기 때 아이가 죽은 게 아니기 때문에 평생 갈 거라고. 그 얘기를 듣고는 평생 안고 살아야 하는구나 싶었어요. 처음엔 아이와 관련된 물건을 빨리 버리고 싶었어요. 근데 애가 쓰던 물건들을 치울 수도 없고 어떻게 손을 댈 수도 없는 거예요. 아이가 신던 신발을 버려야 하나 말아야 하나, 애가 쓰던 칫솔을 버려야 하나 말아야 하나. 대부분 부모들이 애들 사망신고를 못하잖아요. 그걸 누가 가서 하겠어요. 시간이 지나면서는 안 치우길 잘했구나, 그냥 같이 가야겠구나 그래요. 처음에는 애랑 갔던 데를 가도 너무 힘들었어요. 작은애는 입이 짧아서 잘 안 먹었는데 채원이는 내가 뭐 먹고 싶다고 하면 손 잡고 가주고 그랬거든요. 아, 지금은 개랑 했던 거 잊지 말고, 걔가 있던 공간을 떠나지 말아야 하는구나 싶어요. 사고 난 뒤 초기에 이사 간 분들도 있어요. 근데 그분들이 오히려 더 힘들어하시더라고요. 저희 반 부모 한분도 이사를 가고 나서 아이랑 살던 집 계단 앞에 와 앉아 있다고 저희반 SNS 밴드에 메시지를 남기셨더라고요. 아, 그렇구나…

두려움 속, 길을 잃어버리다

잘 모르겠어요. 새로운 관계가 부담스럽고 그냥 혼자 있고 싶은데 혼자 있으면 또 번민이 너무 많아지고. 주체가 안 되는 생각들에… 불구가 된 것 같아요. 생각하는 것에서도 불구, 판단하는 것에서도 불구, 결단하는 것에서도 불구. 아이의 미래에 대해서도 생각할 수가 없어, 겁이 나서. 윤일병 사건 같은 사회문제가 터지면 다 내가 겪을 것 같은 두려움에… 산다는 것에 대한 두려움, 세상 돌아가는 것에 대한 두려움으로 아무 데로도 나아갈 수가 없어요. 애 아빠도 그러는 거예요. 열심히 일해서 아이들한테 잘해주고 싶었대요. 그랬는데 내일이 없다는 거야. 내일을 모르니까, 아이에 대해서 부모로서 어떻게 해야 하는 건지 모르겠으니까 무조건 '예스'라고 할 수밖에 없고. 작은애가 공부하기 힘들다고, 때려치우고 싶다고, 뛰어내리고 싶었는데 참았다고 그런 얘기를 하는데, 그 얘기에 애 아빠가 정말 무서워하는 거예요. 나도 무섭고. 그러니까 어떤 것도 아이한테 '노'라는 표현을 할 수가 없는 거야. 이제 걔 하나인데…

암환자는 마음을 좋게 먹어야 한다고 하는데, 살아간다는 걸 감사하라는데, 아이가 없는 세상을 어떻게 감사하라는 건지… 하느님의 존재에 대해서도 어떻게 평가해야 하는지 모르겠어요. 하느님의 자비가 느껴지지 않는 상황이 벌어진 거니까 처음에는 하느님을 부정하게 되잖아요. 저는 갈 데가 없어서 결국 하느님한테 다시 돌아갔어요. 천국이라는 희망조차 없으면 우리 채원이는 그저 암흑일 뿐이니까요. 근데 애 아빠는 신자가 아니니까 그런 희망을 가질 수가 없죠. 죽으면 끝이니까. 애에 대한 것도 해결이 안 됐는데 혹시 또 내가 아파서 무슨 일이 생기면 어떻게 하나 하는 불안감 때문에 정신을 못 차리고 있어요. 그 불안감으로 지탱하고 있는 것 같아요, 자기를 돌볼 수 있는 상태가 아닌 거죠. 그래서 내가 더 건강을 챙기려고 해요.

아, 여기서 내가 더 나빠지거나 그러면 우리 애 아빠나 작은아이는 그걸 또 감당해야 하겠구나. 그건 정말 이렇게 잔인한 일을 두번 겪게 하는 거니까 내가 조심해야겠다 생각해요.

남은 시간이 좀 빨리 갔으면 좋겠어요

수학여행 가던 날 애를 학교 앞에 내려주었을 때, 그때 왜 아무런 느낌이 없었을까. 왜 아무런 불길한 느낌을 갖지 못했을까. 그 전날 애 아빠가 꿈을 꿨어요. 꿈에 어머니, 아버지가 보였는데 배추밭 농사가 엄청 잘됐대요. 배추가 어떻게 이렇게 예쁘게 잘 컸나 그랬는데 돌아서고 나니까 배추가 몽땅 죽어버렸대요. 아침에 그 이야기를 하면서 애 아빠가 불길해하더라고요. 그때 우리집 문제는 내가 아픈 거밖에 없으니까 '아니야, 여보. 이제 좋은 일 생기려고 그래. 잊어버려', 그렇게 애 아빠를 다독여 보냈어요. 그 다음 날 사고가 났어요.

오전 10시가 될 때까지 뉴스를 틀어놓지 않아서 몰랐어요. 애들 작은고모가 전화로 사고 얘기를 하더라고요. 실감이 안 났어요. 영화를 봐도, 자동차 내비게이션만 봐도 너무 발달한 세상이잖아요. 우리 애는 구조가 돼서 보트에 타 있거나 섬에 가 있다고 생각했지, 그 많은 사람들이 나오지도 못했을 거라곤 상상도 못했어요. 신호는 가는데 안 받더라고요. 혹시라도 배터리가 닳으면 안 되니까 문자만 몇개 넣어놓고 연락도 안 했어요. 애 아빠도 담담하게 반응했고요. 설마 이럴 줄 몰랐으니까. 12시쯤 애 아빠가 집에 와서 단원고에서 문자가 왔다고, 다 구조됐다더라 하대요. 그럴 거라고 믿고 안심했어요. 학교에서 그랬어요. 애들 올라오는 버스가 준비되어 있으니까 길이 엇갈리지 않게 기다리시라고. 혹시라도 가보고 싶은 분들은 버스 대절했으니까 내려가시자고. 애 아빠는 자기 차로 가고. 부평 사시던 채원이 고모도 진도로 달려 내려가고. 그게 시작이에요.

그때 8차 항암치료 중이라 정말 힘들었어요. 다시 하자고 하면 못할 거 같은데. 제가 팽목항에 가려고 하니까 애 아빠가 내려오지 말래요. 나까지 어떻게 되면 감당이 안 되는 상황이잖아요. 작은애도 있고. 미리 소식을 안 사람들은 학교에 가 있었더라고요. 학교 가서 난리 치고 했다는데 저는 집안에 숨어 있던 꼴이 된 거죠. 저희 성당 신자들이 소식 듣고 집으로 달려와 묵주기도를 계속 해주고 있는데도 우리 애가 살아 있다는 느낌, 기도가 되고 있다는 느낌이 없었어요. 그러다 첫 시신으로 나온 애가 있었잖아요? 걔가 너무 안 된 거예요. 그러다가 점점 더 느낌이 안 좋더라고요. 애 아빠도 팽목항 내려가는 동안 전화 받는 목소리가 점점 더 안 좋아지고. 뭔가 사고가 크게 났구나 싶었어요. 저녁 무렵이 되니까 TV를 도저히 보고 있을 수가 없더라고요. 채원이 방 침대에 누워 채원이 액자사진 끌어안고 계속 울다가 잠이 든 것 같은데 이틀 후에 정신을 차려보니 동네병원에 있더라고요. 제가 계속 일어나질 못하니까 남동생이 입원을 시켰대요. 저는 그때 일이 전혀 기억이 나질 않아요. 17일에 침대에서 일어나서 핸드폰도 만지작거리고 그랬다는데 누가 다녀갔는지, 무슨 일이 있었는지 아무 기억이 없어요. 그러고 일주일 동안 병원에 있었어요.

아이가 하나둘 시신으로 나오기 시작한 뒤부터는 겁이 나는 거예요. 저는 병원에 있는 동안에도 티비 뉴스를 못 봤어요. 너무 무서워서. 얼핏 얼핏 인터넷 뉴스 제목만 보면 애들이 살아 있는 것처럼 나오니까. 아이들 시신이 하나둘 나오기 시작할 때는 우리 애가 나오면 어떡하나, 나오면 어떡하나. 시간이 지나면서부터는 안 나오면 어떡하나, 안 나오면 어떡하나. 마지막 남은 사람이 내가 되면 어떡하나. 그런 불안감이 점점 더 커졌어요. 보름 지나고부터는 애들 시신이 부패된다는데 그렇게 나오면 어떡하나. 찾아봐야 시신인데, 시신조차 못 찾을까봐 겁을 먹는 거죠. 얼마 전 실종자 가족분이 유가족이 되는 게 소원이라고 하시더라고요. 그 말이 어찌나 슬프던지⋯

4월 29일에 우리 애를 찾았어요. 애 아빠는 채원이가 맞다고 확신하고 있었는데, DNA 검사 결과를 기다려봐야 한다고 해서 이튿날까지 기다렸어요. 제가 진도까지 내려갈 체력이 안 되니까 애 아빠가 아이 찾을 때까지는 절대 내려오지 말라고 했어요. 애 아빠가 몸도 마음도 지쳐 있고 신경도 워낙 날카로워져 있는 상태라 더는 자극하면 안 될 것 같아 따랐어요. 채원이가 맞다고 확인이 된 다음에도 애 아빠가 내려오지 말래요. 환자인 나까지 챙길 여력이 없다고. 그래도 엄마인 내가 아무것도 한 것 없이 뒤에 숨어 있었던 게 너무 미안하고, 엄마가 데리러는 가야 할 것 같아서 내려갔어요. 그때 데리러 가길 참 잘했어요. 살면서 후회되는 일 하나는 줄였으니까.

애 아빠가 평소에는 화를 많이 안 내는 온순한 사람인데, 내가 내려온 거에 대해 무지 화를 내더라고요. 팽목항에 함께 있던 누나들과 조카도 말을 걸기 어려울 정도로 치밀어오르는 분노를 어찌할 줄 몰라 하는 거예요. 옆에 있던 나도 겁이 날 정도로. 팽목항에 하루 있어보니 그 분노를 이해하겠더라고요. 배가 몇척이 나가서 구조활동을 하고 있다는 것도 죄다 거짓말이었고. 거기 있던 가족들이 다 보고 있었던 거잖아요. 방송들이 죄다 거짓말하고 있다는 걸. 아이들이 살아서 구조를 기다리고 있을지 모르는데, 아무것도 못한 채 보고만 있었으니… 애 아빠가 상황만 되면 세상 불 질러버리고 주변 사람들을 싹 다 죽여버릴 수도 있겠다 싶을 정도의 분노가 느껴졌어요. 지금도 채원 아빠는 가라앉는 배 속에서 아이가 아빠를 애타게 찾으며 우는 꿈을 자주 꾼대요. 같이 진도에 내려와 있던 채원이 고모도 팽목항에서 울부짖었던 기억을 떨칠 수가 없어 한동안 정신과 치료를 받았을 정도니까요. 아이들이 저 차가운 바닷물 안에서 추위와 공포에 떨고 있을 텐데, 목말라할 텐데, 밥이 넘어가고 물이 넘어갔겠어요? 아마 팽목항 있던 부모님들 마음이 다 그랬을 거예요. 저는 그 단계를 싹 빼먹고선 중간 단계만 본 거니까 너무 미안했죠.

부모들은 자기 아이가 나올 때 느낌으로 알아요, 우리만이 아니라. 희한하게도 생일에 많이 나오잖아요? 요 언덕 너머가 채원이 학교거든요. 우리 아이 나오기까지 단원고 근처엔 가보지도 못했는데 그날은 혼자 가봤어요. 그때까지는 길거리에 매어진 노란 리본도 너무 싫었어요. 주변을 위해 힘써주신 분들께는 미안한 얘기지만, 난 그때 무슨 잔치 난 것 같은 기분이 들었어요. 길거리에 플래카드도 너무 많고, 무슨 행사하는 거 같고. 근데 그날은 교실에 가서 채원이 책상에도 앉아보고 그러고 왔는데 다음날 4월 29일에 우리 애가 나왔어요. 205번째로. 애들 시신 확인할 때 보니 사람이 그냥 번호인 거예요. 몇번 몇번 몇번… 애들이 그냥 번호구나.

강우영이라고 우리 애랑 초등학교, 중학교 같이 다닌 애가 있는데, 걔네 둘이 아침저녁으로 학교를 같이 다녔어요. 둘이 마지막에 손잡고 뛰었다고 하니까 둘이 꼭 같이 나올 거라고, 우영이와 채원이 하늘나라 가는 길 외롭지 않게 누가 먼저 나오든 기다렸다가 같이 하늘

제2부 기억하는 사람들, 기록하는 사람들

나라 보내주자고 채원 아빠가 우영이 아빠랑 약속했대요. 근데 그 당시엔 이미 날짜가 너무 지나서 나오자마자 시신이 부패되는 상황이었어요. 기다려도 우영이가 안 나와서 5월 1일에 우리 먼저 올라왔어요. 애 아빠는 채원이와의 마지막 여행이 될 거라며 자동차로 올라오고 싶다고 했는데, 부패가 빨리 진행되는 상황이라 헬기로 돌아왔어요.

시신 확인할 때 저는 사람들이 못 들어가게 해서 아이 아빠만 들어가서 봤어요. 몸이 상한 채로 나온 애들도 있다니까 애가 다친 데 없나 그것만 확인했대요. 눈 아래쪽이 약간 멍이 든 것처럼 파란 거 말고는 머리부터 발끝까지 다 괜찮았다고 그러더라고요. 저는 고대 안산병원에 와서 장례식장에서 염할 때 애 얼굴을 봤어요. 아빠가 아이가 어떻다고 얘기를 해줘서 마음의 준비를 하고 들어가서 그런지 저는 그냥 그때도 예쁘더라고요. 얼굴은 당연히 상했죠. 그래도 예쁘더라고요. 우리 아이가 이쁜 걸 좋아하니까 수의 하나는 아끼지 않고 제일 좋아할 만한 거, 제일 마음에 드는 걸 사주고 싶었어요. 처음에는 얘기도 못 꺼냈어요. 애 아빠가 너무 화가 나 있으니까. 국가에 10원 한장 쓰는 게 너무 아깝다고, 받을 거 다 받아야 한다고, 이 억울한 세상에서. 근데 제가 옷을 사주고 싶다니까 애 아빠도 그러자고.

천주교에서는 연도(영혼을 위한 기도)를 하잖아요. 근데 내가 내 아이를 위한 연도를 할지는 정말 몰랐거든요. 누가 이렇게 짧게 왔다 갈지 생각을 했겠어요. 솔직히 애 장례 치를 때는 감정이 없었어요. 실감도 안 나고 그저 멍한 느낌. 우리 아이한테 미안하다는 '생각'을 했어요. 지켜주지 못해서, 여기 안산에 살게 해서 미안하다고. 그동안 나한테 와주어서, 내 곁에 있어줘서 고마웠다고. 그뒤부터는 내가 해결해야 하는 문제죠. 부모로서 작은아이 곁에도 있어줘야 하니까 살기는 살아야죠. 근데 남은 시간이 좀 빨리 갔으면 좋겠어요. 시간이 빨리 가서 이 삶이 정리가 됐으면 좋겠어요.

평생 알 수 없는 아이의 마지막에 대해 늘 생각해요

몇 달 동안은 우리 아이의 마지막이 너무 고통스러웠거나 무서웠으면 어떡하지 그 걱정으로 많은 시간을 보냈어요. 채원이 핸드폰도 못 찾았거든요. 차마 누군가에게 물어볼 용기는 없고. 하나씩 하나씩 퍼즐 조각 찾듯이 평생 알 수 없는 아이의 마지막에 대해서 늘 생각했어요. 우영이 부모님이 생존자 아이들한테 물어봤대요. 저는 그 아이들 도저히 만날 용기가 안 나요. 보고 싶지 않아요. 아이들이 밖으로 나오라고 하니까 우리 아이가 '아니야. 선생님이 기다리라고 그랬어' 그랬대요. 그러다가 계속 나오라고 하니까 우영이랑 다른 두 아이랑 넷이서 손잡고 나왔대요. 우영이랑 우리 아이 빼고 나머지 두 아이는 살았어요. 걔네들은 우리 애들이 밧줄을 잡았는데 떨어진 거 같다고. 애들이 경황이 없으니까 앞뒤 말이 다르다고 그러더라고요. 생존자 애들도 많이 어려운가봐요.

저희 2반 애들은 밖으로 나와 있었어요. 나오라고 방송을 안 해서가 아니라 구조가 안 된 거예요. 그 기다림의 순간에 아이가 얼마나 고통스러웠을지 생각하는 게 너무 무섭고 미안해요. 그러면서 기도만 하는 거예요. 우리 아이가 겁이 많은데 그 순간엔 기절해서 덜 힘들고 덜 무서웠기를. 살아 있는 사람 마음 편하자고…

제2부 기억하는 사람들, 기록하는 사람들

마치 우리 애가 그림 속의 별이 되어 있는 것 같아서…

교황님 오셨을 때 대전 미사를 갔는데 인순이 그분이 〈거위의 꿈〉을 노래하더라고요. 그때 이후로 세상에서 제일 싫어하는 노래가 됐어요. 〈거위의 꿈〉은 미래를 보는 건데 우리는 미래가 없잖아요. 채원이의 미래도 끝났잖아요. 아빠가 화내는 것 중에 하나가, 진상규명이고 뭐고 세상이 변한들 당사자가 없는데, 걔가 살아서 돌아오는 것도 아닌데 무슨 소용이냐고.

아이가 이젠 없는데 태몽 이야기 하면 사람들이 비웃지… 제가 결혼 전에 엄마 아버지랑 살던 집에 방 하나가 창문이 되게 컸어요. 그 방 책상에 앉아서 보는데 별이 너무 반짝반짝 하는 거예요. 꿈에서도 어떻게 이게 태몽이다 생각했나 몰라. 가장 큰 별이 떨어지는 걸 보고서는 기도를 했어요. 저 별은 내 거라고. 그러고 나서 채원이가 내게 왔어요. 세례명 에스텔도 별을 뜻한대요. '이웃'*이라는 공간에 갔더니 아이들이 뛰어놀고 별들이 가득한 그림 하나가 벽면 가득 큼직하게 걸려 있더라고요. 보자마자 눈물이 왈칵 쏟아졌어요. 마치 우리 애가 그림 속의 별이 되어 있는 것 같아서…

저는 우리 애들이 키우기 쉬운 아이라고만 생각했지 고마워하진 않았어요. 그땐 왜 그게 고마운지 몰랐을까. 채원이가 뭘 원하는지, 감정이 어떤지도 잘 몰랐던 것 같아요. 우리 아이가 초등학교 1학년

---

* 단원고 2학년 희생자 중 97명이 살았던 안산시 단원구 와동에 마련된 치유공간. 유가족들이 자연스럽게 울고 웃으며 마음과 일상, 이웃에 대한 신뢰를 회복할 수 있도록 지원하고 있다.

때 어버이날 꽃을 사왔어요. 그 당시 꽃이 2천원, 크게 해봐야 5천원인데 우리 아이는 만원짜리 꽃바구니를 사왔더라고요. 내가 지혜롭지 못한 부모라서 처음 한 얘기가 "어디서 이런 비싼 걸 사왔냐"였어요. 그걸 애가 너무 서운해하는 거예요. 초등학교 1학년이 가진 걸 다 털어서 사온 건데, 애는 내가 그걸 받고 기뻐하길 기대했을 텐데 거기다 대고 현실적인 얘기를 해댔으니. 그 꽃바구니 팔던 슈퍼 주인이 나중에 그러시는 거예요. 쪼그만 애가 저렇게 큰 꽃바구니를 사가는데 뉘 집 자식인가 그랬대요. 내가 비싼 거 사왔다고 화를 냈다고 그랬더니, 그분이 "아우, 자식이 부모를 위해 그러면 좋은 거지"라고 해요. 그때 깨달았어요. 우리 아이는 사랑을 표현한 거였다는 걸. 내가 그걸 받아주지 못했던 게 지금도 너무 미안해요. 채원이가 단원고 뒤편에 있는 노인요양원에 봉사를 다녔어요. 할머니들이 자기가 제일 예쁘다고 그랬다고 너무 좋아하는 거예요. 그 말에 같이 장단을 맞춰줬어야 하는데 제가 그런 걸 못했어요. 자기 동생 돌 사진 찍을 때 사진관에서 드레스 얻어서 독사진을 찍은 적 있었는데, 사진을 보면 웃느라 입 꼬리가 이렇게 올라가 있어. 저렇게 좋아하는 걸 내가 왜 못해줬을까 싶고. 더 기뻐해주고 감정표현도 많이 해줄 걸 후회도 되고. 못해준 것만 자꾸 생각나요.

식구들한테 무슨 일 있으면 다 양보하고. 제가 항암치료 받고 나서는 저를 돌봐줄 사람이 현실적으로 없잖아요? 장 보러 다니면 채원이가 짐도 다 들어주고, 귀찮아도 투덜대면서도 바로 바로. 오히려 아이가 나를 돌본 거죠. 근데 저희만 그런 게 아니라 이번에 사고 난 아이들이 다 그렇더라고요. 마치 부모님을 위한 아이들처럼. 부모님들이 아이들한테 오히려 돌봄을 받은 거죠. 채원이를 다시 찾은 날,

시신안치소 앞을 밤새 지키면서 애 아빠가 그러더라고요. 장례 하나만큼은 주변 상황이나 사람들 전혀 고려하지 말고 채원이가 제일 좋아할 만한 걸 최우선으로 해주자고. 그동안 가족에게, 동생에게 양보만 하던 착하고 순한 아이였는데 또 양보하게 하지는 말자고. 애 아빠는 원래 천주교 신자도 아니었고 그 상황에서 하느님의 존재를 어떻게 인정할 수 있었겠어요. 그런데도 채원이가 천주교 신자니까 천주교식으로 장례를 해주기로 한 거예요.

채원이가 초등학교 선생님, 공무원, 유치원 선생님 되고 싶다고 한 적이 많았어요. 근데 그건 현실을 고려해서 그런 거고 정말 되고 싶어 했던 건 연예인이었어요. 무늬 채(彩) 자에 으뜸 원(元) 자. 이름대로 채원이는 자기가 예쁘게 돋보이는 걸 좋아했어요. 어린이집 행사 할 때도 보면 다른 아이들은 부모님과 눈이 마주치면 움찔하잖아요? 근데 얘는 나랑 눈이 마주쳤는데 갑자기 기운이 솟아갖고 끼를 발산하더라고요. 예뻐진다고 자기가 돈 모아서 이빨 교정도 했거든요. 초기 비용이 300만원 들더라고요. 그걸 자기가 다 했어요. 교정하면 엄청 아프잖아요. 아무거나 잘 먹는 아이인데 아파갖고 잘 먹지도 못하고 그랬거든요. 그 생고생을 했는데… 이럴 줄 알았으면 더 미루었다 교정하라고 할 걸.

내 딸이지만 내가 봐도 참 우아하다 그런 생각이 들었거든요. 근데 막상 연예인이 되려고 하니까 자기가 될 수 있는 게 마땅치 않다는 걸 안 거죠. 가수를 하자니 노래는 안 되고 연기자를 하자니 키가 작고. 그러니까 현실감은 없는 꿈이었어요. 애가 초등학교 2학년일 때 우리 둘이 〈폴라 익스프레스〉라는 영화를 봤거든요. 끝나고 나서 채원이가 그러는 거야. 혼자 중얼거리면서 "그래, 역시 산타는 있어"라고. 그리고 자기는 인어공주가 너무 좋대요. 사고 나기 일주일 전에도 인어공주 만화영화 나온 거 있으면 다운받아달라고 저한테 그랬어요. 속으로 생각했죠. 인어공주는 결말이 슬픈데 왜 그런 걸 좋아할까. 여기 소파에 누워서는 자기가 '모태 솔로'로 늙을까봐 걱정이라고도 하고. 우리 채원이, 그 또래의 평범한 여자애들마냥 그냥 소녀였어요. 정말 나쁜 짓을 한 거예요, 그 사람들이…

민지라고 채원이 단짝친구가 있어요. 민지도 항상 붙어다니던 우리 채원이가 갑자기 사라지니까 마음앓이를 심하게 했대요. 제가 몰랐던 채원이의 시간이나 모습을 알고 싶어서 얼마 전에야 민지한테 물어봤어요. 네가 기억하는 채원이는 어떤 아이였냐고. 엄마로서 딸에 대해 제대로 모르고 있었던 거면 채원이한테 너무 미안하니까, 그동안은 민지한테 얘기를 건네기도 두려웠거든요. 근데 민지 편지를 받고 나니, 내가 알고 있던 채원이와 민지가 기억하는 채원이가 거의 비슷해서 미안함을 조금은 덜 수 있었어요. 그러면서 채원이가 또래들보다 늦은 나이에 혼자서 버스나 전철을 타기 시작했다는 것도 떠오르고, 처음 혼자서 전철 타러 갈 때 집 앞에서 전철역까지 어떻게 가는지 묻는 전화를 걸어왔던 것도 떠오르고, 영화 〈변호인〉을 보고 와서는 처음으로 사회문제에 관심을 내비치던 것도 떠오르고…

아이 노제 치르고 난 뒤로는 단원고 근처에 가는 것도 싫어서 한번도 간 적이 없었는데, 어제는 채원이 교실에 잠깐 다녀왔어요. 재학생이나 생존학생 정서문제도 있고 해서 교실을 정리하자는 이야기가 나온다기에 정리되고 나면 안 가본 게 후회가 될 것 같아서요. 액자에 편지, 꽃다발, 인형으로 가득한 다른 학생들 책상보다 단출하게 편지 한통, 꽃 몇송이 놓인 채원이 책상을 보니 내가 너무 무심했나 또 미안한 마음이 들었어요. 민지가 보낸 글을 다시 꺼내 보면서 제가 다른 이들처럼 너무 '공부 공부' 하면서 알지 못하는 미래에 대한 걱정으로 아이를 덜 다그쳤던 게 그나마 다행이다, 아이 스케줄 짜가며 안달복달했더라면 얼마나 후회가 되었을까, 남들 보기엔 미약할 수 있겠지만 내가 할 수 있는 한에서 딸이 행복해지는 것에 우선순위를 두고 노력했던 마음을 우리 채원이는 알까 싶었어요. 이렇게 짧을 줄 몰랐던 만남에 그나마 아이가 마음의 여유라도 가질 수 있도록 해준 게 이 잔인한 시간을 견디게 해주는구나 싶고.

같은 여자로서 우리 채원이가 엄마 없는 세상을 어떻게 살아가나, 성폭력이나 가정폭력 같은 상황에 놓이면 어쩌지 하는 걱정은 덜었죠. 뉴스를 보면 '아, 맞다. 아이가 이제 없으니까 우리는 해당사항이 없네. 그 걱정은 덜었네' 그러면서도 길거리에 예쁘게 하고 다니는 애들 보면 '우리 애는 젊음을 누릴 기회를 놓쳤구나. 가장 꽃다운 나이에 가버린 거구나' 싶고.

애 아빠랑 결혼하면서 곧장 여기로 왔어요. 여기가 집값이 싸니까. 진작 돈을 더 모아두었더라면 여기 안산을 떠났을 테고 그랬으면 이런 일도 겪지 않았을 텐데 싶어 아이들한테 미안하죠. 그래도 단원고 아이들 환경이 열악하다는 식으로만 이슈가 된 건 속상해요. 아이들이 너무 초라해 보이잖아요. 다들 동정의 시선만 보내지 더 밝혀지는 게 있는 것도 아니고. 있는 사람들한테는 그 초라함이 오히려 더 짓밟아도 되는, 먹잇감이 되는 이유가 되니까요. 어떤 목사가 '가난한 집 애들이 수학여행을 경주로 가지, 왜 하필 배를 타고 제주로 갔냐'는 식으로 막말을 했잖아요. 우리 채원이가 그런 초라한 모습으로 세상에 나타나고 싶었을까. 팽목항에서 부모들이 그랬대요. 여기에 국회의원이라도 하나 있었으면 바지선이든 뭐든 바로 바로 띄웠을 텐데, 그거 하나 할 사람이 없다고. 그 마음은 백번 이해돼요. 근데 이런 얘기는 더 안 했으면 좋겠어요. 안산에서 같이 살고 있는 사람들이 기분 나쁘잖아요. 여기가 사람 못 살 데도 아니고.

기운을 내야지 하면서도 또 멈춰서는 거예요

"잊지 않겠습니다." 그런 말들 쓰여 있는 거 보고 뭘 잊지 않겠다는 건지 모르겠더라고요. 솔직히 믿지도 않았지만. 인터넷을 잠깐잠깐 보면 사람들은 보상금 이야기하고 혜택에 대해 이야기하고… 댓글을 보면 소위 말하는 알바부대가 떴다는 걸 알겠더라고요. 나중에 보니까 일반인들도 그렇게 올리대요. 그래, 잊지 않겠다는 말이 그 뜻이구나. 너희가 겪은 불행은 잊지 않겠지만 조금이라도 너희가 사회적 혜택이나 배려를 받는 게 있다면 그 꼴은 못 보겠다는 심보구나.

저는 세월호 재판에 못 가요. 갈 용기가 없어요. 갔다 오신 분들이 정말 화가 나서 갔다오면 구토하고 그런대요. 나는 그 상황을 대면할 용기가 없어요. 현실을 안다는 게 너무 겁이 나요. 미안한 얘기지만 난 자꾸 외면하며 사는 것 같아요. 이 일 덕분에 권력 뒤의 권력도 보게 되고. 사람들이 말하는 실세 중에 정말 무서운 실세가 따로 있다는 것도 알게 되고. 사회부조리나 사회악에 내가 끼어 있는 거구나, 나는 아무것도 할 수 없고, 옴짝달싹 할 수 없는 정말 미개한 사람이구나. 누구를 벌할 수도 없고 큰소리로 외쳐도 아무도 꿈쩍하지 않고. 아무도 책임지는 사람 없잖아요? 밑에 있는 사람 몇명만 걸려든 거고, 진짜 잘못한 사람은 죄다 숨고. 근원적으로 뭐가 잘못되었는지, 과적이라는데 정말 과적 때문인지도 모르겠고. 특별법도 정말 뭐가 겁나서 그렇게 막는지 모르겠고.

그래도 이 일을 겪고 나서 남의 일을 돌아보게 된 것 같아요. 밀양이든 쌍용자동차든 사회문제가 됐던 것들. 나는 그들의 외침에 하나도 관심 없었는데… 지금은 내가 사건의 한가운데 있지만, 내가 그랬던 것처럼 남들도 똑같이 그렇겠구나 싶어요. 너무 많은 사람들이 희생되었는데 변한 게 별로 없고. 80년 광주도 결국 10년, 20년 가고… 이 일 역시 시간과의 싸움이 되겠고, 또 누군가의 엄청난 희생이 있어야겠고, 외면도 있겠고… 그들이 주는 떡고물 하나에 움직이고 고마워하며 작고 평범한 국민들은 그러고 살아가는 거구나. 대한민국을 움직이는 사람들은 끄덕도 하지 않는데… 나중에 재판에서 이긴다고 해도 희생된 사람들이 돌아올 수도 없고, 국가배상이 나와도 그 사람들의 안타까움에 비하면 말도 안 되게 적고. 이번에 쌍용자동차 해고자들 대법원 판결 난 거 보니까 그렇게 많은 사람들이 애쓰고 그래도, 아주 반의반 발짝도 나아가기 힘들구나 싶었어요. 너무 너무 큰 것과 싸워야 하는 것 같아요.

열심히 일하시는 분들, 너무 고맙고 미안하죠. 근데 사건의 한가운데 있는 사람으로서 나는 어떤 선택을 해야 하는지 잘 모르겠어요. 혹시 건강상태가 좀 나아지면, 나도 일선에서 무얼 할 수 있을까. 뒤에서 후원이라도 해줄 수 있을까. 안 될 거 뻔히 알면서도 나를 희생할 수 있을까. 나만 살기 위해 계속 회피해야 할까. 계속 고민이 들어요. 우리 작은애가 나중에 그런 길을 간다고 하면 지지해줘야죠. 근데 둘일 때는 그래도 괜찮았는데 하나마저 어떻게 되면 어쩌나 하는 두려움에… 그 희생을 감당할 준비가 되어 있나 싶고. 우리 가족은 셋이 감정을 추스리는 것만도 너무 버거운데, 어휴.

나 혼자였으면 더 어려웠을 텐데 여럿이 움직이니까 그나마… 특별법 일부는 합의가 됐지만 원하는 대로 다 안 됐다고 알고 있는데, 그러면 그다음 단계를 또 넘어가야 하잖아요. 끝까지 계속 나아갈 수 있는 에너지를, 원동력을 어떻게 만들 수 있을까. 하루아침에 될 것도 아닌데… 1진, 2진, 3진이 있어야 한다는 말이 맞는 거 같아요. 누군가 준비되면 나가고 또다른 누군가가 준비되면 나가고.

『매일미사』에 나온 묵상글 중에 "죽음에 대한 깊은 성찰이 지금 여기서 더욱 생생하게 살아가게 하는 길을 보여줄 것"이라는 구절이 있더라고요. 그래, 이 순간 살아 있음에 감사해야겠구나, 힘들어도 기운내서 살아야지 하는 생각이 들다가도 더 나아가지 못하고 또 멈춰서는 거예요. 그럼 세상 사람들이 다 지켜보는 가운데 살아서 '수장'을 당해야 했던 내 아이는, 아니 아이들은 소중한 삶을 이유 없이 빼앗겼는데 그건 뭔가. 팽목항이라는 지옥의 공간에서 울부짖었던 부모들에게 제발 누구도 함부로 말하지 말았으면 좋겠어요. 아무것도 해결된 게 없으니까.

이번 일로 정말 잔인하고 몹쓸 세상도 경험했지만, 사회를 지탱해주는 좋은 사람들도 많이 만나게 됐어요. 국민들 다수가 돌아가는 상황에 대해 잘 모르잖아요. 언론이 다 조절하고 검열하니까. 그런데도 잠깐잠깐 분향소든 '이웃'이든 시국미사든 가보면 소수는 알고 있고 움직이더라고요. 아, 소수라도 이렇게 힘써주시는 분들이 있으니 덜 억울하구나, 내가 덜 바보구나, 내가 덜 외롭구나 싶어요. 특별법 관련해서도 시민단체나 그런 분들이 나아갈 방향을 제시해주지 않았

제2부 기억하는 사람들, 기록하는 사람들

으면 우리 단원고 부모들끼리는 여기까지 올 수 없었을 것 같아요.
그런 걸 보면 외면만 받는 세상 속에 있는 건 아니네요.

_작가기록단 **배경내**

채원이가 웃을 때는 돌고래 소리가 나요

채원이는 낯을 가리지만 친해지면 정말 밝고 쾌활한 아이에요. 아직도 걔가 웃을 때 내는 특유의 소리가 생각나요. 진짜 껄떡거리면서 돌고래 소리를 내는데 진짜 웃겼어요ㅋㅋ

채원이는 내 생에서 가장 친한 친구였어요. 정말 아무리 바빠도 주말에 불러내서 치킨 먹는? 그런 사이요. 우리 둘은 처음 하는 행동을 항상 같이 했어요. 처음으로 친구와 지하철 타고 놀이동산 가기 같은 것들 있잖아요. 취향이나 성격이 정말 잘 맞아서 항상 같이 다녔어요. 길채(길채원의 줄임표현)는 어느 여학생 같이 옷, 화장, 친구들, 진로 같은 것에 관심이 많은 친구였어요. 옷을 살 때면 같이 부평 지하상가에 가서 서로 옷을 봐주며 샀어요. 가방이나 신발을 살 때도 꼭 먼저 보여주고 어떤지 물어봤어요. 우리 둘 다 스타일이 비슷해서 옷이 겹칠 때도 있었어요. 그때마다 서로 따라하지 말라고 투덕거리기도 했어요ㅋㅋ

채원이는 배우가 되고 싶다고 했었어요. 막연한 건 알지만 꼭 한번 해보고 싶다고. 음, 좋아하는 배우는 자기랑 이름이 같은 문채원ㅋㅋ 우리는 특히 영화를 정말 좋아했는데 한달에 두세번은 영화를 봤어요. 서로 같이 볼 사람은 너밖에 없다고 맨날 둘이서 할인권 갖고 영화를 봤죠. 지금까지 본 영화는 둘이 같이 본 영화가 대다수일 정도로요. 길채는 맛집 탐방도 정말 좋아했어요. 어딘가에 맛있는 음식이 나오면 항상 같이 먹으러 가자고 했죠. 사실 아직 못 간 맛집이 수두룩해요ㅎㅎ 고등학교 들어와선 둘 다 자기 진로에 대해 많이 고민했어요. 서로 뭘 해야 할지 모르겠다고 말하다가 운 적도 있고요. 서로 지나가는 연인들 보면 연애해보고 싶다고 부러워하기도 하고 관심있는 남자 이야기를 하기도 하고요.

우리는 중학교 때 만난 친구 두명이랑 친해져서 넷이서 같이 다니게 됐어요. 채원이, 저, 윤미(가명), 그리고 우영이. 우영이랑 채원이는 같은 반 돼서 좋다고 했었는데 윤미랑 저만 두고 둘 다 먼저 하늘로 갔네요. 저는 우리 넷이 정말 아줌마가 돼도 서로 연락하고 지낼 줄 알았어요. 곁에 있는 게 당연한 애들이었거든요. 다른 반이 되고 다른 학교가 되어도 매일매일 연락했는데. 저는 정말 이런 친구들을 사귀게 되어서 행복하다고 생각했어요. 채원이도 아마 그런 생각이었을 거예요. 항상 그립고 이 그리움을 잊지 않고 싶은 친구예요.

— 채원이의 단짝, 민지가 채원이 어머니에게 보낸 편지 중에서

2014. 12.

사람의 시간,
416

내 마음을 자꾸
키워가려고 해요

: 준우 어머니 장순복 씨를 처음 만난 건 세월호 참사 100일 추모행진 때였다. 약간 지쳐 보이는 얼굴의 그녀는 처음 보는 나에게 노란 우비를 건네주었다. 참사 100일째라 정신이 없었을 유가족이 옆 사람을 먼저 배려하다니… 두번째 만난 건 국회의사당 앞이었다. 세월호특별법을 요구하며 농성하는 유가족들이 서로 아이에 대한 추억으로 이야기꽃을 피우고 있었다. 그날은 7반 어머니들이 많았다. 어머니들은 초저녁 하늘에 뜬 별들을 보며 "서울 하늘에서 별을 보다니, 애들이 우리 보고 싶어서 별로 떴나보다. 오늘 별은 7반 애들 별로 하자"라고 했다. 그때 아련한 무언가를 떠올리는 어머니들의 표정이 밝으면서도 슬퍼 보였다. 그날 준우 어머니는 아이 이야기를 재밌게 들려주었다. 얘기를 들으니 준우가 어떤 아이였는지 궁금해졌다. 그녀와 나의 인연은 그렇게 시작되었다.

그녀는 준우 이야기를 하는 것으로 슬픔을 달래는 듯했다. 다른 이야기를 하다가도 준우 이야기로 빠져들었다. 또 그녀는 세월호 참사로 모두가 가족을 잃어 힘들지만 여자들이 더 힘든 것 같다고도 했다. 활발하고 자기 감정을 드러내길 주저하지 않는 그녀는 세월호 사건 이후의 삶을 종종 아내의 위치, 며느리의 위치에서 바라보곤 했다. 아빠들은 모여 술을 마시면서 달래는데 엄마들은 모여서 할 수 있는 게 별로 없다고 말했다. 진도로 친척들이 위로해주려고 왔지만 친척들까지 챙겨야 하느라 정신이 없었던 일도 덧붙였다. 모두가 같은 바람을 맞아도 처한 위치가 다르니 충격도, 슬픔의 결도, 극복하는 방법도 달랐다.

그녀는 세월호 참사 6개월 만에 직장에 복귀했다. 삶의 안정을 되찾으려는 노력 중 하나였지만 세상과의 거리를 확인하는 생활이기도 했다. 그녀는 '세월호 엄마'라는 말이 싫다고 했다. 세월호 엄마라는 말에는 사람들이 보고 싶은 '행동'과 '편견'이 포함되어 있을 테니까. 그래서일까. 원래 잘 웃는 그녀였지만 예전보다 말할 때 눈물을 글썽이는 일이 많아졌다. 일상을 되찾고 준우 동생 태준이를 챙기기 위해 꾹꾹 슬픔을 누르는 모습이, 직장 일을 마치고 홀로 분향소에 들러 준우 영정을 보고 가는 모습이, 쓸쓸해 보였다. 그 쓸쓸함을 차가운 밤공기가 아닌 따뜻한 무엇이 감싸주면 좋겠다.

준우를 임신했을 때 사람들이 '딸 배'라고 해서 딸인 줄 알았어요. 1996년에 결혼해서 다음해에 준우를 낳았어요. 신랑은 경상도 출신이고 나는 전라도라 양가에서 반대가 심해 임신해갖고 결혼했어요. 준우는 특별해요. 초등학교 3학년 때 어떤 일이 있었느냐면 선생님이 초가집 그림을 한장 갖다놓고 앞면, 옆면, 뒷면을 상상해서 그리라고 했대요. 준우가 5분 만에 그리고 잤대요. 선생님이 "너 왜 그러니"하며 보니까 까만 네모만 그려져 있더래. 위에서 본 모습을 상상해서 그렸는데 선생님은 윗면을 얘기한 적은 없다며 화를 냈대. 그게 속상해서 집에 와 말한 적이 있어요. 또 초등학교 4학년 때 준우가 발표회 때 개인발표 할 거라고 해놓고는 막상 연습시간에는 연습을 안해서 선생님이 전화한 적도 있어요. 준우는 마술을 준비했는데 사람들이 연습하는 거 보면 시시해할까봐 혼자 집에서 연습했던 거지, 나한테도 뭔지 안 알려주고. 그러니 선생님은 준우가 딴짓 한다고 걱정했던 거죠. 나중에 마술인 걸 안 선생님이 "준우 비밀, 알았어요"라며 웃으면서 전화하기도 했어요.

준우한테 동생이 있어요. 준우가 세살일 때 제 배에다 대고 "동생 하나만 낳게 해주세요" 했거든요. 그래서 준우한테 항상 네가 낳은 거나 마찬가지니 동생 때리지 말라고 했어요. 그래서일까, 내가 직장을 다니니까 준우가 동생을 많이 돌봤어요. 준우가 초등학교 1학년 때 학교 앞 학원에 두달 다니더니 "엄마, 이제 직장 다녀도 될 거 같아요. 저 적응 진짜 잘하니까" 그러는 거예요. 준우가 학교를 다니는데 직장을 다녀야 하나 마나 내가 고민했었거든. 그때 이웃에 사는 준우 이모가 "넌 돈이 없으면 돈 벌러 다녀야지. 왜 돈 없다 돈 없다

돈 타령을 하냐. 너도 애기들 맡겨놓고 돈 벌러 가라"고 했어요. 그런데 또 내 딴엔 애들 다 키워놓고 나서 돈 벌러가는 게 맞는 것 아닐까 고민하고 있었어요. 그걸 준우가 안 거지요. 애가 성숙했던 거지. 그때부터 일을 시작했어요. 엄마 일이 5시나 6시에 끝나니까, 준우가 아침에 동생을 데리고 어린이집에 갔다가 거기서 동생이랑 점심 먹고 태권도 학원에 갔어요.

준우가 있을 때는 준우랑 이야기를 많이 했어요. 중학교 올라간 뒤로 제가 준우한테 "딸들은 집에 오면 학교 얘기 다 해준다는데, 엄마는 네 학교생활이 어떻게 되는지 몰라 속상하다"라고 자주 말했거든. 또 회사 가면 딸 있는 사람들이 '딸이 매니큐어 발라줬다' '핀 사줬다' 그러는데 "난 아들이라 그런 재미가 없다"고도 했어. 그러면 준우는 학교 일도 얘기해주고 "엄마가 갖고 싶은 거 사진 찍어오면 사드릴 테니 부러워하지 마"라고도 했어요. 아들이 공부 잘한다고 자랑하라고도 했고요. 그러면서 얘기를 많이 나눴지.

준우는 처음에 호기심에 천문학을 좋아했어요. 기타리스트나 작가가 되고 싶다고도 했는데 내가 그런 직업은 배를 곯는다고 했어요. 억압을 좀 했지, 요즘 시대 엄마들처럼. "너는 우리가 대학교까지 키울 거니까 우리 손에서만 자라"라고 했어. 고등학교는 좋은 점수로 가지 않았지만 그래도 1학년 말이 돼서는 혼자 수학 2등급을 받을 정도로 잘했어요. 그래서 다른 반 여학생들이 준우한테 수학 공부를 어떻게 하냐고 물어보기도 했대요. 지금 생각해보면 그래도 준우는 자기 스스로 계획표를 그리면서 인생을 한번 살아보고 간 것 같애. 둘이 인생그래프를 순서대로 쭉 그려봤거든요. 준우가 10대에 공부해서 대학 졸업하고 군대 갔다 오면 나이 서른 다 될 테고, 40대 되면 똑똑하고 젊은 사람들이 치고 올라올 테니까 그때까지 돈을 많이 벌어야 하지 않을까, 40대 이후는 직장에서도 자리가 불안할 수 있으니까 연봉은 처음부터 5000만원을 목표로 해야 하지 않을까… 그런 이야기를 나눴어요.

준우는 자기가 커서 월급 타면 엄마에게 자가용을 사준다고 했어요. 내가 명절 때도 친정엘 가지 못해서 울었던 적이 있는데 그걸 준우가 본 거야. 아빠는 차가 있으니까 언제든지 할아버지 댁에 갈 수 있잖아. 만약 엄마한테 차가 있으면 외할머니가 오라 할 때 바로 갈 텐데 엄마는 항상 차가 없어 못 간다는 거야. 직장생활을 해도 엄마는 항상 통근버스 타고 다니고, 아빠는 차를 끌고 다니고. 그러면서 "엄마도 나이가 있으니 즐기셔야 해요" 그래요. 그때 알았다고 했는데… 이제 준우가 없네요.

만약에 무슨 일이 생기면 운명이라고 믿으세요

준우는 수학여행을 가기 싫어했어요. "엄마 안 가면 안 돼요?" 그래서 내가 돈이 없는 것도 아니고 남들이 보면 돈 없어서 안 보내는 줄 알고 욕한다고 했어요. 그랬더니 준우가 "왜 남들 눈치를 봐요. 저 이번에 정말 가기 싫어요. 내일 모레가 시험인데 수학여행 가서 즐거울 수가 있겠어요" 하는 거예요. 그래서 수학여행 안 보냈다고 하면 아빠한테 혼나니까 아빠한테 한번 물어봐야겠다고 했어요. 아빠가 미국에서 일 보느라 3개월에 한번씩 왔거든요. 수학여행 일주일 정도 앞두고 아빠가 미국에서 들어왔길래 물어봤어요. 아빠가 하는 말이 "공부하는 것도 중요하고 네 생각도 중요하니 네가 안 가는 걸 이해할 수 있다. 그런데 애들이 갔다 와서 수학여행 이야기를 하면 네가 공부가 되겠냐? 이번에 갔다 와서 두세배로 공부하면 되지 않냐"고 했어요. 우리는 고등학교 친구들하고 마지막 여행이 될 수 있으니 보내고 싶은 거지. 친구들의 추억에 준우가 없는 게 싫었어요.

수학여행 가기 전날 준우가 일찍 왔어요. 학원에서 밤 10시부터 12시까지 있다가 오는데 그날은 좀 일찍 왔어요. 시험기간도 얼마 안 남았는데 학교에서 수학여행 간다고 짜증난다며 짐도 싸기 싫대요. 먹을 것도 싸지 말라며 공부하게 나보고 방에서 나가라는 거야. 그래서 내가 "준우야 어차피 내일 수학여행 가니까 오늘은 공부하지 말고 엄마랑 이야기하자"라고 했지. 준우가 "그럼 그럴까요" 하며 같이 침대에 누워 얘기를 했어요. 그런데 갑자기 준우가 트라우마가 생기면 어떻게 하냐고 물어요. 그래서 내가 "배 타는 게 무섭냐?"고 물었더니, 그냥 트라우마가 생기면 어떨까 하는 생각을 해봤다는 거야. 나는 트라우마가 뭔지도 몰랐어요. 생소했죠. 준우가 트라우마란 누군가가 충격을 받으면 생기는데 평생 가는 거라고 말해줬어요. 그래서 난 준우한테 절대 그런 일 안 일어날 거라고 했지. 그러고는 책상에 있는 준우 사진을 같이 봤어요. 준우가 고등학교 때 처음 찍은 사진을 담은 학생증을 가져와서 자랑을 했어요. 자기 얼굴이 생각보다 잘 나왔다고. 실제로 여드름이 엄청 많은데 포토샵으로 사진에는 안 나왔거든요.

이 벽을 보고 누워 있다가 준우가 자기 백일 때랑 돌 때 찍은 사진 가리키면서 자기 낳을 때 어떤 기분이었냐고 물었어요. 준우를 낳았을 때부터 시작해 그동안 키워오면서 느낀 기쁨들을 사진을 꺼내 보

제3부 사람의 시간, 416

면서 이야기했어요. 그러다가 준우가 갑자기 뭐가 생각났는지 일어나더니 밤새 할 일이 있으니 그만 나가라고 해요. 난 이야기를 더 하고 싶어서 "아들, 며칠간 보고 싶을 텐데 이야기 더 하자"했죠. 그랬더니 나를 달래려고 한 말인지 모르지만 "엄마, 운명이란 게 있는 거 아시죠. 제가 어떻게 되기나 하겠어요? 저한테 만약에 무슨 일이 생기면 운명이라고 믿으세요" 그러는 거예요. 그래서 내가 운명이 무슨 뜻이냐고 물었죠. 준우가 운명이란 것에 대해 논리적으로 이야기해줬는데 내가 요새 머리가 복잡해서 다 까먹었어요. 아무튼 얘 말이 사람이 어떻게 될지 모르니까 운명이란 게 있고 그건 따라야 한다는 거야. 예전에도 텔레비전 보다가 준우가 운명에 대해 말한 적이 있었는데, 자꾸 그날 저녁에 운명이나 트라우마에 대해 얘기한 거 보면 얘가 좀 겁이 났던 거 같아요.

하늘이 통곡하는 듯했어

수학여행 날도 다른 학교 친구가 아침에 "수학여행 잘 갔다와라" 이렇게 준우한테 문자를 넣었는데 가기 싫다, 짜증난다고 답장했더라고요. 그 친구하고 문자를 계속 했는데, "준우야, 너 지금 제주도 가고 있니" 하고 물으면 "아니야, 지금 우리 기다리고 있는데 제주도 안 갈 것 같은 기분이 들어. 너무 좋아 크크크" 하기도 하고. 좀 이따 친구가 "진짜 안 가?" 하고 물어보니까 "아니, 배 이미 떠났어. 지금 제주도 가고 있어"라고 답했어요. 준우 핸드폰 문자에 나와 있더라고.

핸드폰에는 준우가 찍은 사진과 동영상도 있어요. 2학년 4반 수현이가 찍은, JTBC에 나온 동영상에도 준우가 나왔어요. 나중에는 자막으로 나오는 것도 봤는데 준우가 처음에 한 말이 있어요. 애들 중 한 명이 "배가 기울어지는 것 같아. 이거 큰일 나는 거 아니야? 구명조끼 입어야 하는 거 아니야?" 그러면서 구명조끼를 입었어요. 그러니까 준우가 "난 지금 빠져나가야겠다. 나, 간다. 뛰어들 준비할게"라고 하더라고요. 그거 보고 어떤 사람은 울었다는데 나는 기뻤어요. 준우가 끝까지 친구들하고 무슨 대화를 하고 뭘 느끼고 행동했는지 알 수 있어서.

사고 나던 날 아빠가 핸드폰을 놔두고 간 거예요. 핸드폰이 두 개인데, 회사폰은 가져가고 개인폰은 놔두고 간 거야. 게다가 난 일할 때 거슬릴까 봐 회사 경비실에 핸드폰을 맡겨요. 그런데 경비 아저씨가 나 보고 누가 면회 왔다고 나와보라는 거예요. '올 사람이 누가 있겠어' 하고 별 신경을 안 썼는데, 회사 사람들 얼굴이 심각한 거야. 너 신랑 와 있다고, 너 지금 무슨 일이 일어났는지 아느냐면서 동료들이 빨리 나오래. 옷 갈아입고 나갔더니 준우 아빠가 핸드폰 좀 보래. 핸드폰에 전화가 20~30통 와 있는 거야. 텔레비전 보고 이상하니까 식구들, 친척들, 친구들, 다른 학교 친구 엄마들까지 전화를 했는데 못 받은 거지. 인터넷 쳐보니까 전원구조라더라고요.

학교엘 갔는데 사람들이 우왕좌왕하고 난리가 난 거예요. 그런데 엄마 특유의 느낌인지, 화면을 딱 보는 순간 가슴이 철렁하면서 이상한 기분이 드는 게 우리 애는 구조가 안 되겠다는 생각이 들더라고. 말은 안 했죠. 아빠는 그래도 전원구조라는 말을 믿더라고요. 거기에 이모도 조퇴해서 오고 난리가 난 거야. 이모 차를 타고 집에 가서 준우가 구조되면 입히려고 옷을 챙겼어요. 희망을 안고 당일 대절버스

1호차를 타고 가면서 살아 있는 애한테 문자를 넣어 생존자 중에 혹시 준우 있냐고 물어봐달라고 했어요. "준우도 있어요" 그러는 거야. 어떤 엄마가 일부러 그렇게 말한 것 같아요. '민수 살아 있니' 하면 '네, 민수 있어요' 이런 식으로. 안정을 시키려고 그렇게 거짓말을 한 거지. 그땐 아비규환이었어요.

체육관에 가서 명단을 아무리 찾아봐도 준우가 없는 거야. 체육관에서 준우 아빠한테 "여보, 준우가 없어요" 하면서 남편의 손을 잡았는데 그 장면을 독일 사진가가 찍어서 독일 현지 신문에 났나봐요. 준우 아빠 회사동료 중에 독일인들이 있거든요. 일전에 집에 온 적도 있어요. 그중 한분이 신문 보고 걱정돼서 한국에 전화를 했더라고요. 아무튼 우리 부부는 사고 난 날부터 팽목항에서 떠나질 못했어요. 내가 '정말 준우가 죽었겠구나' 생각한 때는 배 타고 바다에 갔을 때예요. 엄마들이 한 두시간 배 타고 갔는데 바닷물이 차고 무섭더라고. 준우는 추위를 잘 타니까 살 수가 없겠구나 싶었어요.

준우가 나온 5월 3일 즈음부터 애들이 많이 나오기 시작했어요. 그날은 왠지 느낌이 이상한 거야. 본래는 대기소 가서 칠판을 안 쳐다보는데, 그날은 제일 앞에 앉아 막 칠판만 본 거예요. 잠수사들이 바다에 마지막으로 들어간 게 네시라는데 그날은 계속 이름을 안 쓰고 구두로 이름을 부르더라고. 분위기가 이상하다고 생각하며 멍하게 앉아 있는데 사복경찰이 나를 툭툭 건드려요. "이준우, 준우 엄마 빨리 나오세요" 그러는 거야. 내가 하도 쏘다니니까 나를 아는 거죠. 누구 와이프인지, 누구 엄마인지를. 그래서 갔더니 "이준우 엄마 맞죠?" 묻는데 순간 나도 모르게 "왜, 우리 아들 살았어요?"라고 되물었어요. 따라오라고 해서 갔더니 경찰이 컴퓨터로 신상명세를 치고 있더라고요. 준우 학생증, 카드, 지갑이 호주머니에서 다 나왔다는 거야. 옷도 머리 스타일도 똑같이 다 나오니까 볼 것도 없대. 우리 준우가 맞는 것 같으니까 컴퓨터를 딱 멈추더라고. 그래서 준우 아빠를 찾았는데 아무리 전화해도 안 받는 거야. 준우 아빠는 그때도 남 일을 먼저 챙기고 있더라고. 준우 아빠가 말을 잘하는 편이라 그때 가족대표였어요. 팽목항에서 해경한테 요구할 거 중간에서 요구하고 브리핑하고 유가족들 일도 챙기느라 밤새 여기저기 힘들게 쫓아다녔지요. 준우 아빠는 유가족들한테 필요한 일 먼저 챙기니까 주변 사람들도 좋아했어요.

18일 만에 찾은 거라 준우 상태가 너무 안 좋아서 직접 보지 않고 사진으로 확인을 했어요. 애기 상태가 사진 상으로도 너무 안 좋으면 엄마가 충격받는다고. 나는 직접 보고 싶었는데 못하게 했어요. 그래서 밖에서 대기하고 있었는데, 아빠보고 들어와보라는 거야. 그런데 아빠한테도 얼굴은 안 보여줬대. 얼굴을 수건으로 덮어놔서 몸만 보고 왔대. 준우 아빠가 나와서 하는 말이 가슴부터 팬티까지만 보여주는데 자기 아들이 아닌 것 같대. 믿고 싶지 않은 거지. 아빠는 오랫동안 외국에 출장 가 있어서 아들을 자주 못 보기도 했으니까. 내가 보니까 속옷도 내 아들이고 가슴 밑에 점 있는 것도 나랑 똑같고 딱 내 아들인 거야. 나는 맨날 애들 팬티를 빨았고 준우 목욕할 때 등도 밀어줘서 아는 거죠. 준우 엄지랑 검지는 없어졌지만 나머지 손가락은 내가 잘라준 손톱 모양이었어… 하늘이 통곡하는 듯했어…

준우 나오기 두시간 전에 준우 담임선생님이 나왔어요. 선생님의 부모님이 제 자식이 먼저 나와 미안하다고 하시길래, 난 미안해하지 않으셔도 된다고 말씀드리면서 준우는 예의가 발라 이제 나올 거라고 그랬는데… 준우는 236번으로 나왔어요. 선생님 옆방에 준우도 있었으니까 나올 거라고 기대도 했고. 준우 담임선생님은 서른두살 미혼이었는데, 부모님 말씀을 들어보니까 누구한테 내놔도 부끄럽지 않은 딸, 너무 예쁜 멋쟁이였대요. 엄마 해외여행도 보내주었다고 하고.

준우 찾았다고 3일 저녁에 다른 아빠들이 술을 먹고 왔더라고. 이제 안산으로 올라갈 거냐고 묻는 거야. 우리가 갈까봐 겁이 났대요. 우리 애기 나올 때까지 같이 기다려주면 안 되냐고. 우리를 의지하고 살았다며 울려고 하더라고요. 분위기상 가면 안 될 것 같아서 그러겠다고 말했어요. 그분들 애기 나올 때까지 있으려 했지요. 그런데 그게 우리 생각보다 잘 안 됐어요. 그때가 연휴라서 친정이랑 시댁 식구 모두 있었는데 애기를 찾았으니까 장례를 치러야 하지 않겠느냐고 이모가 울고불고 했어요. 물에 빠져갖고 엄마 아빠가 겨우 찾았는데 애기를 냉동창고에 넣어서 동태처럼 계속 둘 거냐고. 너무 슬프지 않냐면서요. 결국 안산으로 가기로 했어요.

안산으로 준우 데리고 오던 날은 날씨가 엄청 좋았어요. 그날 연휴여서 전국적으로 차가 무척 밀렸잖아요. 그런데 우리는 갓길로 경찰차 세대 대동하고 뒤에 준우 아빠랑 내가 탄 차가 행렬을 지어 갔어요. 준우 덕분에 그동안 받아보지 못한 경찰 호위를 받는구나, 그런 생각이 들더라고요. 진도에 내려갈 때는 분명히 벚꽃이 피어 있었는데, 올라갈 때는 5월이다보니 온통 초록 초록이야. 햇빛도 좋았고… 내가 너무 기쁜 거야. 초록색 나무들이 가로수로 쫙 늘어서서 우리 준우를 배웅한다는 느낌이 들었어요.

안산에 가서 장례 치렀는데, 마지막 입관할 때 나도 보고 싶었는데 못 보게 하는 거야. 시댁 아주버님들이 나를 못 가게 막았지. 아주버님 혼자 봤지. 내 마음이 다칠까봐 그랬던 건데 내 자식도 내 마음대로 못 보게 했던 게 조금 원망스러워. 그냥 놔두지, 결정은 내가 할 텐데. 근데 너무 부패가… 애 상태가 안 좋아서… 그런데 상태가 더 안 좋은 애들도 봤다는데…

준우 장례식에 사람들이 많이 왔어요. 내가 모르는 사람까지. 아는 사람의 아는 사람의 아는 사람까지. 다리를 건너도 한 열번은 건너온 거야. 예를 들어서 학교 선배, 후배, 선후배의 친구, 또 그 친구. 제주도에서도 오고. 사돈의 팔촌 정도가 아니었지. 그 사람들이 누구의 누구한테 듣고 왔다며 이름을 대면 내가 고맙다고 인사하고. 준우 사고소식이 빨리 전파가 된 거죠. 준우가 그냥 가지 않고 사람들한테 기억돼서 너무 좋았어요.

형은 오늘 저녁부터 어디서 자?

장례식 때 태준이에게 검은 옷을 입혀 놓으니 내 마음이 안 좋았어요. 이제 중학교 2학년인 태준이가 형 장례식에서도 사진 들고 먼저 인사하고 손님 맞고 그랬어요. 나는 뭐 슬펐죠. 그런데 이겨내야죠. 아들이라고 하나 더 있는 게 천만다행인 거죠. 나도 사람들 오면 고맙다고 활발하게 웃어야 할 거 같았어요. 일부러 자연스럽게 말도 해주고. 그런 모습을 보고 가니까 사람들이 나보고 그래도 얼굴이 나쁘지 않아 다행이라고 하면서 좋아하더라고요. 아빠는 임원이다보니 장례를 치르는 와중에도 계속 팽목항에서 하던 유가족 일을 이어서 하는 거예요. 내 몸이 너무 안 좋아서 링거도 꽂고 머리는 산발이었죠. 그런 상태로 신랑 손님까지 대접하려니 힘들었어요. 안산에 와서 기력이 없으니까 미리 체력 보충해야 한다고 사람들이 강제로 나한테 주사를 맞힐 정도였거든요.

준우 화장하던 날, 태준이가 놀랠지 모르니까 화장하는 데는 들어가지 못하게 하라고 조카에게 당부하고 큰엄마한테도 이야기했는데 어쩌다보니 태준이가 들어가게 됐어요. 다들 슬픔에 겨워서 그걸 까먹은 거죠. 나도 깜박했고. 화면에 비친 화장 장면을 보고 내가 그렇게 보내선 안 된다고 울고불고 했어요. 그때 태준이도 거기서 "선장 나빠. 우리 형을 왜 데려갔어. 왜 선장이 그 배에 타서 우리 형을 죽게 만들었어. 왜 당신은 살고 형은 죽게 했냐"며 울면서 말했어요. 참았던 말을 한 거죠. 태준이가 팽목항에 일주일 있을 때 울지도 않고 담담하게, 내 옆에서 형은 살아 있을 거라며 엄마를 위로했는데…

태준이가 준우 장례식 끝나고 많이 힘들어했어요. 준우를 화장하고 나서 태준이가 나한테 묻더라고요. 형은 오늘 저녁부터 어디서 자냐고, 혼자 자냐고. 그래서 내가 오늘부터 하늘나라 집에서 잘 거라고 했더니 형 집이 있냐고 물어요. 그래서 제가 하늘나라에서 집을 다 지어서 이제 형을 데려간 것 같다고, 아마 18일 동안 집을 다 지어놨을 거라고 대답했어요. 그랬더니 형은 혼자 사냐고 물어요. 제가 "하늘나라에서 친구들하고 같이 살 거니까 걱정하지 마"라고 했죠. 태준이가 또 형이 밤에는 혼자 집에서 잘 거 아니냐고 묻는 거야. 그때는 무슨 뜻으로 그러는지 몰랐어요. 그래서 그건 잘 모르겠다, 형한테 물어봐야 하는데 나중에 물어보자고 그랬더니 우리는 형한테 언제 갈 거냐고 당장 가고 싶다고 하는 거예요. 제가 왜 그러냐고 물으니까 태준이가 "형이 낮에 친구들하고 놀아도 밤에는 혼자 집에 가면 무서울 거잖아. 내가 가서 놀아주고 같이 자야지, 우리 형 불쌍하잖아. 불쌍하게 죽었는데, 혼자 보낼 수는 없잖아" 하는 거예요. 그래서 내가 우리는 다음에 가면 된다고 했더니, 엄마는 몇년 있다 갈 거냐고 묻는 거야. 그래서 "한 40년 있다가 형한테 가면 되니까, 그동안 형이 집도 짓고 방도 많이 지어놓겠지. 지금은 친구들이 너무 많아서 방이 없을 거야"라고 말했어요. 그래도 태준이가 "아니야. 오늘 저녁에 가야 할 것 같아"라고 해. 그때까지 그 말이 무슨 의미인지 몰랐어요.

화장하고 그 다음 날 집에 왔잖아요. 근데 얘가 아침에 형 방에 막 들어가더니 형 옷을 입고 앉아 있는 거예요. 밥 먹을 때 준우 같은 행동도 하고. 그때는 그냥 형이 보고 싶어서 그런가보다 했어요. 우리가 준우 장례를 치르느라 급하게 올라왔잖아요. 팽목항에 남은 사람들이랑 안 나온 애들이 너무 걱정이 돼서 진도에 내려갔어요. 태준이한테 형 친구들이 좀 남았으니 형 잘 보냈다고 바닷가에 인사하고 오겠다고 했어요. 그런데 태준이가 언제 오냐고 저녁에 오는 거냐고 묻는 거예요. 저녁에 안 오고 자고 올 거니까 저녁에는 이모네 집에 가라고 했지. 태준이가 알았다고 했어요. 난 은행에서 볼일 보고 출발 시간을 확인해보니 본래 12시인 줄 알았는데 2시인 거예요. 그래서 12시에 밥을 먹고 차 타는 데가 가까운 곳이니까 걸어가자고 생각했어요. 12시에 집에 다시 들어갔는데 애가 컴퓨터 하다 말고 "엄마, 간다고 했으면서 왜 왔어"라며 깜짝 놀라는 거야. 차가 2시라 엄마는 집에서 점심 먹고 아빠는 밖에서 먹을 거라고 말했어요. 그때 작은애는 마음의 준비를 하고 있었던 거죠.

팽목항에 가는 차를 타고는 카카오톡을 봤는데, 이런 말이 쓰여 있는 거야. '형아 나 금방 갈게.' 그걸 보고는 태준이한테 문자도 넣었는데 전화도 안 받고 이상한 거예요. 그래서 언니한테 태준이가 좀 이상하니까 당장 집에 가달라고 부탁했어요. 사건 나고 언니가 많이 도와줬거든. 설거지, 집안청소 모든 걸 언니가 다 해줬어요. 언니가 집에 갔더니 태준이가 혼자 울고 있더래. 그래서 이모집에 가자니까 "이모, 안 가. 형도 혼자 있는데 내가 왜 가. 이모 혼자 가. 나 여기서 잘 거야. 안 무서워. 형 없어도 하나도 안 무서워" 그러더래요. 내가 언니한테 어떻게 해서든 데리고 오라고 했어요. 언니가 애기가 금방 어떻게 될 것 같아서 그날 저녁에 거의 끌고 오듯이 언니 집에 데려갔대요. 그리고 정신과 전문 박사를 불러서 상담했어요. 선생님 말씀이 애가 오늘 저녁에 엄마 아빠가 집에 없으니 형을 만나러 가려고 일을 꾸몄는데 이모가 와서 실패했다고 했대요. 그 말을 들으니까 소름이 쫙 끼치는 거야.

지금은 잘 지내고 있는데 얼마 전에 또 나한테 그래요. "엄마, 내가 죽으면 형 있는 데 갈 수 있어?" 그래서 아니라고 하면서 너도 죽으려고 하는 거냐고 되물었더니 그냥 물어보는 거래. 그래서 "형아는 바닷가에서 죽었고 넌 여기서 죽어서 같은 데 못 가. 날짜도 달라. 그리고 화장터 가봐라, 그렇게 사람 많이 오는데, 너는 이제 자리도 없어. 못 가"라고 말해줬지요. 준우가 태준이 다섯살 때부터 어린이집도 데려다주며 챙겨서 그런가봐. 준우 발인하고 나서 강아지를 샀는데, 강아지랑 같이 죽으면 같은 데서 살 수 있냐고 묻는 거예요. "아니지, 얘는 동물이고 너는 사람이니까 같이 살 수는 없어. 얘는 그냥 여기 아무데나 묻고 너는 화장하겠지"라고 말하며 일부러 웃었어. "너 진짜로 갈 거야? 생각해봐, 죽은 사람만 불쌍한 거야"라고 막 농담하면서요. 그리고 너마저 가면 엄마가 심심할 텐데 그럴 거냐고 물었어요. 그랬더니 태준이가 "아니, 엄마 아빠랑 오래 살아야지. 그치?" 그러면서 애교를 부리더라고. 하지만 어떤 때 보면 제 속으로는 심각한 것 같기도 하고.

웃는다고 마음도 진짜 웃는 줄 아나

준우 아빠는 팽목항에 있을 때는 가족대표로 생계며 구조대책이며 다 알아보다가 안산으로 올라와서는 생계와 심리 쪽을 맡았어요. 생계 쪽은 가족들에게 필요한 사후대책이니까 나도 아빠를 도왔어요. 심리상담 쪽은 준우 아빠가 학교나 전문가를 만나며 알아봤어요. 특히 심리상담은 우리 태준이가 힘들어하니까 더 신경을 쓸 수밖에 없었죠. 준우 아빠가 심리상담 때문에 선생과 교장을 만나봤는데 그저 사회복지사가 상담하는 수준이더래요. 학교에 심리상담에 관한 씨스템이 하나도 안 되어 있던 거죠.

올라와서도 아빠는 가족대책위 부대변인이라 대책위 회의를 거의 매일 새벽 2시까지 했어요. 밥도 늦게 먹고 집에 항상 늦게 들어왔지요. 밥 먹다가 반주 하는 경우도 있고. 대책위 임원진들도 힘들어했지만 임원 아내들도 힘들어했어요. 내가 항상 신랑한테 짜증을 냈던 게 준우도 없고, 위로받고 싶을 때가 있는데 나는 늘 혼자야. 준우 영정사진 보러 맨날 나만 가는 거야. 다른 사람들은 다 함께하잖아. 나도 납골당에 가서 준우를 보고 싶은데 가려면 남들 차 타고 따라가야 하는 거야.

도보행진 할 때도 남들은 남편이 아내를 챙겨줘. 그런데 준우 아빠는 단식하고 있으니까 나한테 물 하나 갖다주는 것도 할 수가 없었지. 나랑 눈길 한번 못 맞추고… 진짜 서러운 건 서명 갔을 때야. 진짜 멋모르고 남들 앞에 뛰어든 일이었잖아요. 서명 갔을 때 으레 부부가 함께 손을 잡고 가고 와이프가 서럽고 울컥해서 울고 있으면 그 집 신랑이 와서 눈물 닦아주고 그러지만 나는 그렇지 않았어요. 준우 아빠는 대책위 임원이라 바빠서 같이 못 갔거든. 신촌에 서명 갔을 때에는 눈물이 멋모르고 흘러서 얼굴이 온통 소금밭이 됐더라고. 집에 와서도 너무 서러워서 울었어요. 또 어떤 일이 있었냐면 어느 가족이 있는데 한 아내가 힘들어서 울어요. 신랑이 나보고 그 엄마를 위로해주라는 거야. 신랑이야 가족대책위 임원이니까 유가족들 챙기는 게 당연하죠. 그래도 난 화가 나더라고. 난 새끼 죽었어도 가슴에 묻고 겉으로는 웃고 떠들고 남들 챙겨주는 건데. 그날 집에 와서 신랑한테 뭐라 했어요. 내가 웃는다고 진짜 마음도 웃는 줄 아느냐고. 팽목항에서도 사람들이 나를 유가족이 아니라 심리치료사로 착각할 정도로 밝은 얼굴로 다른 사람들하고 친하게 지냈으니까. 아무튼 내가 많이 힘들어서 준우 아빠한테 전화해서 밤새 울고불고 한 적도 있어요.

준우 아빠가 단식할 때, 사람들이 애 아빠한테 말 거는 것도 싫었어요. 아빠는 원래 7월 중순 직장에 복귀해야 했는데 그때 마침 단식을 시작했어요. 내 남편 내가 챙길 거라며 밥 못 먹고 있는 사람한테 힘들게 말 걸지 말라고도 하고 사람 죽일 거냐고도 했어요. 단식한 지 12일쯤 됐을 때 아빠 잇몸이 주저앉은 게 나한테 보였을 정도였거든. 그때 주위 사람들이 "왜 너만 그러냐"면서 나를 안 좋게 생각했어요. 팽목항에 있을 때도 애 아빠는 대상포진에 걸린 것도 본인이 나중에야 알았을 정도로 이리저리 쫓아다녔어요. 남편이 그러는 걸 아니까… 그땐 준우도 없는데 남편마저 어떻게 될까 두려웠던 거 같아요. 게다가 사건 이후 100일이 지나도록 신랑이랑 같이 껴안고 잔 적도 없어요. 팽목항에서는 그럴 수밖에 없지만 안산에 올라와서도 세월호 진상규명 때문에 정부에 요구하는 일이 많다보니 내가 힘들었지요. 마트 한번 가본 적이 없어요. 지금 생각하면 준우 아빠도 가족 대책위 일로 몸도 지치고 마음도 안 좋았을 텐데 내가 더 힘들게 한 것 같아 미안해요.

준우가 맺어준 5인방

준우는 친한 친구들 몇명만 사귀었어요. 준우가 살아 있을 때 친한 친구 부모님 만나보고 싶다고 한번 얘기한 적이 있었는데 사춘기라 그런지 남자애라 그런지 준우가 피하더라고요. 그러다가 세월호 사건이 터지니까 친구 엄마들을 찾게 됐죠. 태준이가 형이 누구랑 친한지 알고 있잖아요. 준우 아빠가 가족대책위 임원이다 보니까 가족들 전화번호가 있어서 연락해봤어요. 아픈 맘을 안고 전화했는데 다행히 통화가 됐어요. 안산으로 먼저 간 사람들도 있고. 다시 진도로 내려오는 사람들도 있고. 이름이 똑같은 애들이 있어 어렵게 찾은 부모도 있고. 4반 성호, 5반 건우, 8반 재욱이, 제훈이, 7반 준우. 이렇게 5명이 1학년 때 같은 반이었대요. 준우 핸드폰을 찾았는데 동영상이 있더라고요. 학교에서 숙제 내줘서 찍은 동영상이었는데 1학년 때 여름과 겨울 이렇게 두번 찍었더라고요. 그 영상에 준우 친구

들이 나와요. 팽목항에 있을 때는 컴퓨터가 없어서 못 보다가 나중에
봤어요. 나중에 우리가 애들 기억하려고 유튜브에 올렸어요. 그걸 보
고 태준이가 이 형들 자주 왔었다고 말하더라고요. 엄마 없었을 때
이 형들이 와서 밤새 있었다고. 오늘은 이 집에 가서 먹고 내일은 누
구 네서 먹고 그런 식으로. 준우가 살아 있을 때 친했던 친구 부모들
을 만난다니까 너무 좋았어요. 기대 반 설렘 반. 애들 부모는 어떤 사
람일까, 애들이 있으면 얼마나 좋을까…

5인방 부모들은 진도에서 올라와서도 많이 만났고 얼마 전에는 회
칙도 정했어요. 멋지죠? 준우 아빠가 제안했어요. 매월 만나서 애들
생일 때 되면 애들을 추모하기로요. 회장도 뽑고 총무도 뽑고. 그냥
친목모임이 아니라 애들 때문에 만난 모임이니까요. 애들이 못한 걸
우리가 해야 하니까. 먹고 이야기 나누는 게 다가 아니잖아요. 이번
계기로 의미있는 일들을 해야 하니까. 뭔가 뜻있는 일을 하자고 그랬
죠. 봉사를 하든가, 애들 이름으로 성금을 낼 수도 있고요. 그래서 회
칙에 우리 모임 목적을 적었어요. '5인방을 기억하고 추모하는 일, 구
성원 모두를 치유하는 일, 5인방과 비슷한 친목을 지속적으로 도모
하는 일, 5인방 같은 아름다운 이들을 돕는 일', 이렇게 정리했어요.
다른 사람들도 5인방 같은 걸 만들면 좋을 거 같아요.

사람 눈이 왜 두개인 줄 알아요?

내가 회사에 다시 나간 게 9월 16일이니까 사건 나고 5개월 만이네
요. 원래는 제약회사에서 한 10년 일했는데 힘들어서 다른 데로 옮겼

제3부 사람의 시간, 416

어요. 지금은 주사기용 고무 만드는 데서 고무 검사하는 일을 해요. 거기 다닌 지 일년쯤 됐을 무렵에 세월호 사고가 터졌어요. 사고가 나서 휴직하고 나니 금세 2년차가 되었더라고요. 사장님이 많이 배려해줬어요. 3개월 후에 연락하라시는데, 그 무렵에도 출근하기가 뭣해서 그만두겠다고 했더니 회사에서는 신경 쓰지 말라고 하더라고요. 그냥 애기만 신경 쓰라는 거야. 생활은 어떻게 할 거냐며 아무 때나 오라고요. 6개월 지났을 때는 마음을 다잡고 출근해야지 했는데, 아주버님이 돌아가셨어요. 출근하기 이틀 전에요. '회사하고 나는 인연이 없나 보다' 하고 회사에 전화를 걸었죠. 출근해야 하는데 시아주버님 돌아가셔서 약속을 못 지키겠다고, 언제까지 폐를 끼칠 수 없으니 회사를 그만두겠다고 했어요. 회사에서는 안 된다고, 아들 사고 난 것보다 더 힘든 게 뭐가 있겠냐면서 미안해하지 말고 다음에 출근하라고 했어요. 그 말이 내 가슴에 너무 와닿아서 마음을 가다듬고 출근하기로 결심했어요. 집에 있는 것보다는 좀 나을 것 같았어요. 세월호 가족들을 지지하지 않는 사람도 있는데 이렇게 바로 옆에서 응원해준 사람도 있어요.

회사 사람들은 제가 감당하기 힘들 정도로 세월호에 대해 많이 물어봐요. 특별법은 어떻게 됐냐는등 연예인 취급하는 사람들도 있고. 그러면 전 인터넷이나 뉴스를 보라고, 나한테 물어보지 말라고 해요. 나는 '4월 16일'이 아닌 사람이라고, 다 묻어두고 왔다고 말해요. 나를 바라보는 눈초리도 느껴지고… 일을 하는데 힐끗힐끗 쳐다봐요. 쟤가 왜 울지 않지, 쟤가 왜 당당하지, 그런 식으로 생각하는 거 같아요. 지금 11월인데 나는 여전히 4월 15일인 거예요. 회사에 다니려면 아무렇지도 않아야 하니까 언제나 4월 15일인 거죠. 일하면서 중심을 잃으면 안 되잖아요. 애기가 보고 싶어도 안 되고 울어도 안 되고. 회사 사람들이 나하고 있을 때랑 아닐 때랑 시선이 달라요. '누구는 어떻더라, 누구는 어떻더라, 넌 괜찮니?' 이런 식으로 비교를 해요.

처음에 출근해서 제가 준우 애기를 너무 자연스럽게 한 거예요. 그런데 준우 애기를 한다고 사람들이 쳐다봐요. 우리 준우가 어때서, 준우가 없을 뿐이지 준우 이야기를 할 수 있는 거 아니냐고요. 그 모습이 좋다는 사람도 있고, 그 모습을 이상하게 보는 사람도 있고. 한동안 준우 이야기로 자랑을 했어요. 그런데 어느 날부턴가 준우 애기를 못하게 됐어요. 지금은 한마디도 안 해요. 준우가 봄에 갔는데 벌써 가을이에요. 수능 보는 사람도 있고, 고3 올라간다고 준비하는 사람도 있고. 준우 또래의 아이들이 학년이 높아질 테고… 준우가 없는데 내가 준우 말을 하면 난 그 자리에 머물고 있는 게 되잖아요. 사람들은 다른 이야기를 하고 있는데. 그래서 준우 이야기도 올해가 끝이고 내년에는 준우 애길 할 수가 없겠구나 생각해요. 그런 게 좀 힘들지만 회사에선 최대한 웃으면서 일해요. 걱정해준 사람들이 많으니까요. 그분들에게 고맙다고 직접 말하지는 않지만 걸음을 멈추고 웃으면서 눈인사를 해요. 미안하기도 하고 고맙기도 하고… 웃어줘야지 저 사람들도 내 겉모습 보고 괜찮아졌나보다 판단할 테니까. 속으로도 웃는 건 아니지만요. 일하다가도 갑자기 집중이 안 돼요. 그래도 울지를 못해요. 속으로만 울어요. 이게 피눈물이구나… 사고 당시하고 또 달라요.

회사 다니면서 사람이 왜 눈이 두개고 귀가 두개인지 알았어요. 준우가 없어도 나는 직장에 다니며 생활해야 하니까, 한쪽에는 준우가 있고 한쪽에는 회사 일이 있고. 이런 게 하루에도 수천번 교차해요.

가끔은 남들 말이 곱게 안 들려요. 내 눈이 두개고 내 귀가 두개니까 누가 어떻게 말하나 듣게 되지요. 유가족도 만나면 어떻게 하나 듣게 되고 물어보게 되고. 그런데 입은 하나니까 한쪽 얘기만 해야 하고. 직장을 다니는 건 돈만이 목적이 아니라 내 삶을 조금씩 찾아가는 과정이기도 한데 가끔 저더러 돈 많이 벌었냐는둥 나쁘게 말하는 사람도 있어요. 지금 세월호 유가족들 가정이 엉망진창이에요. 엄마가 늦게 들어오고 그러니까 애들도 못 챙기고 너무 힘들지요. 집에 가도 심란하고 나와도 심란하죠. 그렇지만 우리 가정이 편해져야 준우도 편해지지 않을까 이런 생각을 해요. 그냥 나 같은 사람도 직장을 잘 다니고 있다는 걸 보여주고 싶어요. 직장에 다니면서 안정된 생활을 해야 태준이도 안정될 것 같고.

그래도 마음이 자꾸 교차해요. 세월호 유가족 활동을 안 하는 건 아니지만 가끔 일이 있으면 가고 주말에만 가는 거라 그게 미안하더라고요. 직장 다닌다고 미안해하지 말아야 하는데 나도 모르게 미안해지는 거예요. 남들하고 똑같이 해야 하는데 못할 때. 예를 들면 농성장에 이틀에 한번씩 가는 건 할 수가 없잖아요. 빨리 진상규명이 끝나서 유가족들이 집으로 직장으로 가야 하는데 그 시간이 꽤 걸릴 것 같고. 내가 해줄 수 있는 게 뭘까를 생각해보았는데 별로 없었어요. 미안해하지 않으려 하는데 더 열심히 하는 사람이 있으니까 미안해져요. 주말에 서울 가서 다른 가족들 만나면 너무 좋아요. 편하게 웃을 수 있어서. 아무래도 직장에서는 웃어도 그건 진짜가 아니니까.

그래도 언젠가는 제 할 일이 있겠죠. 사람들이 힘들어할 때 내가 직장을 다니다가 기회가 있으면 언젠가는 그만두고 유가족들을 위한 일들을 할 날이 오겠지… 아직 생각뿐이긴 하지만, 소외된 사람들을 위해 일해야 할까? 언젠가는 뭐 하나 하겠지. 아니면 이쁜 애기를 낳아서 키워볼까? 이런저런 생각들을 많이 해요. 그리고 지금이 지나갈 것 같은 생각이 들면 자꾸 메모를 해놓아요. 내가 이런 일을 당했을 때 어땠는지, 말하는 연습을 해요. 다음에 다시 겪을 수 있으니까. 다른 사람들도 당할 수 있는 사건이니까. 그리고 유가족들 안됐잖아요. 나만 안된 게 아니라 다 불쌍하잖아요. 그러니까 잠도 편히 잘 수가 없고… 꿈속에서도 준우를 봤으면 좋겠는데 안 나타나더라고요. 안 나타나는 게, 어떨 때는 살아 있는 모습만 생각할 수 있어서 행복한 거 같고. 팽목항에서 준우 상태를 직접 못 봐서 그런가, 무인도 같은 데서 살아 있을 것도 같고…

준우 아빠도 많이 힘들어해요. 아주버님이 사고 당하고 돌아가실 때까지 일 처리하느라 바쁘기도 했고 연이어 상을 치르느라 상처가 큰 것 같아요. 그래서인지 지금은 가족대책위 일은 안 하고 있어요. 직장도 세월호 때문에 그만뒀고, 다른 아빠가 일하는 거 도와주고 있어요. 제가 애 아빠보다 먼저 직장에 복귀했으니 이 면에서는 선배지요. 퇴근해서 준우 아빠한테 그날 그날 일들을 종알종알 얘기해요. 나 같은 사람은 회사가 힘들어도 다니지만 애 아빠는 그동안 윗사람으로서 지시하는 일을 해왔는데 지금 그런 일 찾기가 힘들겠지요. 한편으로는 회사에 안 갔으면 좋겠다는 생각도 들어요. 신랑이 세월호 사건을 거치면서 너무 상처를 많이 받았잖아요. 괜찮으니까, 내가 벌어서 괜찮으니까 시간이 들더라도 좋은 일 생기면 그때 하면 된다고 얘기해요. 내 마음이 자기 마음이라고. 옛날엔 준우 아빠가 나한테 상사가 부하 직원에게 하듯 한다고 비유했었는데 지금은 다 똑같은 거 같아요.

사건 나고 친정 엄마도 힘들어하세요. 평생 바다에서 살았는데 이제 바다를 어떻게 보냐고. 제가 완도에서 태어나서 인천에 있는 고등학교에 다닐 때까지 섬에서 살았거든요. 태준이도 중2인데 저한테 자기가 공부할 필요 없다고, 열심히 살아도 허망할 거 같다고 말해요. 자긴 영어문제 푸는 데 오래 걸리는데 형은 영어 단어 5분이면 100개를 외울 정도로 잘났었는데, 그런 형이 갑자기 그렇게 됐는데 공부는 왜 하느냐고. 아빠도 회사 다니며 훌륭한 사람 돼야 한다고 떵떵 호령했었는데 지금 저리 됐지 않느냐고. 그러면 할 말이 없어요.

그래도 지금은 내 마음을 자꾸자꾸 키워가려고 해요. 처음보다 잘 이겨내는 것 같아요. 아직 어디 가서 외식하는 건 싫지만 언젠가 적응할 때가 오겠지요. 주변 사람들이 나를 안 본 지가 오래됐다고들 해요. 사고 나고 친척들 빼고 못 만난 사람이 엄청 많아요. 마음이 편해지면 보자고 말해요. 주변 사람들도 나를 있는 모습 그대로만 봐주면 좋겠는데, 옆에서 사람들이 여행 다니자, 어디 밥 먹으러 갈래, 그러는데 그게 아직 낯설어요. 마음이 편해지는 게 일년이 될지 이년이 될지는 모르겠어요. 나를 지지해주는 그 사람들에게 내가 이전처럼 활발하게 기쁨을 주어야 하는데. 이제는 그때로 돌아가지 못할 것 같다는 아쉬움이 들어요. 그리고 자꾸 생각이 준우한테로 빠지면 안 되는데 나도 모르게 준우가 뭐 했었나 그런 생각을 해요. '맞아, 준우는 이런 말을 했었지' 하면서 한번 더 웃게 되고 울게 되는…

_작가기록단 **명숙**

진도에 빈자리가
많아지니 더
못 떠나겠더라고요

2학년 9반 임세희 학생의 아버지 임종호 씨 이야기

: 6월. 진도 팽목항으로 첫 '기다림의 버스'가 출발했다. 세월호 참사가 일어나고 50여 일이 지난 후였다. 마지막 한 명의 실종자까지 함께 기다리겠다는 뜻을 전하기 위해 출발했지만 무척 조심스러웠다. 진도가 고립무원이 되면 어쩌나 하면서도 누구도 어쩌지 못했던 시간들. 여전히 무슨 말을 해야 할지, 무엇을 어떻게 해야 할지 몰라 서성이는 마음들뿐이었다. 그토록 큰 슬픔과 고통의 터널을 지나는 이들을 어떻게 대해야 하는 걸까?

그런데 한 유가족의 말. "그냥 옆에 있는 거지. 뭔가를 할 수 있어서가 아니라 등 두드려드리고 같이 밥 먹고 옆에서 자고 또 담배 같이 피우고 그렇게." 슬픔의 무게가 두려워 망설였던 내 마음이 부끄러워졌다. 단원고 2학년 9반 세희의 아버지 임종호 씨는 진도에 남은 유가족이었다. 4월 말 세희의 장례를 치르고 진도로 다시 내려간 임종호 씨는 텅 비어가는 진도체육관을 차마 떠나지 못했다. 그뒤 넉 달 동안 실종자 가족과 함께 지냈다. 가족 잃은 아픔을 가진 유가족이 실종자

가족의 곁을 지킨 것이다. 세월호 참사의 소용돌이에서 슬픔도, 답답함도, 분노도… 무엇 하나 덜하지 않았을 그이지만 실종자 가족을 보듬었다.

　세월호 참사가 잊혀지지 않도록, 실종자가 잊혀지지 않도록. 누군가는 광화문에서 누군가는 국회에서 또 거리에서 그리고 누군가는 진도 팽목항에서 온 힘을 다해 싸웠다. 임종호 씨와의 인터뷰는 9월과 11월에 걸쳐 이루어졌다.

사고 처음에는 체육관에 사람이 가득차서 누워 잘 수도 없을 정도 였어요. 체육관 바닥뿐 아니라 위에까지 가득 찼었거든. 그런데 점점 자리가 널널해지고 비좁았던 자리가 굴러다니며 자도 될 정도가 됐지. 그러니까 나중에 나만 남으면 어떻게 하나 불안감이 생겼어요.

사고 나고 열흘째에 세희가 나왔어요. 주변에서는 빨리 찾아서 잘 됐다고 그런 말을 해주는데, 먼저 올라가는 우리는 또 남아 있는 사람들에게 좀 미안한 감정이 생기지. "나만 먼저 찾아서 올라가 미안하다. 빨리 찾아서 올라오라"는 식으로 인사를 하게 되는 거야. 말도 안 되는 상황이 만들어진 거지.

그런 하루가 매일 매일 반복돼

체육관에 아직 남아 있는 사람들의 소외감이나 빈자리를 좀 채워 줘야겠다 싶어서 세희 장례 치르고 내려갔어요. 내가 도움이 되거나 특별히 무언가를 할 수 있는 사람은 아니지만 옆에 있어줘야겠다는 생각이 들어서. 그게 내가 할 수 있는 전부였어요. 5월까지만 해도 시신이 계속 나와서 인양작업을 지켜보고 기다리는 상황이었는데 6 월이 되면서 안 나오기 시작했죠. 7월이 되니까 몇명 안 남았어요. 3 개월이 지났는데 실종자 수색이 진전되질 않으니 기다리는 가족들은 스트레스가 심해졌지.

급성폐렴에 걸려서 병원에 입원했는데 역류성 식도염까지 걸린 실종자 가족도 있었어요. 한분은 폐기종으로 수술도 하고. 스트레스가 몸으로 나타나는구나 싶었죠. 또 한 어머니는 종양이 생겨 치료받으러 갔는데 당장은 수술이 안 된다고 했던가봐요. 그래서 애를 찾고 치료를 받겠다고 했나본데… 한쪽 귀도 잘 안 들린다고 그러시더라고요.

실종자 가족들도 속에 있는 답답한 마음을 크게 얘기하진 않죠. 서로 다 아니까. 괴로운 마음을 사람마다 자기 스타일대로 푸는데, 담배를 피우는 사람은 줄담배를 피우고 술 마시는 이는 술로 잊고 자거나 그렇지. 또 술을 못 마시는 분은 운동을 해서 풀기도 해요. 낮에 어머니들은 잠깐 산에 오르거나 산보하고 옆에 운동장을 돌거나 그래요. 뭐라도 해야 다른 생각이 안 나니까 몸을 움직이는 거죠. 다른 거 할 수 있는 게 없어요. 그런 게 실종자 가족들의 일상이 됐죠.

새벽에 체육관 뒷산에 올라가서 실컷 울고 산을 삥 돌아 내려오시는 분도 있어요. 어떤 분은 바지선에 들어가 한 구석에서 혼자 훌쩍훌쩍 울고 그래. 또 혼자 관광버스 타고 올라가서 집에 하루 있다가 다시 내려오는 분도 계셨어요. 수색작업이 안 되는 상황이 너무 답답하니까. 그러다가도 바지선에 한번 갔다가 나와서 자식 이름 부르면서 사정사정하고. 나중에는 "도대체 어디 있는 거야. 내가 너를 어떻게 키웠는데 불효자식…" 하면서 호통 치다가 울고. 아휴, 옆에서 해줄 수 있는 게 없어요. 말도 못하고 그저 등을 두드려드리거나 하지.

진도의 일상이라는 게 아침 9시에 범정부사고대책본부(범대본) 회의에 가서 섬 주변 수색하는 병력은 얼마인지, 배나 헬기가 몇대 투입이 되는지, 일기는 어떤지, 이런 브리핑으로 시작해요. 그리고 TF회의라고, 수색하는 데 좋은 방법이 있나를 논하는 회의가 있는데, 매일 하는 건 아니고 필요할 때마다 일주일에 두세번 하지. 수색을 하는 날은 팽목항에서 5시에 브리핑이 있어요. 수색 결과에 대해서. 어떤 날은 가방을 찾았고 어떤 날은 핸드폰을, 또 섬 주변에서 뭘 찾았는지 브리핑하죠. 신발 한짝이라도, 구명조끼라도. 대부분 바지선에 나갔다가도 브리핑을 들으러 나오죠. 그런 하루가 매일 매일 반복돼요. 가장 상실감이 큰 게 뭐냐면. 바지선에 수색하는 걸 보러 들어갈 때 오늘은 실종자가 하나라도 나오지 않을까 하며 기대하는 게 있잖아요. 오늘은 소식이 있으려나 하고요. 근데 또 아무런 소득이 없으면 할 말이 없어요, 진짜. 서로 별 말도 안 하고 그냥 하늘만 쳐다보고 와요. 멍하니. 실종자 가족들은 배를 타도 실내에 안 들어가요. 땡볕에도 밖에 있어요. 비바람이 치면 배 처마 밑에 서 있고. 물안개 날려도 그냥 서 있어요.

나는 세희가 나올 때까지는 바지선을 한번도 안 탔어요. (5월 초 진도에 갔을 때에도) 실종자가 100명 이상 남아 있을 때였으니까 바지선을 안 탔고. 그땐 워낙 들어갈 사람들이 많았거든요. 실종자가 열한명, 열두명 이렇게 남게 되니 가족들도 지쳐서 엄마 아빠가 바지선에 들어갈 상황이 안 되는 거야. 애들 아빠 몇하고 이모부, 외삼촌이었지. 나머지 분들은 몸이 안 좋으시니까 들어갈 수가 없는 거야. 나이 드신 분들은 더 못 들어가고. 이 정도 되니까 이젠 내가 바지선을 타게 됐죠.

나는 뱃멀미가 심해서 약 먹고 가는 거야. 멀미약을 먹으면 사람이 멍해요. 멍하게 있는 게 싫어서 나중에는 안 먹고 들어가고. 파도가 조금 잠잠하면 참을 만한데 심하면 머리 아프고 뒤집어지고 그렇죠. 멀미하고 오면 실종자 가족들도 힘드니까 링거 맞으며 누워 있고 나도 그랬어요. 처음에는 진도에 며칠 있다가 하루이틀 볼 일 보러 올

제3부 사람의 시간, 416

라오고는 했는데 시간이 점점 흐를수록 빈자리가 많아져서 쉽게 못 오겠더라고요. 나중엔 한달에 하루이틀 올라오고 그랬지.

진도에서 처음에는 5시면 해가 쨍 떴는데 어느 순간 7시가 돼도 캄캄하고 낮인지 밤인지 분간이 안 돼요. 온풍기가 돌다가 여름에는 에어컨이 돌다가, 다시 온풍기가 돌고. 모기에 죄다 뜯기고 시달리다가 모기장 치고 지금은 추워서 겨울이불 덮고 있으니까. 실종자 가족들이 차 타고 가면서 이런 말도 하죠. 진도에 꽃 필 때 왔는데, 모 심고 있네, 나락을 베네, 단풍 드네… 계절 바뀌는 걸 보면 답답하지.

내 자식 그리워도 실종자 가족 앞에서는 못 울어요

진도에 내려가서도 내 자식 보고 싶고 그리워 울고 싶어도 실종자 가족 앞에서는 못 울어요. 몰래 안 보이는 곳에 가서 울고 오지. 일반인들이 유가족들 보면 솔직히 무슨 말을 해야 할지 모르겠다고 그러잖아요. 우리도 진도에 가면 똑같아요. 우리도 실종자 가족 앞에서 무슨 말을 해야 할지 모르겠으니까. 아직 시신조차 못 찾아서 유가족이 되는 게 소원이라는 사람들 앞에서 우리 자식 보고 싶다고 어떻게 말해요. 그나마 우리는 장례라도 치렀으니 할 말이 없죠.

좀 그런 게, 바지선에서 유품이 나오면 유가족들이 와서 누구 건지 확인하려고 해요. 그러면 실종자 가족들이 말하죠. 사람들 참 너무 한다고. '우리는 애들을 못 찾아서 이러고 있는데.' 가방 찾았다고 들여다보는 모습이 좋아 보이지는 않죠. 저도 솔직히 유가족이니까 가방이 나오면 관심이 생겨요. 하지만 그네들 마음을 아니까 가방이 올라왔다고 하면 "어떤 게 올라왔대요?" 묻고 말죠. 누구 건지 밝혀지면 챙겨서 보내는 거 알고 있으니까 가서 확인하고 그러지는 않지. 그런 거 보면 유가족이라도 실종자 가족 속 타는 건 알기 어렵구나 싶더라고.

진도에 가서 범대본 회의나 TF회의에도 난 그저 따라만 들어가지 아무 말 안 해요. 실종자 가족의 마음이 우리 마음보다 애절하고 더 강하잖아요. 내가 뭐라고 할 얘기가 없는 거예요. 그런데 가끔 유가족들이 진도에 와서 또 자기 할 말을 다 할 때가 있어요. '왜 예전에 애들을 못 구했냐'라며 관계자들한테 따지는 거지. 그 사람들은 시신이라도 찾은 사람이잖아. 그런데 여기 실종자 가족들은 못 찾았고. 그러니까 실종자 가족은 정부가 뭔 얘기를 하나 들으면서, 애들을 찾을 수 있는 획기적인 것이라도 있나 간절해 죽겠는데 유가족이 엄한 말만 하니까 실종자 가족들이 우리에게 화를 내는 거야. 유가족들 내려오지 말라고. 처음에는 좀 그랬지. 그래서 난 내려가면 아무 말도 안 했어요. 회의 갈 때 따라가고, 바지선 갈 때 같이 따라가고, 밥 먹을 때 같이 먹고, 옆에서 얘기하면 듣고, 농담하면 받아주고 그런 거지. 슬퍼하면 내가 위로의 말이라고 할 수 있는 게… 꼭 찾을 거라고, 꼭 찾아가자고 말하는 것밖에 없지. 상황을 잘 모르는 사람들이 한마디 던지면 실종자 가족들도 상처받고. 그런 상황들이 처음에 좀 있었죠. 지금은 다들 알지만.

진도에 있다 보면 뭐라도 때려 부수고 바지선도 뒤집어엎어버리고 싶지 않을까 하는데… 실종자 가족들이 담담하게 대처하고 수색 작업 하는 데 가는 거 보면. 참 어떻게 그럴까 싶어요. 하긴 잠수사나 작업하는 사람들이 또 힘들게 일하는 걸 아는데 뭔 얘기를 할 수 있겠어요.

처음에 언딘이란 업체는 25분에서 30분 정도 잠수를 했는데, 중간에 88수중개발(88)이라는 업체가 들어오게 됐어요. 88이라는 업체는 언딘과는 다른 방식으로 1시간에서 1시간 20분까지 잠수를 하더라고요. 그걸 무슨 방식이라 하던데 이름이 생각 안 나네. 요즘은 잠깐씩 생각이 안 나요. 갑자기 시력도 나빠지고 생각도 안 나. 언딘이 들어가는 데 5분 걸리고 감압하면서 나오는 데 또 10분이 걸려요. 그러면 25분 작업 중에 15분을 까먹으니까 10분밖에 수색할 수 없는 거야. 88도 들어가고 나올 때 15분 걸린다고 하면 그래도 45분은 돌아다니며 수색할 수 있으니까 용이하죠. 그 업체의 백 팀장이라는 사람이 체험하고 터득해서 만든 거래. 그렇게 하면 위험할 수는 있다고 얘기하더라고요. 그런데 들어갔다가 나와서 감압하는 탱크 안에 들어가면 괜찮다고 하던데. 그런 식으로 여태까지 끌어온 거예요.

지금 철수한다고 한 것은 몇개월 동안 계속하다 보니까 그 사람들도 잠수병 같은 위험도 있고 안전에 장담이 안 된다는 거지, 더이상은. 겨울이 되어 날씨도 안 좋지만 생명에 위험이 있어 부득이하게 못한다는 건데. 죽은 사람 찾겠다고 산 사람 죽으면 그거만큼 못할 일이 또 어디 있겠어요. 그러니 가족들도 붙잡고 더 해달라고 하고 싶지만 안 되는 거예요. 실제로 그 사람들 상황도 이해가 가니까.

지금 가족들도 다 생각이 다르잖아요. 끝까지 수색작업을 해야 한다는 분들도 있고, 어떻게 해서든 인양을 해야 한다고 보는 분들도 있고, 다시 내년 봄에 잠수사를 섭외해서 수색작업을 재개했으면 하는 분도 있고. 그런데 범대본은 수색을 종료하고 인양을 검토하겠다고 하잖아요. 선뜻 뛰어들 업체가 있을까 싶고, 하겠다고 해도 맹골 수도의 물살을 보고는 작업 못하겠다고 할 수도 있거든요. 내가 봤을 때 그 물살에 선체인양을 한다는 것은 좀… 기술적으로 얼마나 발전되었는지 모르겠지만 살아 있던 애들 구해내는 것도 못했는데 배를 건져올리는 게 쉬운 일인지, 배를 꺼낼 수 있어서 그렇게 말하는 것인지 모르겠더라고요.

이번에 수색을 종료한다고 해서 나는 깜짝 놀랐어요. 개인적으로 나는 종료가 아니라 이러면 어떨까 하는 생각을 했어요. 잠깐 쉬는 거죠. 겨울에는 작업을 못하니까. 날씨도 그렇지만 거기 바다가 육지에서 밖으로 나가 있어서 가을 겨울이면 바람이 많이 불고 파도가 항상 있어요. 바지선이 버티고 있다 해도, 잠수사가 그 파도에 들어갈 수 있느냐는 거죠. 모니터링 하는 사람도 있고 줄 잡아주는 사람도 있는데 비바람이 불면 옆에서 지원하는 일 또한 쉽지 않거든요. 겨울에 잠깐 쉬었다가 내년 봄에 다시 수색한다고 할지언정 종료를 한다는 것이 좀… 안타깝더라고요. 정부로서는 자기네들이 할 수 있는 최선이라고 하는데 그게 최선인지. 실종자 가족을 위한 최선은 아니고 정부를 위한 최선책이 아닌가 하는 생각밖에 안 들더라고요.

언제였나, 리브리더(rebreather) 방식이라고 해서 미국에서 전문가들이 왔는데. 그게 자기가 뱉은 이산화탄소랑 산소를 어찌저찌 결합·여과해 호흡하면 몇시간이고 잠수할 수 있는 거라고 했어요. 완전히 자신하기에 돈까지 통장에 입금시켰던 적이 있었거든요. 절차 없이는 정부 돈을 못 쓰니까 명장(잠수 자문위원)이 개인적으로 입금해준거지. 처음엔 입금돼야 작업을 한다, 또 여건이 어떻다, 바지선이 있으면 안 된다, 안전이 보장되지 않는다… 이러더니 결국엔 튀었어요. 거기 바다 상황을 보고는 할 수 없다고 판단이 드니까 별의별

꼬투리를 잡아서 안 하려고 했던 거야. 돈은 개인적으로 입금해준 것이었는데 되돌려 받았는지 모르겠네. 어휴. 정보도 없고 정부도 무지하고.

정부는 처음부터 어떻게 해야 할지 몰랐어요. 가족들이 전문가도 아닌데, 애가 타니까 이런 것도 해봐야 하지 않느냐고 얘기하면 그제야 정부 관계자들도 혹해갖고… 그럼 그런 방법을 찾아봐야겠네 어쩌네 하고 있었으니까. 정부가 구조나 재난에 대해 전혀 모른다는 걸 굉장히 많이 느꼈어요. 119소방대는 매일같이 화재나 교통사고 현장에 가잖아요. 장비들도 여러가지 있고. 그런데 해양사고에 대해서는… 조그마한 사고라도 제대로 대처하고 있는지. 사고가 크냐 작냐를 떠나 대응법이 아예 없는 거 같은 거야. 답답해.

21년 전이나 지금이나 똑같아. 바뀐 게 없어 아무것도

내가 서해 페리호 사고를 옆에서 지켜본 사람이에요. 그런데 21년 후 세월호 사건을 또 겪은 거지, 내가. 그 얘기를 하는 건 지금이나 그때나 바뀐 게 없어서야. 아무 것도. 그때 전주에서 방범순찰대 의경으로 있었는데 배가 침몰했다는 건 뉴스를 보고 알았죠. 그때가 바람 불면 좀 쌀쌀하다 싶은 때였어. 10월인가, 그쯤이었지. 지금 우리 유가족이 가면 경찰이 쫙 깔리는 거랑 똑같은 거야. 시민들 질서유지라고 해야 하나.

사고가 난 다음에 실종자들이 올라오잖아요. 그리고 유가족과 유가족 아닌 사람들이 막 섞여 있기도 하니까. 시신이 올라오면 신분증이 있으면 모를까 인상착의 같은 걸 밝혀놓으면 한꺼번에 우르르 몰려오잖아. 시신을 다 보게 할 수도 없으니까 겹겹이 싸는 일도 했지. 그때 가족들도 공설운동장 안 시멘트 바닥에 돗자리 깔고 난민처럼 앉아 있다가 시신이 올라오면 찾으러 가고 그랬어요. 그 많은 유가족들이 시신 찾아 떠나가는 모습에 가슴이 얼마나 미어지던지. 자식들, 가족들 찾아내라고 산업도로 점거하고 시위하는 모습도 봤고. 우리가 방패 들고 있으면 우리들한테 와서 때리고, 그래도 어쩔 수 없었지. 그 사람들이 도로 점거하면 도로는 소통을 시켜야 하니 그분들 들어서 옮기고 그랬죠. 바닥에 모포 같은 걸 깔고 있으면 통째로 들어 옮긴다거나 그렇게. 그러면서도 유가족들 보면 진짜 슬펐어요. 어떤 심정일까 싶은 거지.

서해 페리호는 그 기간이 길지 않았어요. 듣기로는 해상 대형참사 중에 실종자를 전원 찾은 유일한 사건이었다고 하더라고. 실종자를 다 찾았다는 것보다는 인명 피해가 그렇게 많이 발생했다는 게 문제였지. 당시는 배 있는 곳으로 구조하러 가는 시간이 많이 걸려서 사망했거든요. 희생자들이 바다에서 부유물이나 이런 걸 붙잡고 있어야 했으니까. 배에서 나왔는데 죽었으니 그것도 어처구니가 없는 사건이었지. 근데 세월호는 다 나왔으면 구조할 수 있는 거였으니까 또 미치는 거야.

21년이 지났는데 사람 구조하는 면에서 바뀐 게 전혀 없다는 생각밖에 안 들어요. 그때 만일 특별법이 제정됐더라면 세월호 참사가 났을까. 지금 와서는 그런 생각이 들어요. 그때는 특별법 요구는 안 했잖아요. 2003년 대구지하철 사고의 유가족들이 와서 그랬다고 하던데 '우리가 특별법을 못 만들어서 이런 사고가 난 것 같다고, 죄송하

제3부 사람의 시간. 416

내가 서해 페리호 사고를 의경을 하면서 옆에서 지켜본 사람인데..
21년 후 세월호 사건을 겪은거지. 내가.
그때 우리가 방패 들고 있으면 유가족들이 와서 때리고 …
그러면서도 유가족들 보면 진짜 슬펐어요
어떤 심정일까 싶은 거지.

21년이 지났는데 사람 꾜 하는 면에서 바뀐게
전혀 없다는 생각박에 안 들어요
그 때 만일 특별법이 제정 됐었더라면 세월호 참사가 났을까.

다'라고요. 그런데 지금 통과된 특별법이 제2, 제3의 세월호 사고를 방지할 안전한 법인가, 의구심밖에 안 들어요. 현재 특별법 갖고는 절대 바뀌지 않을 것이라고 봐요. 특별법으로 청문회다 조사다 하면 얼마나 밝혀질지 모르겠어요. 진실이 100퍼센트 밝혀지지 않을 거예요. 못해요. 그런 특별법이 아니거든.

누구는 진실을 밝히는 게 뭐 중요하냐. 앞으로 안전한 나라를 만드는 게 중요하지라고 하는데. 썩은 데가 있으면 그곳을 파내고 새 살이 돋아나게 해야 하는데 그냥 두고 새 살이 돋길 바라는 것은 말도 안 돼요. 제대로 된 진상규명을 못하고 의문만 남기는 법이라면 제2, 제3의 세월호 참사가 나지 않으리라는 법이 없어요. 그때 가서 누구를 원망하고 누구를 탓하겠냐고.

안전에 대해서도 자기들 일이라고 생각을 못하는 거야. 내 자식이 그렇게 될 것이라고 생각 못해. 간담회 가면, 내가 우리 자식 물에 빠져 죽지 않게 하려고 수영 가르쳤다고 그런 얘길 해요. 한데 그게 개인이 노력해서 수영 잘해서 될 게 아니잖아. 왜 법이 만들어져야 하는지 말하는 거지. 그런데 사람들이 자기 자식 일이라고 생각 안 해요. 소를 잃어본 사람이 외양간을 고치지, 소가 멀쩡하게 있는 사람은 모르더라고.

잘 있지? 친구들하고 재밌게 있어?
지금은 친하게 지내지?

우리 세희는 1학년 때부터 조향사가 되고 싶다고 했어요. 향수 만드는 사람요. 올 봄에 벚꽃이 활짝 필 때였는데 서울대에 가서 강연을 듣고 와서는 세희가 진짜 확실히 잡았다고, 조향사가 되고 싶다고 그랬지. 그래서 옛날 어른들 하는 말대로 달러 빚이라도 내서 뒷바라지할 거니까 걱정하지 말라고 했죠. 네가 하고 싶은 것은 다 하게 할 테니까 말만 하라고. 세희가 서울대에서 벚꽃 배경으로 사진 찍은 게 있다고 그랬는데 안 보여줘서 못 봤었지. 보고 싶었는데 못 봤어요. 핸드폰이 올라오면 세희 친구들하고 어떤 사진을 찍었는지, 어떤 벚꽃 아래서 찍었는지. 그런 게 보고 싶었는데… 핸드폰은 아직 안 나왔어요.

세희는 사진 찍는 걸 싫어했어요. 올 초 설 연휴에 가족 전체가 모두 일본여행을 갔을 때도 세희 엄마가 꼭 찍자며 부탁할 정도였지. 억지로라도 사진 찍자고. 여행 다녀와서 세희가 자기가 10년 동안 찍을 사진을 다 찍은 거 같다고 했어요.

세희 엄마는 지금도 일본여행 갔을 때 노천탕에서 세희랑 단 둘이서 별 본 얘기를 자주 해요. 나는 아들이랑 있었는데 그때 사람이 없어서 처음에는 둘씩 둘씩만 있었거든요. 추운 날씨에 따뜻한 온천물에 몸을 담그고 바다도 보니까 참 좋았거든. 원래는 제주도에 가려고 했는데, 올해 세 식구가 각각 제주도에 다녀올 일이 생긴 거야. 나만 빼고.

세희가 우리한테는 일본여행이 좋았다는 표현을 별로 안 했는데 친구들에게는 자랑을 꽤 했나봐. 일본에 한번 다녀오고 나니까 아이들 시선이 달라지더라고. 시야가 확 트인다고 할까. 애들이 달라지는 느낌이었어요. 그래서 세희 엄마가 올 연말에는 보라카이에 가자고 했는데 세희가 자기는 고3인데 어쩌냐고 하잖아. 저나 세희 엄마는 그게 무슨 상관이냐, 며칠 여행 다녀오는 게 무슨 큰일이냐고 했는데. 일본여행이 네 식구 마지막 여행이 됐어요.

우리는 아이들에게 공부 잘하라고 좋은 대학 가라는 말 많이 안 했어요. 친구 사귀는 거에 대해 많이 얘기했지. 세희가 새 친구 사귀는 것은 좀 어려워했지만 한번 친구가 되면 오래오래 깊이 사귀는 편이었거든. 안산에서 잠깐 인천으로 옮겨가 살다가 다시 안산으로 왔는데 이사 온 곳이 원래 살던 곳이야. 인천으로 옮겨가기 전부터 그니까 6살 때부터 친구니까, 참 오래된 친구인데 이름이 유신이에요. 유신이랑은 초등학교만 같고 중고등학교가 달랐는데도 단짝이었어요. 이번에 장례식장에서도 집에 안 가고 밤 새우며 같이 있던 친구지. 같이 점핑클레이도 하고 세희가 하는 건 무조건 같이하곤 했어요. 유신이가 원래는 이름이 유진인데, 김유진. 그런데 지들끼리는 유신이라고 부르는 거지. 왜 김유신 장군 있잖아요. 그 친구가 세희 엄마한테 가끔 문자해서 잘 있냐, 동생도 잘 있냐, 명절도 잘 보냈냐고 안부를 물어봐요. 어젯밤에는 세희 엄마 생일이라고 세희 엄마한테 카톡으로 생일 축하한다는 연락이 왔어요. 오늘 아침에도 학교 가는 중에 들러 케이크랑 샴페인, 미역국을 가져왔어요. 월남쌈처럼 밥도 말아 갖고. 세희 대신 챙겨준다고 온 거지.

세희는 먼저 다가가서 재잘재잘 그런 걸 못 하니까 학교 친구들이 금방 친해지는 게 신기했나봐. 2학년이 되고 "애들이 이틀밖에 안 됐는데 엄청 친해졌어!" 그러대. 세희가 이과라 지금 9반 애들 중에는 1학년 때 같은 반이었던 애가 4명밖에 없었대요. 초반에 낯설고 그랬겠지. 학년 시작하고 얼마 지나지 않아 수학여행을 갔던 거라서, 애들이랑 잘 지내고 있는지 집사람이 걱정을 해. 지금도. 세희 엄마는 세희 사진 보면서 가끔 물어봐요. "잘 있지? 친구들하고 재밌게 있어? 지금은 친하게 지내지?"

아빠 말이 맞다고 늘 믿었던 아이한테…

세희가 배 타고 가기 싫다고 해서 내가 "평생에 한번 가는 수학여행인데, 기분 나쁘게 가지 말고 즐거운 마음으로 다녀와. 아빠도 수학여행 갈 때는 배 타고, 올 때는 비행기 타고 왔어"라고 말했는데… 세희 엄마한테 배가 사고 났다는 말을 듣고 인터넷을 보니까 장난이 아닌 거지. 그때 계속해서 라디오를 들었는데, 인터뷰에서 깊은 곳이 아니고 바다가 얕아서 좌초된 거라며 배가 가라앉지는 않을 거라고 말하는 걸 들었어요. 그래서 다치지 않으면 됐다, 괜찮겠다 싶었어요. 큰 배가 그렇게 빨리 가라앉으리라고는 생각하지 않았으니까. 딸한테도 큰 배가 빨리 가라앉지 않으니까 사고 나도 통제에만 잘 따르면 된다, 그런 얘길 하고는 수학여행 보냈는데. 속이 뒤집어지네. 에휴. 미치겠더라고. 우리 딸이 내 말을 잘 듣는데. 세희가 살면서 터득한 게 항상 나중에 가면 아빠가 했던 말이 맞는다는 거여서 내 말을 잘 들었거든. 그것 때문에 너무나 가슴이 아픈 거야. 지금 나한테 아들이 있지만, 이제는 그런 말을 못하겠어요. 자신이 없어요. 내가 세희한테 그렇게 말해서 이리 됐나 싶은 생각이 들어서 말을 못하겠어요.

어느 실종자의 이모부도 나하고 똑같은 얘기를 했다네. 수학여행 가기 전에 집안 식구들 모여 있을 때 애가 배 타고 가기 싫다고 그랬다는 거야. 짜증난다고 그랬나봐. 이모부가 "야, 이 시키야. 쓸데없는 소리 말고 선생님 말 잘 듣고 갔다 와" 하고 보냈다는 거야. 그래서 이모부가 진도에서 떠나지 않고 있었던 게지. 한 말이 있어서. 물론 그 말 때문에 그렇게 된 것은 아니지만 뱉은 말이 죄라서… 그런 말을 하더라고.

우리 세희가 한번도 말썽을 부린 적 없는 효녀인데. 지금도 고맙다고, 효녀라고 해요. 세희는 4월 25일 새벽에, 그니까 12시 11분에 나와서 DNA 검사가 끝났다고 오후 3시에 방송이 나왔어요. 깜짝 놀랐죠. 25일 아침에 우리가 앉아 있던 자리로 나비 한마리가 날아왔는데, 나비가 체육관 안으로 들어와서 우리 잠자리를 한바퀴 돌았거든. 거기 있던 우리가족이 다 봤어요. 그때 처형이 아무래도 세희가 오늘 올 것 같다고 했는데 정말 그렇게 됐어요.

진도에서 시신이 나오면 번호랑 인상착의가 붙는데 169번이 우리 세희하고는 좀 달랐어요. 그런데도 이상하게 끌리더라고. 설마 설마 했는데 우리 세희였어요. 세희 엄마가 상태가 안 좋으니까 그 전에 3~4일은 팽목항에 못 가게 했거든. 어쨌든 그날은 팽목항에 갔지. 거기서 169번이 가족을 기다리고 있는 걸 보고 '아이고, 저 부모는 자식을 못 알아보고 그럴까' 했어요. 그러면서도 계속 눈에 밟혔는데 오후 3시가 되니까, 방송에서 DNA 검사 결과가 나왔다고 그래요. 169번이 우리 세희였던거야. 세희 엄마는 딸을 몰라봤다고 미안하다고 얼마나 울었는지 몰라. 그전에도 두번 세희랑 인상착의가 비슷한 경우가 있어서 가서 봤는데 아니었거든. 그래서 또 설마설마하고. 169번 인상착의가 세희하고 달라서 아닐 거라고 하면서도 부모의 촉이라는 게 있는지 자꾸 끌렸던 거야. 그래도 자식을 몰라본 게 어찌

　　　　　　　　　　　제3부 사람의 시간. 416

나 미안하던지.

동생은 누나 방에 발길 안 해

　예전에는 거실에서 세희가 나하고 같이 앉아서 드라마 보면서 얘기를 나눴는데 지금은 그런 게 없어요. 아들이 방에 들어가버리면 집안이 온통 조용해요.

　우리가 맞벌이를 하니까, 아침에 일찍 나갔다가 늦게 들어와요. 세희가 늘 동생을 챙겼지. 어렸을 때는 두살 터울 남자다보니 동생 경원이가 힘이 세잖아요. 그때는 경원이가 때렸다고 세희가 많이 일렀어. 경원이는 살짝 건드린 거라 하고. 그래서 어릴 때부터 누나는 여자니까 보호해야 한다고 늘 얘기했거든요. 또 경원이가 말을 안 듣는다고 세희가 이르면 우리가 '누나 말을 안 들으면 엄마 아빠 말 안 듣는 거랑 똑같은 거'라고 그랬지. 그래서 크면서 제 누나를 꼭 따라했어요. 세희 어릴 때 포대기에 인형을 업혀줬는데 경원이가 그것도 따라하는 거야. 인형이 없으니까 경원이는 책을 지고 시늉하고. 세희가 머리를 묶으면 자기도 따라 묶고. 초등학교 때 경원이가 엄마 아빠보다 누나가 더 좋다고 말해서 세희 엄마가 서운해하기도 했는데, 그럴 만도 하겠다는 생각이 들어요. 제 누나를 그렇게 따랐으니까.

　경원이가 세희 따라서 단원고에 간다고 했다가 사고 직후에는 단원고에 안 간다고 했어요. 지금은 다시 단원고에 간다고 하는데 왜 마음이 바뀌었는지 깊은 말은 안 하더라고. 아들이 단원고 가면 세희 엄마가 갈 수 있을지 또 걱정이에요. 사고 후에 엄마 아빠 들이 몇번 가서 애들 책상에 앉아 있다가 오고 그러던데. 세희 엄마는 자기 혼자라면 못 가겠다고 했거든.

우리가 '누나는 이랬지'라고 하면 경원이는 별말 안 해. 누나 얘길 전혀 하지 않아. 내가 진도에 내려가 있을 때에도 경원이는 제 엄마가 뉴스를 못 보게 하고 세월호가 나오면 먼저 채널을 돌렸대. 부러 쇼 오락프로그램만 보고. 한번은 아들 방이 너무 작으니까 누나 방하고 바꿔줄까 하고 물었는데, 싫다고 하더라고. 이사 간 가족들이 있는데. 이사 가니까 처음에 좀 낫다고들 해서 우리도 이사 갈까 싶어서 물어봤어요. 경원이가 가자고 하면 가려고요. 그런데 싫다고 해서 알았다고 했어요. 경원이는 누나 방에는 발길 안 해. 뭐 가지러 갈 때만 잠깐 들어갔다 나오지.

세희 엄마 하는 말이 경원이에게 같이 상담을 받자고 했더니 처음에는 자기는 괜찮다면서 싫다고 그랬대. 학교에서도 개별상담을 하자니까 처음에는 자기는 절대 안 받는다고 그랬대요. 선부중학교에 형제자매가 많으니까. 나중에 그룹으로 받는 상담은 가끔씩 받는다고 말했다가 지금은 자기가 먼저 받으러 간다고 그런다네. 조금 나아진 것 같다고는 해요. 그런데 세희 엄마가 충격받은 게 인형을 꽁꽁 묶어서 벽에 붙여놨더라는 거야. 어렸을 때부터 베고 침대에도 항상 놓고 있던 인형인데 어느 날 갑자기 인형을 테이프로 묶어서 벽에 붙여놓은 거지. 왜 그랬냐고 물었더니 "심심해서 복싱하려고" 했다는데. 우리 생각에는 남자애라서 말은 못하고 표출은 좀 해야 할 것 같아서 그런 것 같아.

경원이한테 세희 엄마가 늘 말하지. 아프면 아프다고 힘들면 힘들다고 말하라고. 울고 싶으면 크게 울어도 괜찮다고. 그런데 제 누나

화장할 때 울고는 우는 모습을 보이지 않더라고요. 아직은 더 기다려
줘야 할 것 같아.

들으려고 하는 사람들이 계속 있으니까

회사 가면 답답해. 생활은 해야 하니까 때려치울 수도 없고, 진상
규명에 전념한다고 해서 내 맘대로 진실이 밝혀지는 사회도 아니니
까요. 세월호 이후 회사생활은 전과 달라요. 사람들과 얘기는 하지만
우스갯소리를 하거나 막 장난치고 그러지는 않아. 솔직히 그러고 싶
지 않더라고요. 사람들도 나한테 얘길 안 해요. 예전의 나였으면 쉽
게 와서 물었을 텐데. 나도 기분을 억지로 만들 수는 없으니까. 세월
호 얘기나 특별법이나 이런 걸 물어보는 사람이 있으면 해주고, 물어
보지 않으면… 그렇다고 손놓고 있을 수만은 없어서 할 수 있는 걸 찾
으니까 일 끝나고 간담회 다니고 그러는 거지. 낮에 해야 하는 거면
휴가 써서 가. 그런 거라도 할 수 있는 게 다행이라고 다니는 거죠.

난 간담회에 오는 시민들이 대단하다고 생각해요. 유가족을 보고
짠하고 아픈 것은 있어요. 우리 회사 사람들도, 국민들도 유가족 보
고 안타까워하죠. 그런데 유가족이 말할 시간과 장소를 만들었다고
해도 시민들이 거기 안 가면 우리는 잊히는 거니까. 눈앞에 안 보이
면 잊히는 거죠.

유가족들은 노란 팔찌 차고 목걸이도 하고 있지만 딱 전철만 타
도 배지 달고 있는 사람들이 없거든. 서울 광화문이나 가야 있지. 특
정 지역에 가야 있지 진짜 보기 힘들어요. 유가족은 이걸 한들 안 한

들 잊을 수가 없는 거고 잊히지 않는 거잖아요. 뭘 하고 다니고 안 하고 다니고는 중요하지 않지만, 이거 언제까지 차고 다녀야 하냐고 묻는 사람이 있다는 말을 듣고 좀 그랬어요. 같은 회사 다니는 사람한테 그런 얘기가 들리면 솔직히 기분이 좋지는 않죠. 서운하기도 하고. 뭐, 그럴 수 있겠구나 싶지만.

세희 엄마도 특별법 제정 서명 받으러 다닐 때 '이제 그만해' 이런 얘기 진짜 많이 듣고 매번 울었어요. 나는 진도에 내려가 있을 때라 세희 엄마가 주로 다녔는데, 나이 드신 분들 중에 이런 거 왜 하냐며 지금 대통령하고 이 정부가 다 알아서 해줄 건데 뭐 하는 짓이냐고, 그만 할 때도 된 거 아니냐고 하는 거지. 또 친구한테 '아직도 광화문이야?' 하는 전화 받고 세희 엄마가 많이 속상했지. 그 친구한테는 다른 세상 일인거야.

한번은 대리기사를 불러서 타고 가는데 이만저만 해서 유가족인데 술 한잔 마시고 간다고 말하니까 뭐라는지 알아요? "보상이 3억밖에 안 나왔다면서요?" 이러는 거야. 내가 "3억을 누가 줬는데요?"라고 물었잖아. 정부에서 나온 거라면 안산이 특별 재난지역이 되어서 시에서 4인 가족 기준으로 108만원이 지급되는데 3인이라 30여만원 빠진 금액이 3개월 나온 거, 그리고 직장 다니는 부모님 같은 경우 회사에서 급여가 안 나오면 노동부에서 3개월씩 120만원인가 지원한 게 전부야.

서운하지는 않아. 매스컴에서 워낙 떠들어놓았으니까. 여야가 합의할 때 보상은 언제까지 합의하기로 했다는등 마치 보상이 된 것처럼 나오니까요. 또 시골에 나이 드신 분들은 텔레비전이 전부잖아요. 하다못해 시골에 계신 우리 형님도 "보상은 다 끝났지?"라고 하시는데. 텔레비전에서 보이는 게 다니까 모르는 거야. 세희의 다른 친척들은 아직 몰라요. 세희 외갓집에는 세희 나오던 날 말씀드렸는데, 다른 데에는 말 안 했지. 동네에서 사람들이 모여 누구네 손주가 세월호에서 죽었다더라, 세월호에서는 돈을 얼마 받았다더라… 말들이 많이 들리니까 말하지 않는 거지. 나중에는 자연스럽게 알게 되겠지만.

돈 얘기 나오면 또 기부금 나눠받지 않았느냐는 질문도 해요. 그러면 이렇게 말해요. 나도 잘은 모르지만 그 돈을 쓰려면 법인이 만들어져야 하고, 그걸 감사하는 곳도 있어야 하고, 조건이 까다롭다, 현재는 그런 게 없고 만들어진다 해도 유가족에게 나눠주는 돈은 아니라고요. 그들도 모르는 거지. 나도 유가족이 아니었을 때는 솔직히 어디에 쓰이는지 몰랐으니까.

나는 간담회에 가면 유가족이 해야 할 일이 있고, 실종자 가족이 해야 할 일이 있다고 말해요. 다르잖아요. 마찬가지로 국민들이 해야 할 일도 따로 있죠. 요즘도 다니면서 하는 말이 그거예요. 이미 특별법은 유가족에게 필요한 법이 아니라 안전한 세상에 살기 위해, 그런 세상에 살고 싶은 국민들에게 필요한 것이라고요.

왜냐하면 우리는 아무리 발버둥을 쳐도 옛날에 행복했던 가정으로 돌아갈 순 없을 테니까. 옛날에는 가족이 뭘 해도 행복했지. 넷이니까. 지금은 뭘 해도, 아무리 즐거운 일을 한다 해도 행복하다고 느끼지 못할 것 같아요. 어떤 일을 하면 세 가족이 행복하다고 느끼게 될까. 우리 큰아이가 빠져 있는데… 재미있을 수는 있겠지만 행복하다고 느끼진 않을 것 같아. 모르겠어요. 집사람이나 나나 자식을 묻었는데 어떻게 빈자리를 메울 수 있다고 생각하겠어요.

가진 게 있고 없고를 떠나서 내 자식 내 가족 모두가 온전한, 아직은 행복한 국민들이 이런 사고로 유가족이 되지 않기를 바라기 때문에 특별법이 강화되어야 한다고 생각해요. 지금 특별법 내용들을 보면 진짜 수박 겉핥기밖에 되지 않아. 정부가 고위 관계자들이 다 피해나갈 구멍을 만들어놓고 특별법을 제정한 거예요. 그렇기 때문에 이 법이 시행되어 진상이 밝혀지는 게 어디까지일지… 바뀔 수 없다면 오히려 국민들이 나서서 특별법을 다시 만들어야 하지 않나 싶은 거죠.

청운동에 있을 때 경상도 어디더라, 고령인가 하는 곳에서 초등학교 5학년인가 6학년인가 하는 남자아이가 아버지 친구하고 왔어요. 그 먼 데서요. 아빠도 아니고 아빠 친구하고. 유가족들이 힘들게 싸우며 고생한다고 보러 왔대. 시골 사람들이 너무 모르고 왜곡되게 알고 있어서 답답하다고 하더라고. 청운동에 있다보면 각지에서 사람들이 찾아와요. 텔레비전에 안 나오니까 사람들이 궁금해서 오는 거야.

광화문에 있을 때도 고등학생들이 찾아오곤 했는데, 거기 오는 학생들은 이미 SNS로 정보를 많이 갖고 있어요. 와서 하는 얘기가, 자기들이 잊지 않기 위해 해야 할 것이 무엇인지 자기들끼리 토론을 하더라고. 또 어떤 행동을 하면 다른 학생이나 사람들이 잊지 않고 기억해갈 수 있을까, 어떤 퍼포먼스를 할까 그런 얘기를 하더라고. 내가 옆에 누워 듣고 있었는데 기특하기도 하고.

이런 사람들을 만나서 얘기를 듣고 위로받고 그러면 힘이 나. 그래도 혼자가 아니구나 하고. 축 처져 있다가도 힘이 나지. 들으려 하는 사람들이 계속 있으니까.

_작가기록단 **고은채**

오늘을 붙들어라.
되도록 내일로
미루지 말아라

2학년 10반 김다영 학생의 아버지 김현동 씨 이야기

: 김현동 씨와의 인터뷰는 8월에 두차례, 안산 합동분향소와 서울 광화문 농성장을 오가며 이루어졌다. 그는 팽목항의 참상과 유가족의 싸움이 제대로 기록되길 바랐다. 꼼꼼하게 기억을 더듬는 그는 달변이었으나 손에서는 담배가 떨어지지 않았다. 잠깐잠깐 다영이와의 추억을 이야기할 때면 얼굴 가득 아빠 미소가 번졌으나 그도 그리 오래가진 못했다. 다영이가 좋아했던 아빠표 '명품 라면'의 비법에 대해 신나게 설명하던 때에도 그는 언제 그랬냐는 듯 갑자기 고개를 꺾더니 깊은 한숨을 뱉으며 말했다.

"다시 그런 재밌는 시절이 올까요?"

그의 흥이 그토록 순식간에 식어버린 것에 당황해 "올 거예요"라고 대답한 것을 한참 동안 후회했다.

그의 카카오톡 대문 사진은 오래전 그와 다영이가 함께 찍은 것이었다. 월척을 낚은 그가 딸아이 손에 물고기를 들려 기념사진을 찍은 모양이었다. 그가 어찌나

신이 나 보이는지 나도 덩달아 기분이 좋아졌다. 그러나 사진 옆 글귀로 시선이 옮겨가는 순간 가슴 한편이 서늘하게 내려앉았다. 거기엔 이렇게 적혀 있었다.

"오늘을 붙들어라. 되도록 내일로 미루지 말아라."

지난 10월 그가 직장을 그만두었다는 소식을 듣고 나는 조금 놀랐다. 인터뷰 당시 회사에 갓 복귀한 상태였던 그는 일이 손에 잡히지는 않지만 나머지 자식들을 위해 자신은 어쩔 수 없이 계속 돈을 벌어야 한다고 말했었다. 그랬던 그가 두 달이 채 지나지 않아서 회사를 그만둔 것이었다. 그사이 그에게는 어떤 시간이 흘렀을까. 짐작할 수 없는 그 시간들을 짐작해보려고 애쓸 때 다시 그 문장이 떠올랐다. 가장 소중한 것, 그것을 바로 오늘 지키라. 돈이 그것을 대신해줄 것이라 믿지 마라. 오래된 잠언이 뼈에 사무쳤을 시간, 그는 이 말을 수없이 되뇌고 또 되뇌지 않았을까.

김현동 씨는 현재 단원고 가족대책위 2학년 10반 반 대표를 맡고 있다. 다영이가 속했던 2학년 10반은 이번 참사로 살아서 돌아온 학생이 단 한명뿐이다. 골든 타임을 허비한 것도 모자라 진실을 은폐하려는 정부에 그 책임을 묻고, 지금이 아니면 영영 묻혀버릴지도 모르는 진실을 밝히기 위해 그가 오늘을 붙든 채 싸우고 있다.

4월 15일 밤 9시까지 다영이랑 카톡을 주고 받았어요. 배 타고 장거리 여행 가는 게 무척 좋았나봐요. 들떠 있었어요. 안개가 껴서 배가 못 뜰 수도 있다고 걱정하기에 꼭 가길 바랐어요. 9시쯤에 출항한다면서 사진을 찍어 보내왔어요. 그게 마지막 사진이 됐죠.

4월 16일 사고 당일, 저녁 6시쯤에 진도체육관에 도착했어요. 입구에 구조자 명단이 있었어요. 아무리 봐도 우리 다영이 이름이 없는 거예요. 체육관 안에 들어가서 아무리 찾아도 다영이가 없어요. 실종자가 많다는 소식은 들었어도 다영이는 야무지니까 구조됐을 거라고 생각했어요. 구조된 사람들이 아직 인근 섬에 있는 거라고, 그래서 아직 도착하지 않은 거라고 생각하면서 몇 시간을 초조하게 보냈어요. 그런데 한편으로는 '이거 뭔가 문제가 있는 거다!' 하는 느낌이 강하게 왔어요.

밤 10시쯤 됐을까. 아무래도 아이들이 배 안에 있는 것 같더라고요. 다영이 엄마한테 바람 쐬러 가자고 해서 체육관 뒤로 나갔어요. 둘 다 할 말이 뭐 있나요. "어떡하지… 어떡하지… 앞으로 어떻게 살지…" 그러면서 많이 울었어요. 실감은 안 나는데 애가 잘못되었을 수도 있다고 생각하니까 눈물이 막 쏟아지더라고요. 다영이 엄마가 아주 서글프게 울었어요.

그런데 새벽 2시경에 다영이 엄마 휴대폰으로 연락이 왔어요. 배 안에 네명이 살아 있다면서 급히 팽목항으로 오라고 했어요. 영문도 모르고 살아 있다니까 정신없이 갔죠. 가는 도중에 전화를 한통 받았어요. 인천 해경이라면서 "다영이가 살아 있다면서요?"라고 물었어요. "네, 살아 있다는 연락 받고 '팽' 뭐라는 항구로 가는 중입니다"

그랬죠. 그땐 팽목항이라는 이름도 몰랐어요.

팽목항으로 가니 임시로 쳐놓은 천막이 하나 있고 상황실이 있었어요. 메모에 애들 네명의 이름이 적혀 있었어요. 그런데 이 전화 누가 받았냐고 물으니까 아는 사람이 없는 거예요. 한참 만에 전화 받았다는 사람을 찾았어요. 그분 말이 어떤 여자가 알려줬다는 거예요. 그런데 그게 누구인지는 자기도 모른대요.

사람들한테 어떤 상황이냐고 물어봤더니 다들 모르겠대요. 구조를 하고 있냐고 물었더니 안 하고 있대요. 낮에도 안 했대요. 지금이 몇 시인데 구조를 안 하고 있냐고 했더니 그래도 안 한다는 거예요. 나는 분명히 애들이 살아 있단 얘길 들었는데, 배는 가라앉아 있고, 구조는 안 하고 있… 미쳐버리겠더라고요. 그때 생각하면 지금도 아찔해요. 살아 있다는 얘길 안 들었으면 모르겠는데 들었으니까. '다영아, 쪼끔만 더 버텨라, 버텨라…' 하면서.

빨리 구조해야겠다는 생각에 다음날 아침에 하는 MBC 라디오 〈시선집중〉에 전화인터뷰를 요청했어요. 거기에 아는 사람이 있었거든요. 아나운서가 확실한 정보냐고 묻기에 "다영이 엄마 핸드폰으로 연락이 왔고, 구체적으로 네명의 이름도 있었다. 정황을 볼 때 확실한 것 같다. 빨리 구조해야 한다"고 말했어요. 그 다음날은 페이스북에서 '배 3층 식당칸에 6명이 살아 있는데 한 아이는 다쳤고, 옆방에서 소리가 난다'는 이야기가 나왔어요. 그래서 다른 방송국하고도 인터뷰를 했어요. 어서 구조해야 한다고요.

배 안에는 아이들이 살아 있다고 하지, 아무도 구조하러 안 들어가지, 내가 할 수 있는 건 아무것도 없지, 날씨는 춥지… 배가 뒤집히면 바로 죽을 거라고 생각했는데 그런 이야기들이 자꾸 들리니까 미쳐버리겠더라고요. 우린 믿었죠, 살아 있다고. 부모들은 아이들이 살아 있기를 바라니까 믿을 수밖에 없죠. 밤낮으로 지켰어요. 그런데 3일 동안 배 안으로 들어간 사람이 한명도 없었다고 하더라고요.

생존자들은 모두 집으로 돌아갔고 실종자 가족들은 대부분 진도체육관에 있었는데 그중에 30~40명 정도가 첫날에 팽목항으로 건너왔어요. 시간이 갈수록 팽목으로 오는 사람은 더 늘어났고요. 팽목항의 밤은 한겨울이었어요. 무지하게 추웠어요. 우리는 평상시에 입는 얇은 봄옷 차림이었고요. 추위를 피할 곳도 없었어요. 다영이 엄마 상태가 너무 안 좋아서 응급 천막에 누워 있게 하고, 나는 밖에 있다가 몸이 얼면 가끔 거기 들어가서 쭈그리고 앉아 있고… 그렇게 3일쯤 보냈던 것 같아요.

동네 저수지에 사람 하나 빠졌을 때보다 못해요

다영이가 살아 있다는 소식을 듣고 지옥과 천당을 오가면서도 부모로서 할 수 있는 건 아무것도 없었어요. 가족들이 해경한테 빨리 구조하라고 요구하면 그 사람들은 물살이 세다면서 정조 시간만 기다리고 있었어요. 그런데 막상 정조 때가 되면 또 물살이 세서 못 들어간다는 거예요. 애들은 살아 있다고 하는데, 해경은 배 안으로 들어가겠다는 잠수부들도 막았다고 하지, 그 심정은 말로 표현할 수 없어요. 우리가 도저히 못 참겠으니까 바지선을 구해 직접 사고해역으로 나가봤어요. 사람은 많은데 어느 놈 하나 세월호 안으로 들어가질 않는 거예요. 조명탄만 터뜨리고, 배 주변에는 개미 새끼 한마리도 없었어요.

　시간만 끌고 있다는 느낌이 강하게 들었어요. 진도군청에 있었던 범정부사고대책본부에서는 계속 언론플레이를 했어요. 잠수부가 몇 백명이 투입됐다느니, 사상 최대 구조작전이라느니. 그런데 우린 팽 목항에서 직접 눈으로 보고 있잖아요. 여기는 구조 의지가 전혀 없어 보였어요. 그나마 셋째 날부터 겨우 들어가는 시늉만 했고 그전에는 아무도 안 들어갔어요.

　상황실이라곤 테이블 하나 놓은 게 전부였지만 그래도 우리는 요 구할 데가 거기밖에 없으니까 지금이 어떤 상황이냐고 항의도 하고 애걸도 하고 그랬어요. 그때 우리한테 제일 급했던 건 아이들이 배 어디에 있는지를 파악하는 거였는데 이틀이 지나도록 몰랐어요. 잠 도 못 자고, 밥도 못 먹고, 담배만 줄창 피워댔어요. 배가 고픈 줄도 모르겠고, 내가 잠을 못 자고 있다는 것도 모르겠고, 그렇게 며칠이 지나갔는지도 모르겠고. 애들 찾아야겠다는 생각밖에 없었어요. 3일 째쯤 됐나. 처남이 나 먹으라고 식판에 밥을 타왔어요. 그제야 '아, 내 가 밥을 안 먹었지!' 하고 숟가락을 뜨는데 갑자기 눈물이 핑 도는 거 예요. 다영이는 저 추운 데서 먹지도 못하고 있다고 생각하니까 눈물 이 나서 못 먹겠더라고요. 밥을 국에 말았는데 국물 몇 숟갈 뜨고는 다 버렸어요. 도저히 못 먹겠더라고요.

　지금 생각하면 그때 참 끔찍했어요. 실종자 가족들을 위한 편의시 설, 하다 못해 천막 하나 제대로 없었어요. 사람이 엄청 많았어요. 절 반은 기자였던 것 같고, 경찰도 많았어요. 부모는 30~40명 정도? 친 척들도 많이 내려왔겠죠. 그런데 누가 누군지도 모르고, 서로를 믿지 도 못하는 분위기였어요. 천막이 하나둘 생기고 시신안치소도 만들었는데 시신이 안 나오니까 그게 가족들 임시숙소처럼 됐어요. 둘째 날부터 목소리 큰 사람이 나서서 요구를 하기 시작했어요. 그 사람들이 자연스럽게 가족대책위원회가 됐죠.

4월 17일에 박근혜 대통령이 진도체육관에 다녀갔다고 하는데, 우리는 팽목항에 있어서 그것도 몰랐어요. 뉴스 볼 정신도 없었어요. 우리는 계속 정확하게 상황을 설명해달라고 요구해야 했어요. 그러다가 나흘째 밤이 돼서야 설명을 들을 수 있었어요. 에어포켓이 있었는지 없었는지, 애들이 어떤 상황이었는지를 종합적으로 들었어요. 그때만 해도 TV에서는 에어포켓이 있다, 살아 있는 사람도 있다, 배 안으로 공기를 주입해야 한다고 떠들고 있었거든요. 그날 해경이 다 시인했어요. "지금은 에어포켓 없다, 다 죽었을 거다"라고요. 우리는 "이 개새끼들! 그동안 구조하는 척 시늉만 하면서 우리한테 사기 쳤던 거다!"라고 소리를 질렀어요. 모두 열 받아 있을 때 김병권 씨(김빛나라 학생의 아빠)가 "청와대로 가자!"고 외쳤어요. 곧바로 40~50명이 우르르 따라나갔어요.

나는 거기 있던 사람 몇명만 움직일 게 아니라 이 사실을 알려서 다 함께 움직여야 한다고 생각했어요. 팽목항에 있던 다른 사람들, 그리고 체육관에 있는 사람들까지요. 일단 팽목항에 있던 사람들을 불러 모아서 버스를 타고 체육관으로 갔어요. 체육관에 도착해서도 몇마디 안 했어요. "저 사람들이 지금까지 사기 친 거야! 청와대로 가서 담판을 짓자!" 그랬는데 사람들이 다 따라나왔어요. 그만큼 화가 나 있었던 거예요.

체육관을 벗어나서 도로 쪽으로 나오니까 해양수산부 장관이 우리를 막으면서 자기 얘기 좀 들어보라고 했어요. 사람들은 "저 놈들

말 듣지 말라"면서 우르르 밀치면서 갔어요. 그때가 4월 19일 밤 11시나 12시쯤 됐을 거예요. 유가족들이 처음으로 싸웠던 날. 이 사태의 심각함을 이심전심으로 안 거예요. 한 300~400명 됐으니까 몸져누운 사람 빼고 걸을 수 있는 사람은 다 갔다고 봐도 돼요. 얼마나 서럽고 답답했으면 욕 한마디에 다 따라나왔겠어요. '이제 애들이 죽었나보다' 하고 다 포기했을 때였어요. 그때 구호가 "정부는 살인마! 우리 애를 살려내라!"였어요. 나흘 동안 먹지도 못하고 자지도 못한 사람들이 그걸 계속 외치면서 밤새 걸었어요. 비가 와서 우비 입고 비 맞으면서요. 자원봉사자들이 빵이랑 음료수를 갖다줬어요. 참 고마웠죠. 진도대교 앞에 가니까 날이 샜더라고요. 주위를 돌아보니까 사람이 많이 줄어 있었어요. 나중에 알고 보니 새벽에 진도체육관에 국무총리가 와서 일부는 그쪽으로 갔다더라고요.

경찰들이 진도대교 입구를 막고 있었어요. 다리를 넘는 순간 문제가 커지니까 그놈들은 난리가 난 거죠. 경찰이 대로를 막아서 우리가 샛길로 갔더니 거기도 막았어요. 다시 돌아나왔는데 또 막히고. 일부는 그 옆에 야산을 넘어가기도 하고, 거기서 또 한바탕 하고. 경찰들하고 싸우면서 눈물도 많이 흘렸어요. 거의 울부짖었죠. "개새끼야, 다영이 빨리 찾으러 가야 돼. 비켜, 이 새끼야" 하면서. 각자 자기 아이 이름 부르면서. "부모님들, 이래 갖고 우리 애들 찾겠습니까? 좀 더 힘냅시다!" 하면서 싸웠어요. 그 싸움 참 처절했죠. 결국 체육관에서 국무총리와 면담하기로 하고 버스 타고 돌아왔어요. 이심전심으로 했던 싸움. 첫 싸움 치고는 잘했어요. 그게 자극이 됐던 것 같아요.

그 뒤부터 약속이나 한 듯이 아이들이 줄줄이 쏟아져 나왔어요. 그전에는 하루에 두세명, 많으면 대여섯명 나왔어요. 배 주변에 떠다니는 시신을 데려온 거예요. 그런데 이때부터 잠수사들이 본격적으로 배 안으로 들어가기 시작한 거죠.

아이들이 나오기 시작하니까 이번엔 다른 문제가 생겼어요. 시신이 나오면 그 다음 절차가 어떻게 되는 건지 아무도 모르는 거예요. 통보를 안 해줘요. 사고대책본부에서는 뭔가 결정되면 알려주긴 하는 것 같은데 그 현장에 없으면 못 듣는 거예요. 그러니까 내내 그 천막 앞을 지키고 서 있어야 했어요. 그 앞에 사람이 되게 많은데 누가 누군지도 모르고, 책임자가 누군지도 모르겠고, '뭐라 뭐라 카더라' 식의 소문만 무성하고.

내가 모르는 정보가 뭐가 있는지, 담배 피우면서 서로 들어야 했어요. 시청, 교육청에서 나온 공무원들이 거기 앉아 있어도, 유가족들이 직접 다 알아봐야 하는 상황이었어요. 애들이 무더기로 나오기 시작하는데 이건 아니다 싶었어요. 그래서 내가 안산시 공무원한테 물어봤어요. "우리 애 찾으면 어떻게 해야 해요?" 그랬더니 자기도 잘 모른대요. "아니, 이보시오. 그럼 당신 여기 뭐 하러 앉아 있소? 우리 애 나오면 내 차로 내가 운전해서 데리고 가야 돼요? 나머지 가족들은 택시 타고 안산까지 가야 돼요?" 했더니 자기도 모른대요. "그럼 내가 이따가 올 테니까 그때까지 알아보고 알려주시오." 나중에 그 사람이 알아보고 설명해주더라고요. 그래서 내가 "나도 다른 사람한테 설명해줘야 하니까 말로 하지 말고 타이핑을 해서 주시오" 그랬어요. 해서 그걸 받아다가 사진 찍어서 다른 가족들한테 보내주기 시작했어요.

세월호 객실배치도도 가족들끼리 하도 복사를 해대니까 나흘째인가는 시커멓게 보일락 말락 해졌어요. 우리야 자기 새끼 찾는 게 중요하니까 내 새끼 있는 곳 위치가 'SP-2 선미'라고 하면 "이 객실에 30~40명 있는데 여기부터 들어가달라"고 막 요구해요. 그 상황에선 목소리 큰 놈이 이기는 거예요. 그러면 잠수사들이 들어가요. 완전히 주먹구구식이죠. 전체적인 상황에 대해 누구 하나 제대로 안내하지 않았어요.

내가 아는 사람들에게는 그나마도 내가 알려줬어요. 다영이 찾아서 팽목항을 뜨기 전 날 우리 반 부모들 명단 확보해서 일단 모였어요. 장례는 어떻게 치러야 되는지, 이후에 어떻게 대처해야 하는지를 서로 공유했어요. 태반이 정보를 구하지 못해서 엄청 헤맸어요. 그때는 장례도 우리가 다 알아서 해야 했어요.

신비했던 꿈, 애들이 좋은 데 가지 않았을까 위로가 돼요

진도대교 싸움 다음날이었는데 수염이 아주 덥수룩했어요. 샤워부스가 생겨서 거기서 면도하고 샤워도 하고는 잠을 잤는데 새벽녘에 꿈을 꿨어요. 아주 황홀하고 신비한 꿈이었어요. 내가 있는 곳은 캄캄한데 저 앞에 기가 막힌 산이 있었어요. 무릉도원처럼 멋진 봉우리에 기암괴석이 있는. 마치 헤드라이트를 쏜 것처럼 광채가 비쳤어요. 현란하게 밝아요. 아주 신비로웠어요. '와! 산이 기가 막히다! 사진 찍어야지'라고 생각하다가 잠이 깼어요. 다영이는 그날 아침 7시 49분에 발견됐어요. 4월 22일. 사고 7일째 되던 날.

꿈이 암시가 아니었나 싶어요. 무지하게 황홀하고 신비했던 꿈. 애들이 좋은 데 가지 않았을까 위로가 돼요. 나는 다영이 손도 만져보고, 얼굴도 만져봤어요. 손, 발이 조금 불었고 이마에 멍이 조금 있었지만 그거 외에는 깨끗했어요. 잠들어 있는 것처럼.

다영이는 101번이었는데, 하마터면 그때 못 찾을 뻔했어요. 처음엔 '101번 정아무개'라고 다른 아이 이름이 적혀 있었거든요. 그런 경우는 학생증을 갖고 있었다거나 해서 거의 확실한 경우니까 그런 줄 알았죠.

그때 105번 아이의 인상착의를 보고 세 부모가 모두 자기 아이 같다고 했어요. 그럼 같이 가서 확인해보자, 하면서 저도 따라 들어갔어요. 애들이 쭉쭉 누워 있고 가족들이 우르르 들어갔어요. 거기서 한 부모가 자기 아이라는 걸 확인했어요. 그럼 나머지 가족들은 다 나와야 하잖아요? 그런데 다영이 이모하고 나는 서로 얘기도 안 했는데 동시에 발길이 움직였어요. 저 끝에 한 애가 누워 있는데 옷을 보니까 어디서 많이 보던 거예요. 멈춰서 보니까 다영이에요. 시신 검안하는 사람한테 내가 양말 벗겨보라고, 매니큐어 있을 거라고, 반지 확인해보라고, 이니셜 새겨져 있을 거라고 얘기했는데 다 맞았어요. 다영이가 우릴 불렀나봐요.

그런데 다영이가 다른 아이 명찰을 달고 있는 거예요. 왜 그런 거냐고 물었더니 명찰이 옆에 있기에 달아놨다고 했어요. 배 어디서 꺼내왔냐고 물었을 때도 처음엔 배 옆에서 떠다니는 아이를 건져왔다고 하더니 나중엔 배 4층 선미에서 찾았다면서 말이 바뀌었어요. 지금 생각해보면 공적의 문제가 있지 않았을까 싶어요. 배 옆에 떠 있는 사람을 건져온 거랑, 배 안에 있는 사람을 끄집어내는 거랑은 성과로 인정되는 정도가 다른 거 같더라고요.

그렇게 착오가 많으니까 가족들은 시신을 재차 확인해야 했어요.

시신이 붙어 있으면 알아보지 못할 수 있어요. 옷이나 신체적 특징을 같이 봐야 하는데 특징이 없는 경우는 좀 어렵죠. 초기에 시신 얼굴만 보여줄 때였는데 한 아이가 다영이하고 얼굴형이 비슷했어요. 아닌 것 같긴 한데 아무래도 찜찜해서 그 아이 번호랑 이송될 병원을 적어놨다가 처남더러 가서 확인 좀 해달라고 했죠. 다음날 처남이 사진을 찍어 보내줬는데 부기가 빠지니까 확실히 아니더라고요.

4월 23일부터 25일까지 다영이 장례를 치렀어요. 내가 있던 병원은 빈소가 3개였는데 모두 단원고 아이들이었어요. 애들이 하루에도 수십명씩 올라오니까 안산, 인천, 이 일대 장례식장이 다 차버렸어요. 어디를 가야 할지 모르는 상황이었죠. 우리는 아는 사람이 있어서 그나마 안산에서 자리를 잡을 수 있었어요.

장례식장이 대목이라 그런지 횡포가 심했어요. 수의를 이걸 해라, 저걸 해라 거의 강요하다시피 하고, 안 하겠다고 하면 빼서 나가라는 식이었어요. 나중에 보니까 상복도 찢어져서 기운 것이고, 심지어 위, 아래도 달랐어요. 자식이 죽었는데 상주가 옷 타박한다고 할까봐 말은 못했지만 가슴이 아프더라고요. 지금도 마음의 앙금이 남아 있어요.

단원고등학교는 노제를 지내느라 하루에도 몇대씩 운구차가 돌았어요. 사고 이튿날 교감선생님 자살하고 그다음부터 몇달을 계속해서요. 다영이 노제 때에는 교실을 돌고 난 후에 한군데 더 갔어요. 청소도구함 있는 곳이요. 다영이가 학교 자원봉사단 '그랜다이저'의 단장이었거든요. 수학여행 버스 출발하기 직전에도 잠깐 다녀올 데가 있다면서 어딜 갔다 왔대요. 나중에 물어보니까 봉사단 후배한테 인수인계를 미처 못했다면서 그거 하느라고 다녀왔다고 했대요. 다영이는 봉사활동을 열심히 하고 책임감이 강했다고, 선생님이 그러시더라고요.

다영이는 어른스러웠어요. 그래서 더 가슴 아프죠

효원납골공원에 다영이를 안치하고 집으로 돌아왔어요. 실감이 안 났어요. 애가 없어지긴 한 거 같은데 얼떨떨했어요. 감정조절을 어떻게 해야 할지도 모르겠고. 애가 금방 올 것 같기도 하고. 처음에는 다영이 방에 다영이 엄마랑 계속 있었어요. 영정사진 올려놓고 그 방 그대로 놔둔 채로 거기서 지냈어요. 울었다가, 담배 피웠다가, 생각나면 또 울고, 다영이 엄마 울면 따라 울고요. 나는 원래 눈물이 없는 사람인데 그때 참 많이 울었어요.

길 가다가 다영이 비슷한 애만 봐도 어쩔 줄을 모르겠어요. 애들 등하교 시간은 가급적 피하게 되고, 학교 근처도 웬만하면 피하고, 공원에 운동하러 나온 애들 중에 다영이 같은 애 있으면 한참 쳐다보게 되고 나도 모르게 눈물 글썽이게 되고… 출근하기가 싫어요. 회사에 왜 가는지를 모르겠어요. 다영이 학원비라도 보태려고 엄마도 회사를 다녔던 것이고, 나도 애들 위해서 노력했던 건데, 지금은 그럴 필요가 없어졌어요. 목표의식이 사라졌어요.

나는 우리 딸하고 소통을 잘하고 살았어요. 그런 재미로 사는 거죠. 위로 아들이 둘 있긴 한데, 잔재미는 없잖아요. 딸은 아들이랑 달라서 일상적 접촉이 많았어요. 큰애는 군대에 있고 둘째는 친구들이랑 어울리느라 집에서 거의 밥을 안 먹어요. 그동안은 다영이가 학교 갔다 와서 밥 먹으니까 저녁을 했던 건데, 이제는 밥 할 이유도 없어졌어요. 주말에 영화 보거나 쇼핑하는 그런 일상생활이 다 필요가 없어졌어요. 아내랑 나는 그야말로 일상이 무너졌어요. 회사 갔다 와도 할 게 없어요. 그게 진짜 허망해요. 거기서 시간이 딱 멈췄어요.

다영이랑 나는 공감대가 많았어요. 유치원 다닐 때부터 율동 배우면 매일 나한테 보여줬어요. 내가 술이 취해 들어와도 내 앞에서 춤을 췄어요. 나는 취해서 눈이 감기는데도 "어이구~ 잘 하네~" 하고. 초등학교 들어가서부터는 학교에서 있었던 일을 다 얘기했어요. "아빠랑 데이트 하자" 해서 피자집도 가고, "아빠랑 화랑 유원지 걷자" 그러면 좋다고 따라 나왔어요. 내가 듣건 말건 종알종알 학교 얘기, 친구 얘기 다 하고, 나는 그거 다 받아줬어요.

2009년에 내가 하던 사업이 망했어요. 그때 충격이 너무 커서 몇달 동안 방 안에 틀어박혀 누워만 있었어요. 그러다가 가족만은 지켜야 되겠다 싶어서 다시 일어섰죠. 술도 안 먹고 공부를 하기 시작했어요. 아이들한테 모범을 보이려고요. 다영이하고도 그런 얘길 많이 했어요. 밥상공동체, 식구의 소중함에 대해서. 아빠가 비록 돈은 못 벌고 어렵게 살지만 그게 인생의 전부는 아니라고 생각한다고. 서로 이야기 나누면서 재밌고 행복하게 살자고 했어요. 그때가 다영이 초등학교 6학년 전교회장 할 때였어요. 막 사춘기가 시작될 무렵이었으니까 아마 많이 힘들었을 거예요. 그래도 다영이는 힘든 내색 없이 아빠 생각에 잘 따라줬어요. 특히 고등학교 가면서는 가족을 더 생각하면서 집안의 중심 역할을 해줬어요. 오히려 부모를 위로하고, 불편한 이야기는 가급적이면 안 하고. 어른스러웠어요. 그래서 더 가슴 아프죠.

착한 바보들아
항상 시키는대로 따르기만 했던 착한 아이들아
가만히 있으라면 가만히 있고
기다리라면 기다리고
누가 이쁜 우리 아이들을 그렇게 만들었니
학교라는..통제라는 안에서 이미 벽은 기우는데
누가 너의 판단을 주저하게 만들었니
어른들의 말씀. 선생님의 말씀
시키는대로 따르면 괜찮을 거라고..
어른들을 믿고 마지막까지 침착하던 너의 모습
눈물이 뜨거워 고개를 떨구는구나..

                                              김선우

'유가족입니다' 한마디만 해도 목이 메어 눈물부터 나와요

4월 말 5월 초 즈음부터 가족대책위 사무실에 가서 상황파악 하면서 같이 지냈어요. 부모들은 앞으로 어떻게 되는 건지 궁금하니까 분향소를 찾아왔어요. 안산 와스타디움에 임시 가족대책위 사무실이 있어서 그쪽으로 사람들이 오기도 하고요. 다영이가 101번으로 나왔고 4월 25일에 발인했으니까 그 시기에 이미 100명은 장례가 끝난 상태였죠.

가족대책위 상황은 무척 어수선했어요. 체계도 없고 일도 제대로 진행되지 않았어요. 그도 그럴 수밖에 없는 것이, 부모들이 자기 아이 올라오는 대로 장례 치르고 합류하는 거였으니까요. 가령 어제 회의를 해서 뭔가를 결정했다고 쳐요. 그런데 오늘 회의를 하면 어제 장례 치른 사람들이 새로 들어와 앉아 있는 거예요. 그 사람이 "무슨 소리야! 팽목항에는 아직 시신도 못 찾은 사람이 있어!" 하면 어제 한 얘기가 쏙 들어가는 거예요. 논리도 없고 체계도 없었어요.

한쪽에선 정부 장례지원단이 있어서 그쪽과도 이야기를 많이 했어요. 안전행정부(행정자치부) 국장이 단장이었어요. 거기서 납골당, 추모공원 같은 장례 지원뿐만 아니라 의료, 도시락 같은 생활적인 면을 지원했어요. 그리고 4월 16일을 '재난 안전의 날'로 정하자는 얘기도 하고 있었어요. 지금 생각하니까 더 이상해요. 그때가 겨우 5월 초였는데 말이죠. 저놈들은 벌써 그런 계획을 다 세워놨던 게 아닐까 싶은 것이. 그런 건 우리가 요구한 게 아니거든요. 그런데 저쪽에선 그때 이미 검토도 끝났던 거예요.

서비스하고 돈 나가는 건 일사천리로 지원했어요. 트라우마센터에서 사람이 나오고, 통장하고 안산시 공무원이 적극적으로 우리들 애로사항을 해결해주려고 노력했어요. 이번 참사가 재난 상황에서 가족 돌봄서비스 같은 정부의 복지프로그램이 틀을 갖추는 계기가 되지 않았나 싶어요. 오직 진상규명만 안 하고 있는 거예요.

추모공원을 짓겠다는 것도 정부 쪽에서 너무 서두르는 것 같았어요. 그때 대책위는 지역 변호사 몇명과 접촉하고 있는 상황이었어요. 나는 이건 아니다 싶었어요. 이 문제는 그렇게 대처할 수준의 문제가 아니었어요. 나는 대책위의 대외협력팀에 들어가서, 법률지원단을 조직하려고 대한변호사협회와 민주사회를위한변호사모임을 만나기 시작했어요.

그런 와중에 KBS 김시곤 국장이 망발을 한 거예요. 그 말 때문에 유가족들이 잔뜩 화가 나 있는 상황이었는데 5월 8일에 KBS 직원 3명이 분향소로 찾아왔어요. 그 사람들을 붙잡아놓고 따지다가 안 되겠으니까 우발적으로 항의방문을 가게 된 거에요. 애들 영정 다 떼서 여의도로 갔죠. 그 밤에 KBS 건물 안까지 들어가서 막 싸웠어요. 나도 다영이 영정 들고 대표단하고 같이 들어갔어요. 사장은 안 나오고 국장들이 나와서 얘기하는데 안 되겠더라고요. 이놈들하고 얘기할 게 아니라고, 청와대로 가자고 했어요. 그날 밤 청와대 앞 청운동에서 애들 영정 끼고 앉아서 밤을 샜어요. 다음날 오후에 KBS 사장이 우리 앞에 와서 사과를 했죠. KBS 사장이 대중 앞에 나서서 그렇게 사과한 건 처음이라고 하더라고요.

그때부터 유가족들은 조금씩 '이 싸움이 쉽지 않겠구나' 생각하기 시작했던 것 같아요. 촛불집회가 그때쯤 열리기 시작했어요. 법률지원단 조직할 때 민변의 권영국 변호사 역할이 컸는데, 안산 촛불집회 때 권영국 씨가 발언을 너무 세게 하는 바람에 일부 부모들 사이에서 반발이 있었어요. 당시에 부모들은 색깔론에 휘말려들면 안 된다며 시민운동단체와의 연대를 경계했거든요. 그때 권영국 씨가 했던 말이 '박근혜 정권 퇴진하라'였어요. 부모들은 '퇴진하라'는 너무 센 거 아니냐, '책임져라'까지는 괜찮은데, 하는 식이었죠. 유가족이 촛불집회에 가서 호소문을 읽거나 발언하는 것도 대책위에서 하지 말라고 하던 때였어요. 그때 촛불집회에서 호소문 읽었던 ○○이 아빠는 반 대표에서 잘렸어요.

5월에 진도에 내려갔어요. 해경 배를 타고 나가 보니까 구조작업이 일사분란하게 진행되고 있었어요. 해경, 해군, 민간잠수부가 역할분담도 착착착 잘하고 있더라고요. 사고 초기에는 산소통 하나 메고 들어갔었는데, 5월에는 머구리에 선 연결해서 공기도 주입하고 무전연락도 해가면서 일하고 있었어요. 이렇게 실력있는 사람들이 처음엔 도대체 왜 그랬을까. 한 놈(해경)은 시간 끌면서 대충 입으로 때우고, 한 놈(정부)은 언론플레이 하고, 한놈(언론)은 화면에 계속 똑같은 것만 보여주고… 뭔가 숨기려고 했던 게 분명하다는 생각이 더 확고해졌어요. 시간이 지날수록 그런 정황들이 점점 더 보였어요.

거의 성사되던 단계에서 추모공원 논의를 파토내고 이 싸움을 시작한 거예요. 우선은 희생자들의 억울함을 풀어줘야 한다, 책임자를 처벌해야 한다, 그래야 우리 애들이 웃으면서 돌아올 수 있다는 정서가 바닥에 깔려 있었던 거 같아요. 그래서 부모들끼리 보상 얘기는 일체 못하게 했어요. 오로지 진상규명이 먼저라고.

점차 유가족들의 입장이 특별법으로 모아졌고 서명도 받기 시작했어요. 청계광장에서 계속 촛불집회가 있었는데 거기서 천만인 서명운동 발대식을 했어요. 반별로 어느 지역으로 서명 받으러 갈지 투표를 했어요. 시민들의 힘이 필요하니까 자연스럽게 연대가 시작되었죠. 서명운동을 하면 할수록 그 필요성을 더 느꼈던 것 같아요. 시민의 힘이죠. 따뜻하게 호응해주니까. 당시만 해도 대책위 집행부는 시민사회와의 연대를 넓힐 의지가 약했는데 점점 국민적 열기가 높아지면서 유가족들 사이에서 자연스럽게 확장된 거예요.

처음에는 '유가족입니다'라고 말해야 하는데 눈물이 나서 못하겠더라고요. '진상규명, 책임자 처벌'을 외쳐야 하는데 '유가족입니다' 한마디만 해도 목이 메어 눈물부터 나와요. 예전에 이런 활동 해본 적 있으니 어렵지 않을 거라고 생각했는데 당사자가 되니까 힘들어요. 조금 하다가 뒤에 가서 한참 서 있고 그랬어요. '서명해주세요' 그 말이 참 안 나오더라고요. 당사자인 거랑 아닌 게 참 달랐어요. 당사자는 많이 위축돼요. 지금은 부모님들이 잘하세요. 처음엔 '우리 애가 죽었습니다. 도와주십시오' 그 정도였는데 갈수록 말도 더 잘하게 되고요. 서명운동을 통해 처음으로 일반 시민들을 만나게 됐고, 적극적으로 도움을 받으면서 힘이 난 거 같아요.

가족대책위 유경근 씨(유예은 학생의 아빠)가 대변인 역할을 잘해줬어요. 다영이한테 고마운 게 그거예요. 다영이가 예은이랑 비슷한 시기에 나와주었고, 그때가 대책위에게는 중요한 시기였어요. 4월 말, 5월 초 이즈음, 언론의 관심은 모아졌는데 대책위는 어떻게 해야 할지 몰라서 우왕좌왕하고 있었어요. 그 혼란한 시기에 체계를 제대로 잡지 못하면 이후에 많이 힘들어질 것 같았어요. 혼란스러울 땐 언론 창구를 통일시켜야 해요. 대변인 역할이 중요하죠. 내가 예은 아빠를 대변인으로 추천했어요. 이번 일로 처음 만났는데 대책위 사무실에서 몇번 얘기해보니까 판단력도 좋고, 이 사람이라면 잘할 수 있을 거라는 느낌이 오더라고요.

유경근 씨가 페이스북을 열심히 해서 많이 알렸죠. 처음에는 언론에서 예은 아빠가 정의당 당원이라는 걸로 공격하려고 하니까 대책위에서도 자르냐 마냐 하는 얘기가 있었어요. 그때 내가 정의당이면 어떠냐고, 우리 중에 누가 계획하고 유가족 됐느냐고 그랬어요. 그리고 설사 간첩이라도 딸이 죽었으면 대책위 해야 하는 거 아니냐고, 저 새끼들이 우리 이간질시키려고 저러는 거라고요. 다행히 그 얘기가 오래 가진 않았어요. 유경근 씨가 잘해줘서 지금까지 온 거예요.

처음 사고를 당했을 땐 기자들이나 경찰이 도와줄 줄 알았는데 시간이 지나면서 아니라는 걸 깨달았죠. 진도대교 싸움도 누가 시켜서 했던 게 아니에요. 처음엔 촛불집회에도 가지 말자고 했는데 지금은 그렇게 말하는 사람이 없잖아요. 우리 부모들이 잘하고 있다고 생각해요. 정부 쪽에서는 우리 싸움을 막으려고 개인보상으로 파고들어 올 테고 그걸 방어하는 게 제일 시급한데 우리는 잘 버티고 있잖아요. 최대한 막아내야죠. 큰 걱정은 안 해요. 세월호 싸움은 국민들의 지지를 받은 덕도 크지만, 부모들이 당당하게 중심을 잡아갔기 때문에 가능하기도 했어요. 스스로 필요를 느끼니까 청와대에도 가고, 민주당 점거농성도 하고, 분위기를 주도해가고 있잖아요. 부모들이 자랑스러워요. 감동적이에요.

집에 있으면 자꾸 아이 생각이 나요. 낮에는 혼자 있으니까 계속 울고. 때 되면 밥을 먹어야 하는데 자기 먹자고 밥을 못하겠는 거예요. 대충 때우거나 굶고, 배고픈 줄도 모르고. 팽목에서 그런 생활을

제3부 사람의 시간, 416

했더니 내가 잠을 안 자고 있는지, 배가 고픈지도 몰라요. 목표의식도 없으니까 자꾸 가라앉아요. 다영이 엄마는 더 하죠. 나는 대책위반 대표도 하고, 법률지원단도 하니까 아침에 눈뜨자마자 집 나와서 밤에 12시, 1시에 들어가요. 바쁘게 정신없이 지내니까 애 생각할 겨를이 없어요.

집에 와보면 다영이 엄마가 먹지도 않고 자지도 않고 있어요. 안쓰럽잖아요. 그래서 한명씩 한명씩 데리고 나와서 엄마들끼리 붙여놓은 거예요. 엄마들이 만나서 밥도 같이 먹고, 애들 얘기도 하면서 조금씩 좋아졌어요. 아닌 게 아니라 서로 나아진다는 걸 알게 된 거예요. 다영이가 한솔이네 집에 자주 갔었대요. 일과 후의 다영이에 대해서는 한솔이 엄마가 더 잘 알고 있더라니까요. 엄마들끼리 만나서 자기 아이 얘기를 더 듣고 싶은 거예요.

주희 엄마가 어제 꿈에 주희를 만났대요. "밥은 잘 먹고 있냐?" 물으니까 "잘 먹고 있어" 그러더래요. 주희가 다영이랑 친했거든요. 주희가 잘 있다고 하니까 왠지 다영이도 잘 있을 것 같고 마음이 놓이더라니까요. 내가 주희 엄마한테 물어봤어요. "주희가 혹시 다영이 얘기 안 했어요?" 내 관심은 그런 거예요. 누가 다영이 얘기 하면 귀가 쫑긋해져요. 부모들끼리 모여서 아이들 사진이나 동영상을 공유하는데 그 속에 다영이가 없나 찾게 돼요. 그게 우리의 치유과정이었어요.

우리의 아지트가 있어요. 반 모임 끝나면 거기 모여서 치킨에 맥주 한잔씩 해요. 다른 사람하고 술 마시면 감정표현을 제대로 할 수가 없으니까 힘들어요. 우리끼리면 그럴 필요 없으니까, 솔직해져도 되니까 좋아요. 그래도 사람들 눈치는 보게 돼요. 우리 보고 '저것들

새끼 잃고 히히덕거린다'고 할까봐. 그래서 사람들 별로 없는 술집에 가요. 우리끼리야 "새끼 죽어도 웃을 수도 있는 거지"라고 할 수 있지만 그래도 의식이 되는 건 어쩔 수 없어요.

사고 난 후 몇달이 지났는데도 우리가 이렇게 뭉쳐서 갈 수 있는 건, 반(학급)으로 묶여 있는 부모들의 공동체, 세월호가족이라고 불리는 이 관계의 덕이 커요. 직장 다니느라 모임에 못 나오는 부모가 있어도 서로 포용하고 연락해주고 정보도 공유해요. 소통하려고 노력해요. 이런 관계는 싸움을 통해서 더 단련되기도 했고요.

부모들은 여당과 야당이 야합하는 과정을 지켜보면서 제도 정치권의 한계를 깨닫고, 그럴수록 더 특별법이 필요하다는 걸 알게 되었어요. 결국 국민의 힘이 있어야 진실규명이 가능하다는 것을 깨달아가면서 부모들이 깡다구가 생기는 것 같아요. 그중에서도 엄마들이 앞장서서 싸우면서 한명 두명 투사들이 나오고 있어요. 이 싸움은 장기전이에요. 엄마들이 중요해요. 부모들 대부분이 40대 중반을 넘어섰어요. 나머지 아이들도 키워야 하니 아빠들은 다니던 직장을 그만둘 수 없어요. 결국 엄마들이 이 싸움을 끌고 나갈 거예요. 힘이 들겠죠. 집에 가서 애들 밥해주고, 학교 보내고, 또 국회 오고, 저녁 때 집에 가면 또 집안일 하고. 우리야 애들이 다 컸으니까 괜찮은데 아이가 아직 어린 엄마들은 더 힘들겠죠.

하지만 아무리 힘들어도 부모 마음은 다 똑같아요. 억울하게 죽은 애 생각만 하고 자기 자신은 힘든 줄도 몰라요. 의무감이지만 대단한 힘이에요. 이제는 개인의 슬픔, 분노보다는 대한민국 학부모의 대표라고 생각하면서 싸워나가야겠죠. 그래야 국민적 지지를 받아서 특별법을 만들 수 있을 테니까요.

세상은 달라진 게 하나도 없어요

장례 치르면서 초등학교 동창들을 만났어요. 40년이 넘었으니까 이름도, 얼굴도 다 잊은 친구인데 그 친구가 내 소식을 들었나봐요. 그 친구가 자기 딸한테 이런 일이 있다고 말했더니, 딸이 그랬대요. 아빠는 친구가 그런 일을 당했는데 왜 안 가보냐고. 그 말 듣고 그 친구가 가족들 데리고 장례식장에 왔더라고요. "○○ 초등학교 몇회 아무개다"라고 소개를 하는데 친구란 게 그렇대요. 바로 말 트고, 엊그제 만난 친구처럼 대하게 되고… 고마웠죠. 그뒤에 초등학교 동창 모임에도 갔어요. 머리 희끗희끗해도 좋더만요. 오늘 그중에 한명은 광화문광장에서 하는 특별법 제정을 위한 동조단식에 참여했어요. 다영이 덕분에 이렇게 친구도 다시 만나게 됐어요.

사람이 살아 있으면 관계들이 언젠가는 다시 이어지는구나, 살아 있다는 것의 소중함을 많이 느꼈어요. 다영이가 없어서 그런 생각이 더 많이 들어요. 가족 간의 화목, 일상생활의 소중함을 절실히 느껴요. 아이가 없으니까 평상시엔 사소했던 것들도 지금은 할 수가 없어요. 언제 어디서든 어떤 상황이든 사람들한테 잘해야겠다는 생각이 들어요. 제가 요즘 늘 사람들한테 말하는 게 있어요. 특별법도 중요하지만, 옆에 있는 사람들한테 잘해야 한다고. 이해관계를 떠나 인간 대 인간으로 만난 소중한 인연들… 그게 뼈가 저리죠. 다영이 초등학교 때 쓴 일기장을 다시 봤어요. 아빠와의 소통, 동네 사람들과 어울리던 그 시간이 소중하게 남아 있었다는 게 보여요. 살면서 우여곡절도 많이 겪었고 경제적으로도 어려웠지만 가족들에게는 최선을 다

하려고 노력했는데, 그래도 못해준 게 많죠, 먹고 살기 바빠서. 반성이 많이 돼요.

87년 6월항쟁 때 나도 거리에 있었어요. 그때 참 굉장했죠. 세상이 완전히 바뀔 줄 알았어요. '이제 다 됐다'고 생각했죠. 88년에 대학 졸업하고 안산 내려와서 철강회사에 들어갔어요. 산업재해로 전신 화상을 입고 죽을 고비도 넘겼지만 이곳에서 다영이 엄마 만나서 결혼도 했고 아이도 셋 낳고 살았어요. 세상의 모순에 맞서 싸우기에는 먹고 살기도 빠듯하고 애들 키우기도 바빴죠. 한편으로는 동네사람들하고 어울려 살면서 같이 아이들 키우고 소주 한잔씩 해가면서 참 재밌게 살았어요.

그러다가 1997년에는 IMF 터져서 다니던 회사가 부도났고, 2009년 제2금융위기 때는 내가 운영하던 회사가 망해서 완전히 폐허가 됐어요. 가족만은 지켜야 한다는 마음으로 다시 일어섰어요. 주간, 야간 다 뛰면서 일했어요. 열심히 살았어요. 5년 정도 흘러서 이제는 그나마 소박하게 일상생활을 할 수 있게 되니까 우리 딸이 희생돼서 진실 규명하라고 이렇게 다니고 있어요. 이 사회는 소신을 지키면서 살기도 힘들지만 먹고 사는 것도 힘들고, 가족을 지키면서 사는 것은 더 힘든 곳이에요.

돌이켜보면 내 삶은 우리 현대사의 급류에 휩쓸려왔고, 그 끝에서 참사의 당사자가 되어 이렇게 길거리에 앉아 있어요. 87년 6월항쟁부터 거의 30년이 지났는데도 세상은 그때하고 달라진 게 하나도 없어요. 어떻게 이렇게 변한 게 없을 수 있을까 싶어요. 오히려 더 나빠진 거 같아요. 사회의 모순은 더 고착되고 견고해졌다는 생각이 들어요. 그동안 허울만 좋은 민주주의에 국민들이 완전히 속았어요. 참담하죠. 내 딸을 잃고 나서야 그런 생각이 간절해졌어요. 우리가 꼭 진실을 밝힐 거예요. 이 문제를 지금 해결하지 못하면 30년 후에 나 같은 사람이 또 가족을 잃고 이 자리에 앉아 있지 않겠어요?

_작가기록단 홍은전

다른 아이들을 볼 수 있게 된 시간에 감사하며, 서로 부둥켜안고 살아갈 시간을 바라며

2학년 8반 김제훈 학생의 어머니 이지연 씨 이야기

: 제훈이 어머니는 청운동, 광화문, 그리고 국회 등지에서 서명운동이나 도보행진을 할 때 늘 조용히 있는 분이었다. 그가 사람들 앞에 나와 얘기하는 모습을 본 적은 거의 없다. 그래서 더 궁금했다. 그의 쌍꺼풀진 큰 눈과 선한 인상이 한번쯤은 편안히 말을 건넬 수 있을 것 같은 느낌을 주기도 했다. 그는 나의 인터뷰 요청에 "눈물이 많아 말을 못해요. 그런 모습이 어이가 없어서 웃느라 또 말을 못하구요. 다른 사람하고 같이하면 안 될까요"라고 조심스럽게 되물었다. 안산으로 가는 길에 곧 도착한다고 문자를 보냈더니 "어서 오세요~~"라는 문자로 답해왔고 거의 다다를 무렵에 보니 저 멀리 집앞으로 마중을 나와 있는 그가 보였다. 그는 인터뷰 전날 한시간밖에 못 잤다고 했다. 그동안 있었던 일을 쭉 생각하다보니 이런저런 생각이 많아져 잠을 이룰 수 없었다고 했다. 그의 손에는 지난 일들을 빼곡히 정리한 종이 석장이 들려 있었다.

　그의 이야기 속에는 제훈이를 가리키는 '우리 애'와 다른 아이들을 표현하는

'우리 애들'이 섞여 있다. 그의 시간 속에서 제훈이와 제훈이가 아닌 아이들의 경계는 희미해졌다. '우리 애'라고 말할 때 그것은 '우리 애들'의 이야기가 되고 떠난 아이들을 말할 때에 그것은 또한 어느새 우리 옆에 살아 있는 아이들의 이야기가 된다. 우리를 품은, 그리고 우리를 향한 이야기가 된다.

매일 아침이면 제훈이랑 제영이 깨우는 소리, 설거지 소리, 찌개 끓는 소리가 들리는 집이었어요. 근데 이제 애가 움직이는 소리, 엄마가 말하는 소리, 그런 아침을 깨우는 소리들이 없어요. 전에는 집에 있을 때 음악을 거의 하루종일 틀어놓고 있었거든요. 아침부터 저녁 7시까지 라디오 음악 프로그램을 쫙 꿰고 있었죠. 오전에는 클래식, 오후에는 가요, 저녁에는 왕영은 씨 프로그램. 그런데 이제 전혀 음악을 듣지 못해요. 애들이 힘들게 갔는데 엄마가 돼서 음악이나 듣고 있구나 싶어서, 미안해서 음악을 듣질 못해요. 음악을 들으면 즐거워야 하는데 이제 음악을 들으면 힘들게 간 우리 애들 생각이 먼저 나요. 어쩌다 나도 모르게 라디오에서 들었던 음악을 흥얼거리다가도 그게 도로 쏙 들어가요. 아, 이게 아니지 하고 쏙 들어가. 가만히 멍하게 있으면 아이들이 생각나고 거기에 끝없이 빠져들어요. 다른 생각을 해보려고 듣지도 않으면서 하루종일 텔레비전을 그냥 틀어놔요. 집에 떠드는 소리가 없으니까 마음이 너무 허전해서 어떻게 할 수 없어요.

애 전화를 받고 설마 하면서 머리를 감았어

작은애가 있으니까 이제 마음을 잡아야지 해서 잡아진 거지, 진짜 외동딸이나 외아들 둔 부모들은 너무나 힘들겠구나 하는 생각이 들더라구요. 잡을 게 없잖아요. 애들하고 주고받던 그런 것들이 인생의 즐거움이잖아요. 그게 송두리째 없어진 사람들은 진짜 무얼 갖고 사나 하는 생각이 들었어요.

사실은 제가 술을 거의 못 마셨거든요. 이때까지 집에서 혼자나 부부끼리 앉아 술 한잔 하거나 그런 게 없었어요. 그랬는데 이 일을 겪으면서 '아, 술은 이런 맛이구나' 느꼈죠. 유가족들하고 같이 술 한모금 마실 때마다 아이 생각이 나는 거예요. 또 한모금 마시면서 다 털어버리자 했다가 애들 생각이 다시 나면 '아, 몰라' 그러면서 다시 마시고 그런 식이었던 거 같아요.

유가족 중에 삶을 이어나가는 게 힘든 사람이 많았어요. 저도 그랬어요. 그래선 안 되는데. 길을 가다가 차가 우회전하는 것을 뻔히 알아요. 쌩하고 차가 들어온다는 걸 아는데 나를 내던진 거예요. 차가 급정거하더라구요. 눈물이 났어요. 내가 한순간에 나를 버리고 '그냥 이렇게 살면 뭐해' 그러는 거죠. 생명은 굉장히 중요하게 생각해야 하잖아요. 자살 같은 거 생각하면 안 되는데 나도 모르게 나를 내치고 몰아가는 거예요. 내 삶을 운영하는 게, 살아간다는 게 굉장히 큰 힘이 드는 일처럼 무거워요. 노래를 들어도 예쁜 꽃을 봐도 눈물만 나요. 웃고 있는 사람들 속에 있으면 낯설고 저만 뚝 떨어져나와 혼자가 된 것 같아요. 제훈이 없는 세상에서 어떻게 살아갈까요? 무슨 낙으로 이 세상을 살아갈까요?

4월 16일에는 제가 몸이 아파서 누워 있었는데 아침 9시 15분에 문자가 왔어요. "엄마, 저 큰일 났어요." 그래서 제가 "왜, 제훈아" 답을 보냈더니 "아니에요" 하고 문자가 왔어요. 그래서 제가 바로 전화했죠. 제훈이가 "엄마, 배가 기울었어요. 그래서 제 캐리어가 저기 멀리 미끄러졌어요" 그래요. 제가 "그래? 어떡해?" 걱정을 했더니 제훈이가 "엄마, 걱정하지 마세요. 하늘에서는 헬기가 돌구요. 구명조끼 입고 있고 바다에는 구명보트도 있어요" 하더라구요. 제가 "그래, 제훈아, 알았어. 긴박한 상황인 거 같은데 엄마가 전화하면 안 될 것 같애. 엄마가 전화 안 할 테니 선생님 말씀 잘 듣고 있어", 그러고는 전화를 끊으려는데 선생님이 "제훈아" 하고 부르는 소리가 들려요. 그게 마지막이었어요. 저는 제가 전화를 길게 하고 있으면 제훈이가 신경 쓰느라 오히려 더 복잡해져서 일이 잘못될 수도 있겠다, 선생님이 얘기하는 대로 되지 않을 수도 있겠다 싶어서 빨리 전화를 끊었거든요. 제훈이가 가고 난 다음에 그런 생각이 드는 거예요. '왜 전화를 다시 해볼 생각을 안 했을까?'

외출하려 했던 참이라 그 상황에서 제가 머리를 감았어요. 애 전화를 받고도 설마하면서 머리를 감았어. 어쩜 그렇게 여유롭게 머리를 감았을까, 어떻게 엄마가 돼갖고 이렇게 천연덕스러울 수가 있을까. 위험할 수도 있겠다 싶었지만 이런 상황은 생각을 못 했죠. 가만히 있지만은 않을 거다 생각했던 거죠. 이렇답니다, 엄마라는 사람이.

애 아빠가 성남서 오는데 놀라서 급하게 오면 위험하니까 걱정돼서 "배가 기울었다는데 제훈 아빠 걱정하지 말아"라고 했어요. 제가 먼저 학교에 도착했는데 조금 지나니 애 아빠도 왔더라구요. 진도 가는 차 안에서도 저는 계속 묵주를 돌리면서 기도했어요. 제가 너무 통곡하니까 애 아빠는 걱정됐는지 그런 나를 쳐다보고. 애 아빠는 굉장히 묵묵한 사람이라 제 앞에서 거의 눈물을 보이지 않으려 했어요.

팽목항에 갔을 때 사실 처음에는 아이가 없다는 걸 인정 못 했어요. 제가 평소에 조용조용한 편이에요. 근데 아이가 없다는 사실에 마음이 북받쳐 끓어오르는데 주체를 못 하겠더라구요. 그렇게 큰소리로 울어본 적이 없어요. 제가 그렇게 크게, 그런 목소리를 낼 수 있다고 전에는 생각 못했어요. 처음에는 애들이 어떻게 죽었을까 그런 생각을 많이 했어요. '어떤 식으로 죽었을까. 엄마 아빠를 불러가면서, 사랑하는 사람들 불러가면서 그렇게 죽었을까.' 한참 지나고 난 다음에는 그런 생각이 드는 거예요. '애들이 이 사회를, 나라를 믿었고 이모든 사람의 건전한 의식을 믿고 있었는데 애들이 죽어갈 때 얼마나 힘들었을까, 애들이 배신감과 상처를 안고 갔겠구나.'

앨범 두개도 못 채운 인생을 살았구나

제훈이는 사고 후 8일째에, 그러니까 23일에 138번째로 나왔어요. 장례 치르는 동안 전주에 계신 친정 엄마가 안산에 왔다갔다 하셨어요. 삼우제까지 지내고 난 다음에 친정 엄마가 몸이 편찮으셔서 안산에 오래 계실 상황이 아니었어요. 엄마는 아이의 유품을 대신 정리해주는 것이 딸의 고충을 조금이라도 덜어주는 길이라고 생각하셨나봐요. 그래서 다 꺼내놓은 거예요. "네가 언제 이 유품을 정리하겠냐. 어떤 마음으로 정리를 하겠냐. 엄마가 해줄 건 해주고 가야겠다." 책하고 옷을 정리하시고 태울 건 태우시고… 저는 엄마 말에 따랐어요. 아직은 유품을 정리할 때가 아닌데 나중에 너무 서운할거라는 생각은 했어요. 근데 엄마가 강경하게 나오시고 엄마의 뜻에 따르는 것도 효도인 거 같아서 그렇게 했어요. 근데 후회가 되는 거죠. 제훈이를 너무 빨리 떠나보냈다는 생각이 들었어요. 책장이 휑한 것도 서운했고 제훈이 옷장이 빈 것도 서운하더라구요. 학교에 갔더니 수학 선생님이 제훈이가 정리한 노트를 보여주시더라구요. 꼼꼼하게 별표도

치고 정리해놓은 거 있죠. 그것만 갖고 있어요.

그래서 제훈이 앨범을 새로 정리했어요. 아기 때부터 초등학교 6학년 때까지는 사진을 모아놓은 앨범이 있었는데 그다음부터 정리를 못했거든요. 그래서 이번에 그동안 하지 못한 사진 정리를 한꺼번에 다 해버렸어요. 제 컴퓨터에 있던 제훈이 사진은 언제인가 다 지워져버려 친척 동생들 사진기에 있던 사진을 다 받아왔어요. 사실 애가 이렇게 떠나고 난 다음에 이게 무슨 의미가 있나 하는 생각도 들어요. 엄마 욕심이죠. 그래도 조금이라도 애가 곁에 있는 것처럼 느끼고 싶어서. 애 사진 나온 거 하나라도 반갑고 해서.

성당에 복사(服事)라고, 교육을 받아 신부님의 일을 돕는 아이가 있어요. 제훈이가 그걸 했었죠. 신부님 옆에서 시중 들며 두손 모아 기도하던 제훈이를 볼 때가 제일 행복했던 거 같아요. 다른 사람들도 '아, 참 너무 예쁘다'라고 했고 저도 그 모습을 보며 뿌듯해했는데 지금 보니 그 사진이 없어요. 제단 위에서 신부님 옆에 선 모습을 찍었어야 했는데 저도 기도하기 바빴나봐요. 그런 사진이 하나도 없어서 너무 아쉬웠어요.

제훈이가 어린 사촌동생들을 그렇게 잘 돌봤더라구요. 사진 보면서 애가 장남, 장손이어서 어려움이 많았겠구나 하는 생각이 들었어요. 자기 동생뿐 아니라 사촌동생들까지 돌보느라 '어휴, 애가 재미나면서도 힘들었겠구나'라는 생각이 어렴풋이 들더라구요. 사진을 정리하다보니 이 인생이 너무 아까운 거예요. 애가 앨범 두개도 못 채우는 인생을 살았구나. 얼마나 꽃다운 나이에, 엄마 아빠하고 겨우 이제 대화가 되기 시작하는 때에… 정말 만지고 또 만져도 너무 사랑스러운 아이였는데. 제훈이가 덩치도 있고 키가 186이었거든요. 엄마가 뽀뽀하자고 그러면, 자기 마음에 들면 입에다 뽀뽀를 쪽 해줘요. 그러면 저는 머리 만졌다가 이렇게 가슴도 쓰다듬어주고. 친정 엄마가 그랬어요. "쪽쪽 빨지 말아라. 애 버릇 나빠진다. 그러는 거 아니다." 근데 그렇게 예쁠 수가 없더라구요. 다 귀한 자식들이었겠지만 제훈이는 저한테는 큰아들이었고 너무나 비중이 컸어요.

작은애는 몸도 작고 예민하고 천식도 있어서 마음이 많이 쓰이는 애거든요. 근데 제훈이는 건장하고 키도 크고 머리도 좋고 모든 것이 너그럽고 편안한 아이였어요. 자랄 때 제훈이는 또래보다 한뼘 이상 컸어요. 그래서 항상 든든했죠.

고1 때 생활기록부를 보니 제훈이가 자기보다 힘없는 아이를 잘 보살피고 힘을 실어준다는 평가가 있었어요. 모든 애들한테 신망받는다, 그렇게 쓰여 있더라구요. 다른 좋은 얘기도 많이 있었는데 그 부분이 제일 와닿았어요. 애가 작은 아이들을 잘 보살폈구나. 제훈이가 성격이 온유했거든요. 급한 것도 없고 성격이 온순해서 사람들이 잘 따르고 얘도 사람들을 잘 돌보고.

제훈이한테 많이 기대했고 자랑도 굉장히 많이 했죠. 근데 한편으로 그런 생각이 드는 거예요. 너무 자랑을 많이 해서 그랬나. 사실 얘는 제가 자기 자랑 하는 걸 싫어했어요. 여태까지 살아오면서 저한테 두번 화낸 적이 있어요. 중학교 때 학교에서 애가 잘한 게 있어서 친정 엄마한테 전화로 애가 들리게 얘길했어요. "엄마, 제훈이가 학교에서 이러이러한 걸 했어. 너무 잘했어" 그랬더니 제훈이가 저쪽 방에서 듣고는 엄마는 무슨 그런 소리를 하느냐고 그런 칭찬은 하는 게 아니라고 발끈한 일이 있어요.

고2 때 학교에서 천안함 추모 시나 산문을 지으라고 했나봐요. 제훈이가 쓴 시를 읽어보니까 자기 이야기를 쓴 거 같은 거예요. '북풍의 바람에 꺾어진 하얀 꽃'이 꼭 제훈이 같아요. '눈물이 되어 돌아왔네'라는 싯구는 꼭 자기 얘기를 미리 예견한 듯한 느낌이 막 들어요.

> 빨간색으로 노을진
> 백령도 바다
> 구슬피 파도치는
> 슬픔의 바다
> 용감한 영혼들이
> 정처없이 떠도는 곳
> 북풍의 바람에
> 꺾어진 하얀 꽃
> 바다에서 떠내려왔네
> 하얀 꽃이 되어 돌아왔네
> 우리의 가슴속에
> 눈물이 되어 돌아왔네

왜 그렇게 안절부절 못했는지 후회가 돼요

제훈이가 작년 제 생일에 선물을 줬어요. 제가 텔레비전 드라마 남자 주인공을 무척 좋아했는데 그림으로 그려줬어요. 음악도 찾아 다운받아주고 사진도 받아 엄마한테 넘겨주고⋯ 자상한 애였어요. 생일에 편지도 같이 줬는데 '제 생일 때도 어머니가 손수 써주신 편지를 주시면 감사하겠습니다'라는 말이 있네요. 왜냐면 저는 스스로 글솜씨가 없다고 생각해서 편지를 안 써줬거든요.

제훈이가 가고 난 다음에 이게 생시인가 꿈인가, 아들을 잃은 것이 맞나, 정말 마음을 잡을 수가 없더라구요. 잠을 못 자고 마음이 헛헛해서 어떻게 할 수가 없었어요. 뭐라도 잡고 있어야지 싶고 제훈이가 그립고 미안해서 그때마다 핸드폰 메모장에 글을 썼어요. 제훈이에게 너무 미안하고 힘들어서 글을 쓰기까지 5개월이 걸렸어요. 글을 쓰면서 미안한 마음을 제훈이에게 전하고 싶었어요. 그렇지 않으면 영원히 죄인이 될 것 같아서요.

지금 생각해보면 제훈이에게 미안한 일이 많아요. 4월 16일에 그렇게 정신없는 상황에서 뭐가 그렇게 중요해서 머리를 감았는지 그것도 미안하고 살아생전 그 아이 스케줄을 제가 마음대로 다 정하려 한 것도 미안하구요. 내 인생 책임지는 것만 했어야 하는데 아들 인생까지 책임지려고 한 거예요. 애가 주말에 있는 수업에 늦는 거를 제가 너무 싫어한 거예요. 친구들하고 놀다보면 수업에 늦을 수도 있거든요. 근데 저는 그게 너무 싫어서 애한테 전화로 야단치고 그랬죠. 그게 참 마음에 걸려요. 물론 애가 제 말을 잘 따라줬지만 자기 하고 싶은 것도 있었을 텐데…

다양한 경험의 기회를 주지 못한 것도 후회돼요. 운동도 하고 여자친구도 사귀어보고 술 한잔도 어쩌다 하고 그런 거… 그래서 이제 작은애한테는 '너 하고 싶은 거 해라 엄마가 너 많이 밀어줄 테니까' 그렇게 말해요. 제영이는 어제도 새벽 1시에 잤다고 그러더라구요. 저는 자고 있었는데, 새벽까지 뭐했냐니까 공부하느라고 1시까지 안 자고 있었다고. 엄마가 그렇게 시간을 관리 안 해도 스스로 충분히 알아서 하는 아이인데 왜 그렇게 안절부절 못하고 안달하면서 애들을 힘들게 했나 하는 생각에 마음이 많이 아파요.

너그러운 점이 아빠와 닮았어요

시댁의 어머님, 아버님이 일찍 돌아가셨어요. 살아계셨을 때엔 시댁으로 많이 갔는데 안 계시니까 애 아빠가 주로 애들하고 시간을 같이 보냈어요. 어떤 집은 주말에 혼자 등산 가는 아빠들이 있다고 하는데 애 아빠는 애들이랑 수영장에도 가고 산에도 다니고 캠핑도 갔어요. 말수가 많은 편은 아니지만 애들하고 같이 다니길 좋아했어요. 여름휴가 때엔 항상 가족과 함께 보내려고 노력했고 며칠씩 멀리는 안 가더라도 강원도든 어디든 다니면서 텐트 치고 놀다 오고… 최근엔 캠핑족이 많이 생겼지만 우리는 내비게이션이 나오기 전부터 많이 다녔어요. 애들 요만할 때부터 안고 업고 다녔어요. 어떤 사람이 묻더라구요. 제훈 아빠의 어떤 점이 좋아 결혼했느냐고. 제훈이 아빠는 사람들을 많이 어루만져준다, 장애있는 조카가 있는데 그 아이가 제훈이 아빠라고 하면 껌벅 죽는다, 그렇게 얘길했거든요. 제훈이가 더 잘 생기긴 했는데 얼굴도 아빠랑 닮았고 너그러운 점도 아빠 닮았어요.

저는 애 아빠한테 제훈이 얘기를 서슴없이 해요. 제훈이가 이거 했으면 좋아했을 텐데, 이 음악은 제훈이가 좋아했던 건데, 이건 제훈이가 맛있게 먹던 음식인데, 제훈이랑 같이 왔던 곳인데, 그렇게 제훈이 흔적을 따라서 얘길해요. 근데 애 아빠는 얘기를 안 해요. 자기 스스로 애 얘기를 내뱉은 적이 없었던 것 같아요. 제가 얘기하면 '응 맞아' 하며 끄덕이는 정도예요. 제훈 아빠는 팽목항에서도 그렇고 지 금도 제 앞에서 거의 눈물을 안 보여요. 제가 청운동으로 국회로 왔 다갔다 하다가 어떤 목사님을 만났는데 제훈이 엄마라고 했더니 그 분이 '아, 제훈이 엄마냐'라며, 제훈이 아빠를 안다고 아빠 얘기를 먼 저 하는 거예요. 제훈이 아빠가 착하다고요. 어떤 분이 제훈이 아빠 손을 잡고 우니까 같이 울더라고 그러시는 거예요. 저한테는 그런 모 습 전혀 안 보여줬거든요.

애 아빠는 직장을 다니니까 평일에 못 가고 토요일, 일요일에 광화 문이나 청운동에 꼬박꼬박 가요. 금토일 연휴인 날에는 집에 안 오고 청운동이나 광화문에서 시간을 보내구요. 회사 가는 날에도 회사 근 처에서 간담회가 있으면 잠깐 갔다와요. 출장 가서도 일정이 맞으면 그 지역 간담회에 살짝 들르는 식이에요. 내 앞에서는 울지도 않고 애에 대한 얘기도 많이 안 하는데 '아, 이 사람이 이렇게 분출을 하는 구나' 싶었어요.

동생 제영이가 울지 않아요

중3인 동생 제영이도 16일부터 수학여행이었어요. 그래서 겹친 거 예요. 아침에 김밥 싸서 제영이 보내고 나니까 제훈이한테서 전화가 온 거예요. 제영이가 형 소식을 몰랐으면 했는데 텔레비전을 보고 알 았대요. 저랑 애 아빠는 다 진도에 와 있고 전주의 친정 엄마, 아빠도 진도에 오시고 군포의 동생들도 진도에 와버려서 애를 돌봐줄 사람이 없었어요. 그래서 제영이가 수학여행지에 계속 있게 해달라고 선생님한테 얘기했어요. 제영이한테 엄마가 무너지는 모습 보여주기 싫었어요. 그때 상황이 애를 돌볼 수 있는 것도 아니었구요. 근데 제영이가 수학여행 내내 울었다고 하더라구요. 고맙게도 담임선생님이 제영이를 집에 데려와주셔서 마침 삼촌이 제영일 데리고 진도로 내려왔어요.

팽목항에서 제영이가 모든 걸 봤죠. 사복경찰들의 모습, 부모들이 힘들어하는 거, 사람들끼리 언쟁하는 것도 봤구요. 아빠들이 진도대교까지 걸어갔잖아요. 그사이에 우르르 저희 엄마들도 나와서 경찰들하고 대치하는 상황이었어요. 제영이가 짐차 뒤쪽에 올라서서 보고 있더라구요. 제영이한테 "위험하니까 체육관으로 다시 가"라고 그랬더니 "아니, 나는 이거 봐야 해"라면서 다 본 거예요. 애가 뭘 느꼈는지는 모르겠어요. 애한테 그런 것들이 마이너스가 되지 않을까 많이 걱정했거든요. 사실 이렇게 해야만 하는 저희들이 안타까웠고 애한테 보여주기 싫은 장면이었지만 애가 본다고 하면 보게 해야 하지 않을까 하는 생각이었어요.

제영이는 엄마, 아빠보다 형을 더 좋아했어요. 제영이는 형한테 조금 덤비는 스타일이었고 엉아는 동생의 모난 점도 잘 보듬어줄 줄 아는 성격이었어요. 그래서 사이가 무척 좋았어요. 제훈이가 귓불을 만지는 습관이 있어요. 자면서 동생 귓불을 만져요. 엉아가 그렇게 하면 자기가 잠을 못 자잖아요. 제영이가 까탈스러운 성격인데도 싫다는 소리 안 하고 그걸 그대로 받아주더라구요.

제영이가 수학여행 내내 울었다고 들었는데 팽목항에서 저를 본 다음부터는 울질 않는 거예요. 제영이가 "나는 엄마가 옆에서 울어도 눈물이 안 나와" 그러더라구요. 추모공원은 가는데 분향소는 안 가고 트라우마센터에서 하는 행사도 절대 참석 안 해요. 상담도 안 하고. 근데 학교나 집에서 생활하는 거는 잘해요. 그전보다 더 성실해지고 더 침착하게 잘하고 그래요. 그런데 그게 안 좋더라구요. 어느 정도 울 때도 있고 울면서 자기 안의 것들을 표현하고 흘려보내야 하는데 안 그런 아이는 더 잘 지켜봐야 한다고 들었어요. 지금 그런 상황이에요. 그런데 어제 제영이가 세월호에 관한 책을 보더라구요. 그러더니 "엉아가 불쌍해" 하면서 엉엉 울다가 제가 "괜찮아, 제영아" 그랬더니 바로 그쳤어요. "제영아, 울어도 괜찮아. 슬퍼할 때는 슬퍼할 줄도 알아야 해. 울어도 괜찮으니까 편하게 해" 그랬죠. 왜 그럴까요? 나는 막 애가 터놓고 울고 했으면 좋겠는데 그런 게 없어서 걱정돼요. 불안한 것도 있어요. 제영이가 집에 없을 때, 조금이라도 연락이 안 오거나 늦을 때 그래요. 연락해도 못 받을 수 있잖아요. 그렇게 생각하지 말아야 하는데 자꾸만 불안한 마음이 들고… 그것도 트라우마라고 그러더라구요.

사실 팽목항에 갔다온 다음에 제영이하고 갈등이 있었어요. 저는 큰아이를 잃어버린 상황에서 어찌할지를 모르겠는데 제영이는 성격이 좀 거친 면이 있었고… 제훈이가 동생의 그런 성격을 다 받아준 거예요. 감싸안은 거야. 근데 제훈이가 가고 나하고 제영이 이렇게 둘이 되니 새로운 관계가 시작된 거죠. 그래서 조그마한 거 하나에도 작은애하고 엄청 싸웠어요. 제훈이가 있을 때는 작은애하고 싸운 일이 거의 없었거든요. 엉아가 중간에서 다 덮어줬기 때문에. 얼마 전에는 제영이가 잘 입던 교복을 줄여달래요. 제훈이는 컸기 때문에 산 교복을 줄일 필요 없이 그대로 입었어요. 근데 작은 애는 몸이 작으니까 교복을 줄이고 싶어하더라구. '그래 알았다 줄이겠다' 했죠. 그런데 제가 세탁소 가서 자기 말대로 이야기 안 했다고, 더 줄여야 하는데 이게 뭐냐며 저한테 길거리에서 화를 내는 거야. 그래서 길거리에서 싸웠어요. 저는 저대로 슬픔을 어떻게 주체할 수 없는 상황인데 아이랑 싸우게 되니까 너무 속상하더라구요.

아들이 엄마 병을 가져갔나보다

제가 서예를 10년 동안 했어요. 한문교육을 전공해서 대학 때부터 서예를 쭉 했거든요. 근데 직장을 잡고 결혼하면서 서예를 못하게 됐죠. 그러다가 큰애 가졌을 때 한글서예를 조금씩 했고, 큰애가 자라고 둘째 생긴 다음에 뭔가 다시 시작하고 싶어 붓을 잡았어요. 인생의 목표가 된 거예요. 다른 사람들은 취미로 하잖아요. 저도 그렇게 할 수 있었는데 저는 처음부터 이걸 잘 해내야겠다는 사명감을 갖고 있었어요.

친정 엄마가 제가 학교 다닐 때 공인중개사 자격증을 따셨어요. 아파가면서 힘들게 공부해서 딴 거예요. 저한테는 그게 신선했어요. 나도 나중에 나이 들면 애들한테 뭔가 열심히 하는 모습을 보여주는 괜찮은 엄마가 되고 싶다, 애들한테 귀감이 되고 싶다고 생각했어요. 특별히 아프지 않은 이상 누워 있는 모습을 보여주지 않으려고 노력했어요. 애들 학교 갔다 오면 '잠깐 쉬어라' 과일 주고는 바로 서예를, 그렇게 하루에 서너시간씩 했으니까요. 아이들이 초등학교, 중학교 때도 그랬으니 저한테는 서예가 굉장히 큰 의미였죠.

선생님도 저한테 기대를 많이 하셨어요. 대회 있을 때마다 항상 상을 탔으니까. 추천작가가 됐고 앞으로도 괜찮은 작가가 되기 위해 열심히 노력하려 했죠. 근데 작년 10월 정도에 목이 아프기 시작했어요. 그전에도 목이 아팠는데 계속 '살살 하면 되겠지' 하고 아픈 걸 참았는데 어느 날 추운 곳에서 운동을 했더니 갑자기 목이 돌아가지 않는 거예요. 나중에 병원에 갔더니 목 디스크라고 하더라구요. 이쪽 치료하다보면 다른 쪽이 뻐근해서 문제가 되고 고개를 움직이지도 못하고 울면서 살았어요. 조금 더 하면 고지에 닿을 수 있을 것 같았는데 목이 너무 아파 거기서 멈추게 된 거죠. 그래서 제가 좌절감을 굉장히 많이 느꼈어요. 내 몸 자체를 움직일 수 없어 힘들고 괴로운 것도 있지만 서예를 못한다는 것 때문에 상실감이 무척 심했어요. 작년 겨울에 우울증까지는 안 갔지만 그래도 힘들었죠. 하루에 서너 번 운동하고 한두번은 누워 있어야 했고 고개 숙이는 일은 하지 말아야 했어요. 차를 타면 목이 흔들흔들하니 차 타는 것도 위험하거든요. 근데 4월 16일에 진도를 가는데 5시간, 6시간 장시간 차를 타고 가도 목이 하나도 안 아픈 거예요. 그날부터 안 아프더니 하루쯤 견딜 만한 정도가 아니라 내내 하나도 안 아픈 거예요. 통증이 사라진 거예요. 근데 이걸 누구한테 얘길하겠어요. 제훈이가 돌아갈 때 아픈 것을 다 안고 올라갔는지, 그건 모르겠어요. 그래서 사람들이 저한테 아들이 엄마를 많이 사랑해서 엄마 병을 가져갔나 보다고 그렇게 얘기를 해요.

1박 2일 도보순례할 때도 그랬어요. 제가 45분 이상 걸으면 딱 아픈 다리거든요. 그러고 나선 한 이틀 정도는 다리가 시원치 않아요. 그런데 거뜬했어요. 그건 누구의 힘일까 하는 생각이 들어요. 원래

엄마. 아픈 거
내가 다 가져갈게...

몸이 너무 불편하면 따라오는 차에 타려고 생각했거든요. 근데 차마 차를 못 타겠더라구요. 그래도 같이 걷자 싶어 서로 의지하면서 걸었죠. 힘든 거 모르고 오히려 더 정신이 맑아지는 걸 느꼈어요. 희한하죠? 많이 걸으니까 힘은 들어도 정신이 맑아져요.

어느 날 삼백명이 넘는 영혼들이 느껴졌어요

저는 진짜 평범한 사람이었어요. 아이가 클 때는 뇌기능에 좋게 모차르트 음악을 들어야 된다길래 계속 그 말을 신경쓰면서 틀어줬어요. 어릴 때부터 아이들이 영어를 접해야 한다고 해서 계속 영어 테이프를 틀어줬었고, 영어학원은 어디를 보내야 하고 애 스케줄은 어떻게 잡아야 하며, 애는 어떻게 움직여야 하고 요리는 어떻게 해야 하는 등등만 생각했어요. 전혀 몰랐죠. 저만 삐뚤어지지 않고 열심히 살면 된다고 생각했어요. 근데 그게 아니더라구요.

제가 한창 슬픔에 젖어 있던 무렵에 삼풍백화점 붕괴사고로 딸과 아들을 잃은 부모를 만났어요. 그분이 고맙게도 위로를 해주고 가시더라구요. '아, 그 당시에 나는 뭐했나' 하는 생각이 들었어요. 그때는 남의 얘기였고 나와 먼 얘기였는데 이렇게 내가 위로를 받는구나… 다른 사람의 아픔을 껴안는다는 거 그전에는 전혀 생각 못했어요. 내가 경험하지 않았다고 모른 체하고 살았던 게 문제라는 생각이 들었어요.

우리도 잘못한 게 있어요. 밀양 송전탑, 강정마을 주민들, 쌍용자동차 해고자들… 휴, 그 사람들이 부르짖을 때 저희는 뭐 하고 있었나요? 전혀 생각을 안 했어, 그런 거에 대해서. 나만 보람있게 잘살면 된다는 그런 거였지, 다른 사람의 고충이나 힘든 것들을 우리가 보려고 하지 않았던 거예요. 의(義)를 망각하고 있었던 거야. 그랬기 때문에 이런 일들이 여기서 터지지 않았나 생각이 들어요. 요새는 그래요. 요만한 아이들을 볼 때마다 좀 불안해요. 건강하게 잘 자라서 나이 들고… 그렇게 잘 생활했으면 좋겠는데 저 아이도 위험에 맞닥뜨려질 수 있잖아요.

사실 처음에는 큰애에 대한 슬픔이 너무 커서 분향소에서도 큰애밖에 안 보였어요. 다른 아이들은 볼 엄두가 안 나는 거예요. 분향소에 가면 무게감이 굉장히 크잖아요. 제가 버텨내질 못하겠는 거예요. 내 아들을 잃은 마음이 커서 아들을 위해서만 기도하고 아들을 두고 미사 드리고 했어요.

11월을 성당에서는 위령의 달이라고 해요. 죽은 사람들을 위한 달이에요. 전대사(全大赦)는 죽은 영혼을 위해 기도하는 것인데 그 기도가 그대로 전해져서 영혼이 편해진다고 해요. 어느 날 기도하는데 갑자기 내 아들뿐 아니라 삼백명 넘는 다른 영혼들도 느껴지는 거예요. '그 사람들을 위해서도 기도해야겠구나.' 세월호로 희생된 영혼들을 위한 미사를 드렸어요. 제가 다른 아이들을 바라볼 수 있게 된 것 만으로도 감사한 일이라는 생각이 들어요. 그날 밤에 꿈을 꿨어요. 여러 사람들이 즐거운 모습으로 단체사진을 찍는 꿈이었어요. '아, 그래. 그 사람들이 전대사를 받았구나' 싶었지요. 4·16을 겪으면서 사람들이 가족의 중요성, 가까이 있던 사람들의 소중함, 몰랐던 사람들의 소중함을 느끼고 있더라구요. 아, 우리가 그런 것들을 전하긴 했구나. 우리 아이들이 희생한 댓가로 사람들이 그런 마음을 갖게 됐구나라는 생각이 들었어요.

어둠의 시간에서 서로 보듬는 시간으로

팽목항에서의 기다림은 어두움의 기다림이에요. 맨 처음에는 그저 아이가 살아서 돌아오려나 그런 생각만 했고 죽어서라도 내 품에 왔으면 좋겠다고 생각했죠. 아이가 나온 후에는 그래도 뭔갈 이뤄야겠다는 목적 하나로 시간을 보냈어요. 진실을 밝히려 하는, 조금은 희망의 시간이죠. 근데 이 기다림이든 저 기다림이든 우리 애들이 그렇게 괴롭게 갔는데 그만큼 기다리지 않고 그냥 지나간다는 건 엄마 아빠의 도리가 아닌 거 같아요. 몇년이 걸릴지 모르지만 내가 눈 뜨고 있을 때까지는, 눈 감기 전까지는 진실을 알아냈으면 좋겠어요.

세월호 유가족들, 아픔을 가진 사람들이잖아요. 유가족들을 보면 안쓰러워요. 다른 사람들이 나를 볼 때도 그렇게 느끼겠지만요. 물론 가다가 삐그덕거릴 수도 있지만 저는 더 안아주고 싶고 더 따뜻하게 해주고 싶고 품어주고 싶고 그래요. 마음을 주면서 서로를 부둥켜안고 살아가는 시간이었으면 좋겠어요. 그리고 저도 뭔가를 하면서 기다리려구요. 저는 미술을 할 거예요. 10년 동안 서예를 했지만 그 꿈은 날아갔잖아요. 서예는 고개를 숙이고 해서 목에 안 좋거든요. 이젤 놓고 하면 덜 힘들지 않을까 싶어서 미술을 해보려구요. 그러면서 다른 사람들에게 희망과 밝음을 전해주고 싶어요. 제가 어릴 때 미술에 소질이 있다고 했어요. 근데 그때는 집이 넉넉하지 않아서 할 수 없었어요. 친정 엄마가 때를 놓쳤다며 굉장히 아쉬워하세요. 저도 그 꿈을 버리지를 못해요. 손끝에서 느껴지는 붓놀림 같은 것들이 눈에 삼삼해요. 하고 싶은 걸 하면서 다른 사람들 마음에 큰 빛이 되면 참 좋겠구나, 밝은 빛이 되면 참 좋겠구나 그런 생각을 해요.

_작가기록단 **이호연**

제3부 사람의 시간. 416

416 세월호 참사
240일의 기록

슬플 수만은 없는 연대기

세상은 이야기들로 가득 차 있다. 그런 이야기를 들으며 우리는 울거나 웃는다. 울다가 웃고 웃다가 운다. 그게 또 이야기가 된다. 4월 15일에도 그랬다. 사랑하고 토라지고 속삭이고 다그치고. 너무 맛있어서 밥을 두 그릇 먹은 이야기, 속이 좋지 않아 한끼를 거른 이야기. 길을 가다가 우연히 만난 고향 친구의 안타까운 이야기, 길을 떠나며 친구들과 나눈 설레는 이야기. 사퇴는 못하지만 사과는 하겠다는 이야기 같은 것도 있었다. 어쨌든 우리는 살아 있었다.

4월 16일, 누군가 죽었다, 고 그날은 입 밖에 낼 수가 없었다. 탑승객 전원이 구조됐다는 보도를 듣고 많은 사람들이 가슴을 쓸어내렸다. 침몰해가는 세월호에서 탈출한 사람들의 소식이 전해진 후, 시신이 하나둘 발견되기 시작했지만, 우리는 죽음보다 희망에 대해 이야기해야 했다. 가족들도 그랬다. 전원이 구조됐다고 믿을 수만은 없었다. 문자메시지를 보내던 아이들이 전화를 받지 않으니 마음이 타들어갔다. 그러나 믿지 않을 수도 없었다. 눈으로 보기 전에 그렇게 생각할 순 없었다. 아니야, 아니야, 살아 있어, 뉴스도 그렇게 말하는데, 우리 아이 젖은 옷 갈아입혀서 데려와야 하는데…

이 책은 그날 이후로 열린 하나의 시간에 대한 이야기이며, 이 글은 그 시간의 연대기다.

잊지 않겠습니다

모두가 안타까워했다. 그리고 기도했다. 사고 현장에 배를 타고 나간 아빠는 아이가 죽었겠구나 직감했다. 하지만 돌아와서는 엄마에게 말했다. 아직 살아 있을 수 있으니 희망을 가져보자고. 곧 끝날 줄 알았던 기다림의 시간은 끝날 기미가 보이지 않았다. 4월 17일 대통령도 다녀가고 세상이 떠들썩해졌는데, 정부는 발 벗고 나서지 않았고 아이는 돌아오지 않았다.

배는 너무 낡아 이미 위험했다고 한다. 심지어 더욱 위험하게 개조되었다. 그것도 부족했는지 화물을 적재량의 두배 이상 싣고 다녔다. 안개가 끼어 위험했던 밤바다로 굳이 출항하더니 다음 날 아침 침몰했다. 모두 슬퍼하고 분노했다. 진도우체국이 마비될 정도로 위로의 물품이 전해졌고, 진도체육관에 자원봉사를 위해 사람들이 찾아들었다. 안산 합동분향소는 한참을 줄 지어 기다려야 들어갈 수 있었다. 위안의 말들이 곳곳에서 넘쳐났지만 아직까지는 마음을 짓누르는 슬픔과 분노를 저마다 홀로 가누어야 하는 시간이었다.

이대로 기다릴 수만은 없다며 가족들이 걷기 시작했다. 4월 20일 진도대교를 막아선 경찰 앞에서 울부짖는 가족들의 모습이 뉴스로 전해질 때쯤, 노란 리본을 달자는 제안이 퍼져나갔다. 삽시간에 전국이 노란 리본의 물결로 뒤덮였다. 동네마다 열리던 작은 '촛불'이 전국으로 번져나갔다. 5월로 접어들면서 함께 슬퍼하고 다 같이 분노할 수 있는 자리가 넓어졌다.

5월 8일 밤, 가족들은 KBS에 항의하기 위해 서울로 올라왔다. 1년에 교통사고로 죽는 사람의 숫자를 들이대며 고통의 무게를 깎아내리려던 보도국장에게 항의하기 위해서였지만, 그것만은 아니었을 것이다. 자신들이 보고 듣고 겪는 일과, 언론을 통해 다른 이들이 보고 듣는 것 사이의 간극이 너무나 컸다. 전원구조라는 오보부터 사상 최대 규모의 구조 작전이라는 거짓까지 현장에서 목격하는 것과 너무 달랐다. 항의하고 애원하고 요구하는 가족들의 목소리는 전해지지 않았다. 가족들을 고립시키는 언론에 갇혀 있을 수만은 없었다.

그러나 방송국은 문을 꽁꽁 걸어 잠갔다. 오열하던 가족들은 결정했다. "청와대로 갑시다!" 경찰에 의해 다시 가로막힌 곳에서 영정 사진을 안고 울었다. 아이가 죽어 돌아왔는데, 주검을 찾은 것만으로도 축하를 받아야 하는 시간을 어찌해야 하는가. 가족들은 대통령에게 묻고 싶었다. "만나주세요." 밤을 새고 새벽이 되도록 대통령은 응답이 없었다. 대신 앞으로 가족들과 함께하겠다고 다짐하는 시민들이 모여들었다.

5월 10일, 안산에서 처음으로 대규모의 추모제가 열렸다. 가족들의 슬픔과 분노를 '우리'의 것으로 삼는 사람들이 전국에서 모이기 시작했다. 17일에는 서울에서 비슷한 규모의 촛불집회가 열렸다. 그러나 그때까지도 가족들은 경계했고 국민들은 머뭇거렸다. 과거에 이와 같은 대규모 재난이나 사고를 겪었던 이들은 가족들의 이런 반응이 당연하다고 말했다. 일이 터지고 나서 손해사정사가 제일 먼저 달려오는 것을 보며 사람들을 경계하게 됐다고 말했다. 아무도 믿을 수 없었지만 누군가 믿어야 했고, 무엇을 해야 할지 알 수 없었지만 무언가 해야 했다고. 그러나 이미 큰 사고를 겪은 자신들도 세월호 가족들을 어떻게 만나야 할지 막막하다고 했다. 겪어봤으니, 섣부른 이해가 오해로 미끄러지기 쉽다는 것도 알았던 것이리라.

첫걸음을 내딛는 얼굴엔 머뭇거림이 비쳤지만, 일단 모여들기 시작한 사람들은 흩어질 수 없었다. 5월 초 가족들은 특별법 제정을 위한 범국민 서명운동을 제안했다. '가만히 있으라'는 말을 믿고 수많은 목숨이 사라진 것처럼, 가만히 있다 보면 진실조차도 흩어져버릴 것을 예감했기 때문이다. 정부의 책임을 묻고 안전한 대한민국을 만들어, 또다른 무고한 희생을 막고 싶었기 때문이다. 6월부터 본격적인 서명운동이 시작됐다. 과거를 기억하고자 모이던 사람들은 이제 미래를 만들기 위해 모이기 시작했다.

그러나, 그래서, 흩어놓으려는 힘도 서서히 확인됐다. 눈물 흘리며 최종 책임은 자신에게 있다고 말한 대통령의 대국민 담화가 있던 5월 19일, 가족을 미행하던 경찰이 가족에게 덜미를 잡혔다. 언론은 특별법이라는 열린 미래보다 유병언의 과거를 집중 보도했다. 세월호 참사에 대해 그가 어떤 책임이 있는지 밝히기보다 그가 입은 옷, 그가 즐긴 음식이 뉴스가 됐다. 6월 2일 국회 국정조사가 시작되고 이틀 뒤 치러진 지방선거 결과에 여당은 기지개를 폈다. 선거 뒤 이어진 국정조사장에서 여당 국회의원이 세월호 참사를 조류독감에

빗댈 지경이었다.* 세월호 참사에 책임을 지겠다며 사의를 표명했던 국무총리를 26일 대통령은 다시 불러들였다.

진실을 밝히겠습니다

가족들이 거리로 나왔다. 서명을 받기 위해 전국을 돌아다녔다. 6월 초에 이미 서명에 참여한 사람이 백만명을 넘어섰으나, 그 정도로 부족하다는 것을, 설마설마 하면서도 하루하루 직면하게 되었다. 아이들이 죽은 이유를 알려달라는 소망이 이다지도 어려운 애원이 되어야 하는 줄 누가 알았겠는가. 울고 있을 수만은 없었다. 함께 울어주는 사람만 있는 게 아니라, 우는 것밖에 모르냐며 짓밟으려 드는 힘이 있음을 알아버렸으므로.

전국을 돌며 서명 캠페인을 벌이다가 서울로 온 7월 12일, 가족들은 직접 집회를 주최해 시민들을 모았다. 같은 날, 국회에서 특별법 제정을 요구하며 농성을 시작했다. 단식을 시작한 14일부터는 광화문 광장에도 가족들이 자리를 잡았다. 15일에는 국회를 향한 특별법 청원 행진이 있었다. 가족들은 350만 1266명의 서명을 일일이 확인하여 416개의 상자에 나눠 담았다. 상자를 함께 든 시민과 가족이 국회로 들어설 때에는, 이제 서로 머뭇거리는 일은 없었다.

그래서일 것이다. 모진 유언비어가 카카오톡 메시지로 돌기 시작

---

* 7월 11일, 새누리당 조원진 의원은 "AI(조류 인플루엔자)와 산불 등 재난에 대통령이 수습을 지시했다고 (청와대를) 컨트롤타워로 볼 순 없지 않느냐"는 취지로 발언해 물의를 빚었다. (『경향신문』 2014년 7월 11일자)

했다. '특별법은 보상을 더 받으려는 욕심일 뿐'이라는 내용의 이간 질이었다. 음지에서만 도는 것 같았던 유언비어가 세월호 국정조사 특위 위원장을 맡았던 국회의원의 페이스북에도 버젓이 올랐다. 노골적인 음해가 어느새 공식적인 주장이 되었다. 참사 후 100일이 되어가는데도 국회는 꿈쩍을 안 했다. 찢어지는 마음과 몸을 추슬러, 가족들은 안산에서 서울까지 걷기로 했다. 비는 쏟아졌지만 눈물은 쏟아지지 않았다. 이제 싸워야 할 이유가 더욱 분명해졌기 때문이다. 그러나 어떤 이는 빗물에 숨은 눈물을 쏟기도 했다. 이렇게까지 싸워야 하는 세상을 잔혹하다 여겼기 때문이다. 100일에서 하루 지난 7월 25일 가족들이 공개한 '국정원 지적사항' 문건을 통해 세월호의 실소유주가 국정원이 아니냐는 의혹이 제기됐지만 세상은 동요하지 않았다. 8월 7일 여야의 특별법 합의 소식은 냉담과 배신의 잔혹한 현실을 일깨워주었다.

가족들은 격렬히 항의했다. 가족들의 항의가 멈추지 않자 특별법으로 설치될 위원회에 수사권·기소권을 부여하면 사법체계가 흔들린다는 등 하는 공격이 본격화됐다. 법조계를 포함한 각계의 반박이 이어졌지만 진실이 두려운 자들은 국민들을 계속 겁박했다. 설령 체계가 흔들린다 한들, 죽은 이를 그리워하며 슬퍼할 시간조차 허락하지 못하는 사회, 진실을 밝혀달라는 요구만으로도 불온해지는 사회라면, 흔들어 다시 세워야 하는 것이 마땅했다. 8월 14일 한국을 방문한 프란치스코 교황은 가족들에게 기꺼이 손을 내밀며 사람의 시간이 어떠해야 하는지를 보여주었다. 인간의 고통 앞에 중립은 없다는 메시지에 모두들 고개를 끄덕였다. 얼마 지나지 않은 19일, 다시 들려온 여야의 특별법 합의를 가족들은 역시 거부했다. 진실을 밝히기 위해 권력으로부터의 독립은 필수적인 전제조건이다. 그러나 여당은 수사권과 기소권을 갖는 인물 선정에 개입하려는 의도를 버리지 않았다. 이대로 합의안을 받아들일 수는 없었다.

단식을 시작했던 가족들이 하나둘 쓰러져 실려가고 한 아이의 아빠가 홀로 남아 단식을 이어가고 있던 때다. 동조단식에 참여하는 시민이 이틀 사이에 2만명을 넘어선 8월 22일, 가족들은 다시 한번 청와대 앞으로 갔다. 대통령이 결단하라고, 가족들을 만나달라고, 그때까지 기다리겠다며 아스팔트 바닥에 누웠다. 밤하늘에서 뚝뚝 떨어지는 비를 막아줄 것이라곤 비닐 한장밖에 없었지만 자리를 떠날 수 없었다.

당혹스러웠나보다. 가족들을 겨냥한 공격이 시작됐다. 자식을 잃은 슬픔에 '부모의 자격'을 들이댔다. 9월 2일 삼보일배를 해서라도 대통령을 만나러 가겠다는 가족들은 끝내 경찰에 막혔고, 아이 없는 추석이 곧 다가왔다. 6일, 폭식투쟁이라는 이름의 혐오가 광장으로 나왔다. 코앞의 세월호 가족들을 두고 경기가 안 좋다며 자갈치 시장을 찾아갔던 대통령은, 9월 16일 입을 열었다. 특별법 제정은 자신이 결단 내릴 사안이 아니라면서 선을 그었다. 그와 더불어 그어놓은 선 안으로 수사권이나 기소권은 안 된다는 가이드라인을 밀어넣었다. 23일 정부가 발표한 안전혁신 마스터플랜 기본방향은 안전산업 육성 따위를 담고 있었다. 모두를 위한 진실과 안전을 외치며 가족들이 힘을 낼수록 그 힘을 갉아드는 힘도 커졌다.

특별법을 만들고 다시 자식 잃은 부모가 되어 기다리면 될 거라 기
대했다. 모두가 슬퍼하고 분노한 참사를 다시는 겪지 않아도 될 안전
한 사회가 될 거라 기대했다. 기대를 무너뜨린 현실은 열쇠를 가족에
게 건넸다. '우리가 직접, 시민의 힘에 기대어 진실과 안전을 밝혀야
겠구나.' 가족들은 쉽게 끝이 보일 싸움이 아님을 예감하며 호흡을
가다듬어갔다. 9월 말 다시 국회가 내어놓은 특별법은 바라던 것에
한참 못 미쳤다. 하지만 이는 좌절의 이유보다는 각오의 이유가 되었
다. 여기까지밖에 오지 못했다는 것이 가던 길을 멈춰야 하는 이유일
수는 없었다.

10월 초 검경 합동수사 결과가 발표되었고 중순 이후로 1심 재판
선고들이 잇따라 발표됐다. 선장, 선원, 해경, 청해진해운 등에 대한
재판 결과는 예상했듯 전형적인 꼬리 자르기에 그쳤다. 도대체 어떻
게 이런 일이 일어날 수 있었는지, 책임을 누가 어떻게 져야 하는지
를 우리가 직접 밝혀내야 한다는 것이 점점 더 분명해졌다.

참사 후 200일이 그렇게 지나갔고 11월 7일 세월호 특별법(4·16 세
월호 참사 진상규명 및 안전사회 건설 등을 위한 특별법)이 국회 본회의를 통과
했다. 가족들은 더이상 대통령에게 만나달라고 애원하지 않기로 했
다. 청와대는 차라리 조사하기 위해 다시 찾아와야 할 곳이었다. 오
히려 더욱 많은 시민들을 만나야겠다며 전국을 다녔다. 10월부터 시
작한 국민간담회 신청이 쏟아져 들어왔다. 어디에서 간담회를 신청
하든 가족들은 달려갔고 이 글을 쓰는 12월 초에도 하루도 빠짐없이
전국을 돈다. 가족들은 함께 울고 웃을 수 있는 사람들의 얼굴에서

희망을 본다. 세월호 참사를 잊지 않고 끝까지 함께하겠다고 약속한 시민들은 가족들의 얼굴에서 용기를 얻는다. 레비나스가 말했던가. "타인이 나를 바라보고 있기 때문에 ─ 그를 위해서 내가 책임을 떠맡지 않았다고 하더라도 ─ 나는 그에게 책임이 있다." 얼굴을 마주하며 우리는 함께 '있다'.

11월 11일, 팽목항의 실종자 가족들은 수중 수색을 종료하기로 결정했다. 가족이 스스로 포기하기만을 기다리던 정부는 진도체육관을 순식간에 빠져나갔고, 18일에는 세월호 범정부사고대책본부가 해체되었다. 그러나 실종자 가족들의 정확한 요구는 배를 인양해서 실종자를 찾아달라는 것이었다. 수색할 때에는 어서 인양하자고 주장하던 여당 의원들은, 인양을 요구하니 돈이 많이 든다며 그만두자고 했다. 세월호 참사를 기억시키는 모든 것들을 지우려는, 냉혹함이 가득한 어투다.

그러나 가족들은 팽목항을 떠날 수 없다. 참사는 현재진행형이기 때문이다. 실종자 가족들의 기다림만이 이를 일깨워주는 것은 아니다. 아직 4월 16일은 끝나지 않았다. 우리는 이제야 겨우, 304명이 희생되었다고 말할 수 있게 되었을 뿐이다. 8시 52분. "배가 침몰하고 있어요." 최초 신고가 있은 후, 배에서 나온 방송은 '가만히 있으라'는 내용이었다. 아이들은 각자의 불안을 달래며 서로를 응원했다. 9시 36분. "살아서 만나자!" 연안경비정 123함정이 도착했다. 구명조끼를 챙겨주며 아이들은 구조를 기다렸다. 10시 17분. "지금 더 기울어…" 구조는 없었다. "난 꿈이 있다고!" 국가는 그 꿈들을 버렸다. 이 시간들은 아직 하나의 기억이 되어 묻힐 수 없다. 왜 우리가 이렇게 죽어야 했느냐고 묻는 희생자들에게 건넬 대답을 구하기 전까지 4월 16일은 지속된다.

그것만이 아니다. 11시 1분, '학생 전원구조'라는 보도가 방송으로 퍼져나갔다. 17시 15분, 대통령이 중대본에 모습을 드러내 엉뚱한 질문을 던졌다. 구명조끼를 입었는데 왜 못 구하냐고. 아이들이 배 안에 갇혀 수장된 그때. 이미 구조되어 어딘가에 흩어져 자신들을 기다리고 있을 거라 믿었던 부모들은 번호가 붙어 돌아온 죽은 아이를 만나야 했다. 마지막에 남는 한 사람이 될까 하는 두려움이 점점 짙어지고 있었다. 피할 수 있고 막을 수 있었던 사건인데 미안해하는 책임자는 나타나지 않았다. 허락도 구하지 않고 카메라를 들이대는 언론과, 주위를 어슬렁거리며 가족들의 이야기를 엿듣는 정보경찰은 있었으나, 아무도 상황에 대한 신중하고 신속한 정보를 가족들에게 전하지 않았다. 침몰의 원인을 되짚기 위한 항적도도 완성되지 않았고, 교묘하게도 침몰 시점에 즈음해 멎은 각종 기록장치들은 여전히 입을 다물고 있다. 이제 밝혀야 할 진실도 물어야 할 책임도 더는 없는 듯 세상이 굴러간다. 그러나 4월 16일은 떠나온 과거가 아니다. 시간은 흘러가다가도 다시 그날로 붙들려간다.

세월호 참사 이전으로 돌아갈 수는 없습니다

4월 16일 이후 우리는 모두 세월호 참사가 만들어낸 시간을 살아가게 되었다. 슬픔을 벗어나기가 어렵다. 그래서 슬픔을 잊기 위해 그 시간들로부터 벗어나려는 사람들이 생긴다. 이제 그만이라고 말하며. 그 말들이 비수가 되어 다시 하나의 시간을 슬픔에 가둔다. 그러니 우리는 가족들이 전하는 이야기를 슬픈 이야기로만 읽어서는 안 된다. 자식 잃은 부모가 웃는다고 쳐다볼까봐 웃지도 못한다는 가족의 이야기를 들으며 슬픔만 고백할 수는 없다.

하나의 시간은 균질한 시간이 아니다. 지금도 이어지고 있는 시간들에 하나의 수식어를 붙인다면, 슬픔이 아니라 '이러지도 저러지도 못하는'이 더 맞다. 집 밖을 나갈 수도, 집 안에만 있을 수도 없는 시간, 아이의 물건을 태울 수도 그대로 둘 수도 없는 시간, 밥을 먹을 수도 안 먹을 수도 없는 시간.

이는 가족들만의 이야기가 아니다. 위로하며 같이 울고 싶지만 섣부른 위로가 가슴을 후벼팔까봐 다가서기 어려운 시간, 진실을 밝히려고 앞장서는 가족들에게 경의를 표하다가도 뒤돌아 무너지는 모습을 보며 경의조차 잔인하다 여겨지는 시간. 집에 들어가며 누군가의 존재를 느낄 때 누군가의 부재에 직면해야 하는 사람들을 떠올리며 자신의 소소한 일상에 행복해하지도 미안해하지도 못하는 시간. 이 책을 읽는 우리가 보내는 시간도 이렇게 이어지고 있다.

그러나 똑같지는 않다. 가족들은 이 시간을 살아내기를 미룰 수 없다. 어떻게 해야 할지 무엇을 해야 할지 답이 없는 시간, 그동안 익혀온 어떤 삶의 기술도 무력해지는 시간, 살면서 쌓아온 세상과 인간에 대한 감각을 처음부터 다시 써내려가야 하는 시간을 가족들은 먼저 살아내고 있다. 그것은 절망적이지만, 세월호 참사 이전으로 돌아갈 수 없다고 외쳤던 우리는 다시금 가족들로부터 배운다. 누군가 이와 같은 참사의 소용돌이에 휘말릴 가능성은, 그렇지 않을 가능성보다 적을지 모른다. 그러나 우리는 더이상 확률을 따지지 않는다. 단한 사람이라도, 죽어도 되는 사람은 없으며, 모욕당해도 되는 죽음은 없다. 부인되어야 할 삶이 없는 세상으로, 가족들은 우리를 이끌고 있다.

혼자였다면 어딘가쯤에서 이 시간을 닫아버렸을지도 모른다. 죽은 아이를 통해 '아이들의 죽음'을 겪게 된 부모들이 서로 지켜주며, 자꾸만 돌아오는 시간을 미래로 밀어가고 있다. 누군가는 집에서, 누군가는 거리에서, 누군가는 말하며, 누군가는 들으며, 누군가는 울며, 누군가는 웃으며, 시간을 만들어간다. 시간을 밀어갈수록 죽은 아이가 돌아올 수 없다는 아픔은 뼈저리다. 그렇게 아픔을 삼키며 밀어가는 시간의 무게를 우리는 충분히 짐작하고 있을까. 이러지도 저러지도 못하는 시간을, 이럴 수도 저럴 수도 있는 시간으로 바꾸며 사람의 시간을 여는 것은 우리 모두의 몫이어야 한다. 8개월여의 시간을 정리한 연대기(年代記)가, 슬플 수만은 없는 연대(連帶)의 기록으로 이어지기를, 간절히 바란다.

_세월호 참사 국민대책회의 **미류**

글쓴이

고은채   인권교육을 통해 사람들을 만나고 있다. 그 속에서 배우고 때로는 흔들리며 나날이 커간다. 그림으로 인권을 나누고 싶어 그림책 『깜장 병아리』를 그렸다.

김순천   세상과의 소통을 꿈꿨으나 지금에 와서는 소통이 가능한 것인지 모르겠다. 그러나 또 소통을 갈망하니 인간은 얼마나 가여운 존재들인가. 『부서진 미래』『우리의 소박한 꿈을 응원해 줘』 등 공저와 『대한민국 나쁜 기업 보고서』『환상』『인간의 꿈』 등을 썼다.

명 숙   삶의 목소리, 몸이 만들어낸 소리에 관심이 많다. 인권은 소리가 만든 관계의 힘이라 믿으며 인권운동사랑방에서 활동 중이다. 『밀양을 살다』를 함께 쓴 후 인권기록활동네트워크 '소리'에서 기록활동을 이어가고 있다.

미 류   인권운동사랑방 활동가. 416 세월호 참사 국민대책회의 활동을 하면서, 매일같이 입에 달고 살던 '인권'이라는 말을 잊을 뻔했다. 그리고 다시 '인권'의 시선으로 세월호 참사를 기억하는 것이 얼마나 중요한지를 깨닫고 있다.

박현진   대학원에서 신문방송학을 전공하는 20대다. '무엇보다 사람을 향하는 기자'라는 꿈을 위해, 보통의 20대들과 마찬가지로 스스로를 벼리고 있다.

박희정   드러나지 않는 삶을 주목하고, 국가와 사회적 폭력에 고통당하는 이들의 목소리를 기록하는 일에 관심이 있다. 인권기록활동네트워크 '소리'에서 활동하고 있으며, 공저로는 『밀양을 살다』, 혼자 쓴 책으로는 『당신, 그렇게 까칠해서 직장생활 하겠어?: 모두가 함께 읽는 성희롱 이야기』가 있다.

배경내 인권교육을 통해 부당한 질문을 해체시키는 재미, 우리 자신이 꿈꾸는 미래의 가장 매력적인 현재가 되고픈 마음으로 살고 있다. 『인권, 교문을 넘다』 『밀양을 살다』 등을 함께 썼다.

유해정 둥그렇게 모여 앉는 세상을 위해, 고통과 희망의 뿌리를 삶의 언어로 기록하며 전하고 싶다. 『나를 위한다고 말하지 마』 『밀양을 살다』 등을 함께 지었으며, 인권기록활동네트워크 '소리'로 세상을 만나길 꿈꾼다.

이호연 제훈이 엄마를 만나면서, 이 시간이 우리 안에 살아 있는 기억이 되길 기도하게 되었다. 사람들의 이야기가 인권의 언어와 만나는 순간들을 말하고 기록하고 싶다.

정미현 주로 타인의 얘기를 듣는 일을 하며 살았다. 혹자는 감정노동자로 불렀다. 외면하기엔 미안하고 대면하기엔 불편한 비정규직으로 살다 얼마 전 정규직이 됐다. 편안하지 않은 정규직이 되는 게 목표다.

정주연 인권교육센터 '들' 활동가. 언 땅을 더욱 얼어붙게 하는 소식이 연일 계
(루트) 속되지만 그래도 결국 동토는 새싹의 작은 힘에 밀려 녹아내린다는 것을 믿으며 살고 있다. 세월호 참사의 가려진 목소리를 울려 퍼지게 하는 일이 바로 이런 식물성의 질긴 저항이라 믿으며 기록에 함께했다.

홍은전 노들장애인야학 교사. 차별에 저항해온 장애인들의 이야기 『그럼에도 불구하고 수업합시다』를 펴낸 후 자꾸만 글을 쓰는 일에 연루되고 있다. 인권기록활동네트워크 '소리'의 일원이며, 교육과 삶이 분리되지 않는 현장에서 교사로 살아가길 꿈꾼다.

금요일엔 돌아오렴
240일간의 세월호 유가족 육성기록

초판 1쇄 발행 / 2015년 1월 16일
초판 27쇄 발행 / 2021년 4월 26일

지은이 / 416 세월호 참사 작가기록단
펴낸이 / 강일우
책임편집 / 박대우 이진혁
펴낸곳 / (주)창비
등록 / 1986년 8월 5일 제85호
주소 / 10881 경기도 파주시 회동길 184
전화 / 031-955-3333
팩시밀리 / 영업 031-955-3399 편집 031-955-3400
홈페이지 / www.changbi.com
전자우편 / human@changbi.com